Je t'aime mais je ne suis plus amoureux

Publié pour la première fois en Grande-Bretagne en 2006
par Bloomsbury sous le titre *I love you but I'M. not in love with you.*

Traduction française : Sylvie Del Cotto
avec la collaboration d'Isabelle de Jaham

ANDREW G. MARSHALL

JE T'AIME MAIS JE NE SUIS PLUS AMOUREUX

Que faire quand la passion n'est plus au rendez-vous ?

Traduit de l'anglais par Sylvie Del Cotto

MARABOUT

À Polly Vernon et Ed Jaspers
Je vous remercie de m'avoir aidé pour ce livre.

Sommaire

Si votre couple est en crise

Après la crise

Introduction

Il y a cinq ans, un patient s'est présenté à mon cabinet après que sa partenaire lui eut confié : « Je t'aime mais je ne suis plus amoureuse de toi. » J'ai d'abord été surpris. Cette phrase semblait sortie de la bouche d'un personnage de *sitcom* américain. Et pourtant, quelqu'un de bien réel l'avait employée pour décrire un problème profond qui secouait son couple. Comment est-il possible d'aimer sans être amoureux ?

J'ai ensuite reçu d'autres couples qui vivaient la même chose. Ils se décrivaient tous comme les meilleurs amis du monde, ou comme ayant des rapports presque fraternels, sauf que la plupart avaient encore des rapports sexuels. Pour schématiser, ils ressemblaient plus à des compagnons de route qu'à des êtres unis par la passion et cela ne leur suffisait plus. Avec les années, de plus en plus de patients se sont plaints du même problème. Ils ne prononçaient pas tous spontanément la phrase « Je t'aime mais je ne suis pas amoureux(-euse) de toi », mais tous se reconnaissaient en elle. Ces couples étaient confrontés à un dilemme terriblement douloureux : celui qui n'était plus amoureux avait toujours des sentiments profonds à l'égard de son partenaire, et aucun des deux ne voulait faire de mal à l'autre. Mais ils désiraient mettre un terme à leur histoire.

Nick, directeur commercial de 42 ans, et Anna, enseignante de 39 ans, forment un couple tout à fait représentatif. Nick et Anna étaient mariés depuis quinze ans et tout allait bien malgré quelques moments difficiles, dont le licenciement de Nick. Alors quand Nick a lâché le terrible « Je t'aime mais… » Anna a été bouleversée : « Je croyais que nous étions heureux ensemble, sincèrement. Ce n'était pas parfait, bien sûr, mais qui n'a pas de problèmes ? Je lui ai demandé de m'expliquer pourquoi il ne m'aimait plus mais il ne fait que répéter qu'il ne sait pas. Tout ce qu'il a réussi à me dire c'est que je ne l'écoutais pas. Sauf qu'il ne m'avait jamais dit qu'il n'était pas heureux. » Nick a expliqué que ce sentiment s'était tissé au fil des années. Ils allaient devoir apprendre à leurs deux enfants adolescents ce qui se passait et se séparer temporairement. « Il n'a aucun sens de l'honneur ni de la loyauté. Il est totalement égoïste. J'ai l'impression qu'il me quitte pour quelqu'un qu'il n'a pas encore rencontré », s'est plainte Anna.

À force de me retrouver face à des couples du type de Nick et d'Anna, j'ai fait des recherches sur le sujet. Tous les ouvrages spécialisés que j'ai pu consulter étaient consacrés aux couples qui ne s'aimaient plus, voire qui se détestaient, alors que je voulais en apprendre plus sur les couples qui ne s'aimaient plus assez. Pire : je ne trouvais rien sur le fait que ce problème était de plus en plus répandu, et ne découvris aucune théorie expliquant pourquoi cela arrivait à notre époque ni aucune suggestion de prise en charge. Il ne me restait plus qu'une seule solution : combler moi-même cette lacune.

J'ai donc lancé un programme de recherches dans lequel les couples en demande d'aide devaient remplir un questionnaire à la fin de la première séance. Ils recevaient la liste des problèmes courants qui avaient pu les inciter à consulter un conseiller professionnel. Les résultats étaient saisissants : 47 % se plaignaient que « la passion avait disparu », et 43 % disaient : « J'aime mon partenaire mais je ne suis plus amoureux/mon partenaire n'est plus amoureux de moi. » La plupart des raisons qui poussent habituellement à demander de l'aide venaient très loin derrière ; les problèmes d'argent étaient signalés par 24 % d'entre eux, une aventure extra-conjugale par 21 % ; des conceptions divergentes sur l'éducation des enfants étaient citées par 19 % et des disputes incessantes par 15 %. Quand on demandait aux couples de désigner la cause majeure de leur désarroi, la phrase « J'aime mon partenaire mais je ne suis plus amoureux/mon partenaire n'est plus amoureux de moi » venait en troisième position (24 %), juste derrière « Nous avons des difficultés à comprendre nos points de vue respectifs » (26 %), et « Il y a trop de disputes » (25 %).

Ces recherches m'ont également renvoyé à des observations que j'ai pu faire dans mon cabinet : les gens qui choisissaient « Je t'aime mais… » cochaient rarement la case « Il y a trop de disputes » au profit du plus neutre « Nous avons des difficultés à comprendre nos points de vue respectifs ».

Anna n'aimait pas du tout les disputes. « Mes parents passaient des journées entières à se hurler dessus et je me suis promis de ne pas faire subir la même chose à mes enfants », me dit-elle. Quand les choses prenaient un mauvais tournant, elle se contentait de partir. Cependant Nick était si attentionné, et tellement doué pour se mettre à la place de sa femme qu'il réglait les conflits sans elle : « J'aimerais qu'elle n'aille pas se coucher si tôt. Je rentre tard et je reste seul à marcher sur la pointe des pieds dans la maison. Mais ce n'est pas de sa faute. Je sais qu'elle a du mal à rester éveillée après vingt-deux heures. » En fait, ils étaient l'un comme l'autre si prévenants que leur seule source de friction était le repassage qu'ils aimaient tous les deux faire et dont ils voulaient se charger. Un tel tableau donne l'impression que ce couple vivait une relation idéale, mais lorsqu'un être n'est pas capable de mettre des mots sur ses sentiments, même sur des problèmes mineurs, les liens avec son partenaire se desserrent. Progressivement, au fil des années, toutes les émotions se ternissent. Au bout du compte, les conflits rares sont plus dangereux que les conflits permanents.

Ma deuxième observation sur les patients « Je t'aime mais… » (que nous appellerons désormais les JTAM) est que ce manque de bagarre exacerbe la tendance des deux partenaires à se ressembler de plus en plus. De nos jours, il est de bon ton d'être amis autant qu'amants, ce qui ne fait que compliquer les choses étant donné que nous choisissons normalement des amis qui nous ressemblent. Ça serait merveilleux si les divergences n'étaient pas nécessaires au couple. Mais tout comme c'est le grain de sable dans l'huître qui fait la perle, c'est la différence qui fait tout l'intérêt en amour. Et, qui plus est, il y a tellement de pression à être tout pour l'autre, à partager les amis autant que les goûts, qu'il reste peu de place pour l'individu ou pour former la moitié d'un couple. « J'ai commencé à sentir que je ne pouvais pas être moi-même. J'étais coincé dans ce que les autres attendaient de moi », expliqua Nick.

Troisièmement, j'ai remarqué que la plupart des gens ayant perdu la passion avaient récemment vécu une expérience bouleversante. Dans le cas de Nick, il s'agissait de la mort de son père. « Je me souviens être resté au pied de son lit à me dire : “Ne devrais-je pas faire quelque chose de ma vie.” Pire que tout, j'ai pris conscience du peu de temps qu'il me restait », me confia-t-il. Tandis que Nick était aux prises avec des questions abstraites sur le sens de la vie, Anna se repliait également sur elle-même : « J'étais proche du père de Nick. C'était mon deuxième père, mais je me suis dit que mon soutien serait plus utile à Nick que ma peine. Alors j'ai retenu mes larmes pour ne pas ajouter à sa tristesse le poids de mon chagrin. » Tandis qu'elle voulait se montrer forte pour Nick, ce dernier prit sa réaction pour de la froideur et se sentit très seul. Au lieu de partager leurs sentiments respectifs, chacun a préféré ne rien dire de peur de blesser l'autre. Ce n'est que beaucoup plus tard, pendant les consultations, que les vieux ressentiments de Nick ont brusquement jailli. D'autres événements – atteindre un âge symbolique, la naissance d'un enfant ou le divorce des parents – peuvent également déclencher une crise d'autoanalyse qui, par ricochet, peut pousser à s'interroger sur son couple.

Pendant une première période de douze mois, j'ai essayé quelques programmes de traitement avec mes premiers patients JTAM tout en élargissant mon champ de références. Je me suis tourné vers des ouvrages écrits par des hommes d'affaires, des philosophes, des biologistes, des spécialistes en sciences sociales et des gourous du marketing. En étudiant ces autres domaines relationnels, j'ai trouvé quelques recherches sur des couples heureux. Certaines de ces idées pouvaient être transposées directement dans mon cabinet de conseil et d'autres avaient besoin d'être adaptées. Peu à peu, j'ai trouvé comment sauver des couples mais aussi comment aider les partenaires JTAM à se rapprocher en créant des liens plus épanouissants.

J'ai décidé d'écrire ce livre pour trois raisons. Tout d'abord, je souhaitais partager un programme qui s'adresse aussi bien à des gens en crise qu'à d'autres thérapeutes. Deuxièmement, j'ai senti que la plupart des informations utiles à l'amélioration des rapports amoureux étaient difficiles à transmettre pendant une séance de thérapie. Tenir conseil signifie écouter les problèmes des patients et non pas enseigner. Grâce à ce livre, les couples comme les individus peuvent prendre le temps d'assimiler chacune de ces idées à leur propre rythme. Troisièmement, et c'est le point le plus important, je voulais faire entendre à chacun que la perte du sentiment amoureux n'est pas synonyme de séparation.

Comment fonctionne le programme ?

Le but de ce livre n'est pas de faire la morale à son lecteur en lui disant de faire plus d'efforts ou d'être moins exigeant en amour. Beaucoup d'ouvrages de ce type existent déjà. Ma mission est de l'aider à comprendre l'amour en mettant l'accent sur les petites habitudes quotidiennes dont on pense qu'elles protègent le couple alors qu'elles finissent par l'ébranler. La réaction la plus courante de ceux qui entendent parler de mon travail est de demander : « Est-il vraiment possible de retomber amoureux ? » Je réponds toujours de façon catégorique : « Oui. » Et je dirais même que chacun peut sortir de cette crise avec une meilleure compréhension de l'autre comme de lui-même, ce qui permet au couple de resserrer les liens. Ce livre va donc vous expliquer le pourquoi et le comment.

Relancer la passion en sept étapes vous aidera à mieux communiquer, à avoir des disputes plus constructives, à élever votre vie sexuelle à un degré d'intimité accru et à trouver l'équilibre entre vous en tant qu'individu et vous comme la moitié d'un couple. *Si votre couple est en crise* proposera une stratégie permettant de survivre aux conflits et de gérer la crise dans l'urgence. *Après la crise* montrera comment se retrouver et redécouvrir l'amour. Si vous êtes déjà séparés, cette partie peut également vous aider à comprendre ce qui s'est passé, à évaluer les possibilités qui s'offrent à vous afin d'avancer vers un avenir plus riche. Tout au long de ce livre, vous trouverez des exemples tirés de mes expériences. J'ai changé les noms et les informations personnelles, allant jusqu'à mélanger deux ou trois cas afin de protéger l'identité et la confidentialité de tous les couples. À la fin de chaque chapitre, vous trouverez une série d'exercices. Vous pouvez les faire seul ou à deux, si vous utilisez cet ouvrage pour travailler avec votre partenaire.

RELANCER LA PASSION
EN SEPT ÉTAPES

Première étape
Comprendre

« Nous avons des problèmes depuis quelque temps.
– Je pensais que ça allait mieux.
– Ça fait longtemps que je le sens. J'avais espéré que ça s'arrangerait.
– De quoi ? Mais tu ne m'en as rien dit.
– C'est juste que… Je t'aime, mais je ne suis pas amoureux de toi. »

Quand un couple est en crise, la réaction naturelle est d'essayer de régler le problème au plus vite. Mais, dans la panique, il est facile de se méprendre sur la vraie nature des problèmes et de s'engager dans la mauvaise direction. La première étape consiste donc à COMPRENDRE.

1

« Aimer » : ça veut dire quoi ?

Dans le passé, les couples se séparaient parce que les conjoints en étaient arrivés à se détester. De nos jours, les séparations interviennent plutôt par manque d'amour. L'amour, qui n'était qu'un des ingrédients d'une relation heureuse, en est devenu l'essentiel : c'est le ciment d'un couple. Les couples des générations passées pouvaient rester ensemble pour des raisons économiques, à cause du qu'en-dira-t-on ou pour le bien des enfants. Mais aujourd'hui nous ne sommes plus préparés à vivre autre chose qu'une relation passionnée et épanouissante. D'une certaine façon, c'est merveilleux. Dans une société où l'on consacre de plus en plus de temps au travail pour être plus productif et atteindre un niveau de vie de plus en plus élevé, l'amour demeure le refuge du bonheur. Mais ces nouvelles exigences ajoutent beaucoup de pression à notre vie sentimentale.

Si la vie amoureuse est une question de vie ou de mort, il serait bon que vous ayez une idée assez précise de ce qu'est l'amour et de ce qui favorise ce sentiment. Quand tout va bien, nous avons tendance à nous détendre. Nous laissons l'amour adoucir les soucis du quotidien sans nous poser de questions, comme si laisser entrer trop de lumière risquait de détruire la magie. C'est très bien, jusqu'au moment où l'amour disparaît et où le couple se demande ce qui lui arrive. Alors, l'un des partenaires ne sait pas expliquer pourquoi il a toujours des sentiments mais n'est plus amoureux, tandis que l'autre veut savoir où ils ont échoué. Parfois, le partenaire JTAM arrive dans mon cabinet avec une liste de complaintes : « Il manque de respect à mon égard », « Elle crie sur les enfants », « Il parle mal à mes parents », et beaucoup d'autres reproches du même type. Même en faisant des efforts de compréhension, les couples qui traversent cette crise ne parviennent pas à s'expliquer où sont passées les promesses du début : « Je t'aimerai quoi qu'il arrive, jusqu'à la fin de mes jours, pour le meilleur et pour le pire. » Où est-elle l'époque où le simple fait d'entendre le nom de votre bien-aimé suffisait à vous donner des palpitations ou à vous faire marcher sur un petit nuage ? Qu'est devenue la conviction qu'ensemble vous étiez plus forts que tout ? Surtout, ces couples sont désireux de savoir comment leur amour est tombé du « spécial » au « pas mal », et jusqu'au « décevant ». Ils savent que pour arranger les choses, il faut commencer par comprendre les causes.

L'exemple de Michael et Fiona est caractéristique. Ils sont ensemble depuis la fin de l'adolescence et approchent de la quarantaine. Michael s'est plaint : « J'ai l'impression de ne plus être spécial pour Fiona. Je sais que nous en sommes tous les deux responsables. Nous étions tout l'un pour l'autre, mais désormais j'ai l'impression d'être la dernière de ses priorités. Je dis en rigolant que je passe après le cochon d'Inde des enfants, mais dans le fond cela ne m'amuse pas. » Michael se sent négligé depuis plusieurs années et s'est replié sur lui-même. Au début, Fiona a cru qu'il y avait quelqu'un d'autre dans sa vie ; Michael a fini par lui confier qu'il l'aimait mais qu'il n'était plus amoureux d'elle. Il envisageait même de la quitter. Fiona a répondu en geignant : « Nous ne sommes plus deux gamins qui partagent des frites dans un Abribus. Les choses ne peuvent plus être comme avant. Pense à tout ce que je fais pour toi : la cuisine, le ménage, le repassage. Tu crois que je me sens spéciale dans ma vie quotidienne ? La vie, ce n'est pas ça. » Si Michael et Fiona parlaient tous deux d'amour, ils en avaient une définition différente. Tant qu'ils ne se mettraient pas d'accord sur la définition de l'amour, leur conversation tournerait en rond.

La plupart des chansons populaires parlent d'amour, de même que la plupart des romans et des films. Nous lisons des histoires d'amour ou en regardons à la télévision tous les jours. Nous devrions sûrement pouvoir comprendre l'amour ou, tout au moins, être capables de le définir. Mais c'est là que les esprits commencent à s'embrouiller. Nous pouvons aimer nos mères, nos enfants ou nos amis, et même le chocolat. Quand il s'agit de nos partenaires, l'amour peut aussi bien décrire la folie qui fait tourner la tête les premiers jours que, dix ans plus tard, le fait de se tenir par la main en toute confiance. Un seul petit mot peut-il s'appliquer à une telle diversité d'émotions ? Les dictionnaires ne nous aident pas beaucoup sur ce point. Ils nous proposent deux bonnes douzaines de définitions ayant trait à l'affection, à la tendresse, à l'attirance, à l'attention, à l'amourette, au fait d'apprécier quelqu'un, à celui de le désirer. Or, nous sommes tous instinctivement d'accord pour dire qu'il y a un immense fossé entre apprécier quelqu'un et s'éprendre de quelqu'un. Le problème est qu'il n'y a qu'un mot pour parler de trois sentiments très distincts : les débuts, que l'on peut appeler la « passion de la lune de miel », l'intimité que l'on construit au fil des années, et l'instinct protecteur à l'égard d'un enfant ou les liens familiaux. Pour clarifier ce qui distingue ces trois types d'émotions, il nous faut avoir recours à un nouveau vocabulaire, en partie pour supprimer la confusion qui existe entre des partenaires ayant de l'amour des acceptions différentes, comme Fiona et Michael, mais surtout parce qu'en nommant et en expliquant ces différences, nous comprendrons mieux l'amour.

UN NOUVEAU VOCABULAIRE

Dans les années 1970, la psychologue expérimentale Dorothy Tennov a voulu comprendre ce qui se passait quand quelqu'un tombait amoureux. Elle a été surprise de découvrir que les pères fondateurs de sa discipline qui avaient examiné ce phénomène étaient peu nombreux. Freud a rejeté l'amour romantique au rang du simple blocage de la pulsion sexuelle, tandis que le sexologue pionnier Havelock Ellis a réduit ces émotions compliquées à une équation : amour = sexe + amitié. Dorothy Tennov a conduit des entretiens avec cinq cents individus et, malgré les différences d'âge, d'orientation sexuelle et d'origine, elle a trouvé une similarité stupéfiante dans la description que chacun faisait des sentiments ressentis pendant les premiers jours d'une histoire d'amour. Voici les descriptions les plus courantes de l'état amoureux :

- Pensée intrusive : il est impossible de penser à autre chose qu'à la personne aimée.
- Une douleur au cœur dans les moments d'incertitude.
- La sensation de flotter, ou de marcher sur un nuage, à l'idée que l'autre est aussi amoureux de nous que nous le sommes de lui.
- Une sensibilité accrue à tout acte ou pensée qui puisse être interprétée favorablement. Par exemple : « Elle a mis cette robe parce qu'elle sait que je l'aime bien », ou « Il s'est tenu à l'écart du groupe pour pouvoir me parler ».
- Une incapacité totale à s'intéresser à plus d'une personne à la fois.
- Une peur d'être rejeté et une timidité déstabilisante en présence de l'être aimé.
- Une intensification des sentiments en cas d'adversité (jusqu'à un certain point).

- Le passage de tous les autres sujets à l'arrière-plan. Comme quelqu'un l'a dit à Dorothy Tennov : « Les problèmes, les soucis et tout ce qui me préoccupe habituellement ont perdu de leur importance. »
- Une capacité remarquable à mettre l'accent sur ce qu'il y a d'admirable chez l'être aimé tout en refusant de voir ses défauts ou en les transformant en qualités : « Qu'il soit timide m'est égal parce que j'aime l'idée de l'aider à sortir de sa coquille », « Elle a peut-être tendance à s'emporter mais cela prouve qu'elle est sensible ».
- Le sentiment que, malgré toute la souffrance potentielle, l'amour est un « délice suprême » et « ce qui fait que la vie vaut la peine d'être vécue ».

Non seulement les mêmes sentiments sont ressentis durant cette phase romantique du début à travers le monde entier, mais, en outre, les hommes et les femmes décrivent la même intensité. Pour distinguer les sentiments raisonnés d'un couple déjà ancien du bouleversement que chacun de ses membres a éprouvé quand ils sont tombés amoureux, Dorothy Tennov a créé un nouveau mot : la **« limerence »**.

La nature obsessionnelle et intrusive de la « limerence » a été immédiatement reconnue par Martin, un patient de 28 ans. « Je l'ai rencontrée à un cours de salsa. L'attirance a été immédiate et nous en sommes venus à échanger nos numéros de téléphone même si je savais qu'elle était mariée. Avoir une relation avec une femme mariée va à l'encontre de toutes mes convictions mais c'était plus fort que moi. Je n'arrivais pas à travailler tant que je ne lui avais pas parlé. Si elle n'appelait pas, je souffrais et je me retrouvais dehors, à marcher jusqu'à chez elle simplement pour observer sa fenêtre et me faire une idée de l'endroit d'où elle m'appelait en cachette. » Douze mois plus tard, quand l'aventure a pris fin, Martin a admis qu'ils venaient de deux mondes totalement différents et qu'ils n'avaient pas grand-chose en commun. Il avait transformé l'attirance en désir intense mais la plupart du temps leurs rapports étaient restés platoniques. Dorothy Tennov va dans le même sens : « L'attirance sexuelle ne suffit certainement pas. Les critères de sélection de la "limerence" sont, selon mes sources, différents de ceux avec lesquels on évalue les "simples" partenaires sexuels, et le sexe est rarement son centre d'intérêt principal. Cependant l'idée de l'accouplement est présente, car sans elle il ne s'agit pas de "limerence". »

La « limerence » peut survenir quand, comme pour Martin, l'étincelle s'allume en même temps dans les yeux de l'autre, provoquant un coup de foudre. Elle peut aussi s'immiscer et n'être reconnue qu'après coup comme un moment très spécial. Anthony, web designer de 39 ans, sort avec Tasha depuis plusieurs mois. Ils aimaient bien être ensemble mais Anthony ne l'avait jamais regardée comme « la seule et unique », jusqu'au jour où ils sont allés visiter une exposition. « Elle était tellement subjuguée par le tableau qu'elle ne s'est pas aperçue que je la regardais. Pendant une fraction de seconde, j'ai été submergé par un sentiment de tendresse. La vibration des verts et des bleus se répandait sur Tasha. D'une certaine façon, elle s'était mêlée aux corps bronzés de la toile, à la tranquillité de l'eau et aux reflets de la végétation. Toutes les couleurs naturelles de la scène avaient été renforcées et intensifiées par l'artiste et à mon tour je me suis retrouvé aspiré par la peinture. Dans le même temps, mes sentiments s'en sont trouvés accentués et plus colorés. Cette tendresse pouvait-elle être de l'amour ? »

Pour d'autres couples, une amitié peut devenir une relation passionnelle quand l'un des deux finit par voir l'autre autrement. Juliette et Edward, qui ont maintenant la quarantaine, étaient ensemble à l'école. Ils partageaient une passion pour la musique, mais rien de plus… jusqu'à la fête des

18 ans d'Edward. « Je ne sais pas pourquoi, mais j'ai soudain vu Juliette comme une femme. Cette idée m'est apparue, peut-être à cause de ses longs cheveux noirs. D'un coup une lumière s'est allumée : c'était un coup de foudre, mais au bout de plusieurs mois. J'ai rassemblé mon courage pour aller l'embrasser tout en étant très conscient qu'elle était une amie et en me demandant comment elle allait le prendre. C'était bizarre et je me souviens de son air interrogateur quand je me suis penché vers elle. Presque comme si elle disait : "Sais-tu ce que tu es en train de faire ?" Elle n'a rien dit mais tout passait par les yeux et j'espérais qu'elle comprenait et pensait : "Oui, je sais." »

On l'a déjà suggéré plus haut, la « limerence » peut engendrer la même intensité de malheur que de plaisir. L'objet de la passion peut demeurer complètement étranger ou être quelqu'un que l'on connaît mais qui n'a pas connaissance de nos sentiments. Même dans ces circonstances stériles, la « limerence » peut naître et se développer. Samantha suivait des cours de langues et était obsédée par son professeur. Elle confie : « Il me subjuguait : le mouvement de ses muscles bronzés quand il écrivait au tableau, le dessin des poils noirs de ses bras quand il se penchait au-dessus de mon bureau pour noter un exercice, sa façon de passer les doigts dans ses épais cheveux bruns – même s'il devait vivre jusqu'à 100 ans, il ne perdrait jamais ses cheveux. » Samantha s'est mise à développer une série de scénarios sur les développements éventuels de leur relation. « Mon préféré est celui de la panne de voiture après les cours et de la dépanneuse qui ne pourrait pas venir avant cinq heures. Il me proposerait de me ramener chez moi. Sauf que sa voiture tomberait en panne en pleine forêt, détail étrange puisque j'habite en ville, et aucun de nous n'aurait son portable. Notre seul espoir serait qu'une voiture passe par là mais personne ne viendrait sur cette route déserte. Alors nous serions obligés de nous serrer l'un contre l'autre pour nous tenir chaud. » En réalité, Samantha était trop timide pour exprimer ses sentiments, et son professeur était marié. Cependant, des années plus tard, l'odeur d'un couloir d'école, « un étrange mélange de Javel, d'affaires de gym sales et de craie », suffit à tout lui remémorer aussi précisément que des souvenirs associés à une histoire réelle et de longue durée.

Avoir un nouveau terme pour décrire ces sentiments intenses est une bonne chose. Premièrement, la « limerence » reconnaît la normalité de ce comportement qui frôle une certaine folie dans les premiers temps d'une histoire amoureuse. Dans d'autres circonstances, errer en attendant l'apparition de son amoureux serait probablement considéré comme du harcèlement. Deuxièmement, quand la « limerence » se dissipe, certaines personnes craignent de ne plus avoir de sentiments. Ce phénomène tout à fait naturel arrive à tout le monde. Les romantiques peuvent former une dépendance à ces états euphoriques et passer leur vie à enchaîner les aventures dans l'espoir de trouver la personne avec laquelle ces sentiments extrêmes ne faibliront jamais. Troisièmement, quand quelqu'un parle d'aimer sans être amoureux, une partie de sa définition de l'amour est liée à la magie de la limerence.

Dans son livre *Love and Limerence* (Stein & Day, 1980), Dorothy Tennov décrit les cinq étapes de la « limerence » :

1. Les regards se croisent. Même si l'attirance sexuelle n'est pas nécessairement immédiate, on peut remarquer une certaine « admiration » des qualités physiques du bien-aimé.
2. La « limerence » entre en action. Quelqu'un qui est pris de « limerence » se sentira sur un nuage, transporté de joie et, non sans ironie, allégé, non pas dans le sens d'une absence de gravité mais émotionnellement libéré.

3. La « limerence » cristallise. En cas de réciprocité évidente, qu'elle soit réelle ou interprétée comme telle, une personne en « limerence » vit des plaisirs extrêmes, voire des moments d'euphorie. D. Tennov écrit : « Vos pensées sont principalement occupées à évaluer et réévaluer tout ce que votre O.L. (objet « limerent ») a d'attirant, rejouant les événements qui se sont produits entre votre O.L. et vous et à en apprécier les qualités en vous-même. C'est à ce point que dans *West Side Story* Maria se met à chanter "I Feel Pretty[1]". »
4. Des obstacles surgissent et le degré d'implication augmente. Vous atteignez le stade où votre attitude est presque impossible à raisonner, soit du fait de votre volonté, soit par la mise en évidence de traits de caractère indésirables de votre O.L. Le doute et l'intensité accrue de la « limerence » viennent ébranler l'image que vous avez de vous-même. Vous achetez de nouveaux vêtements, changez de coupe de cheveux et restez ouvert à tout ce qui pourrait augmenter le fait d'être désirable aux yeux de votre O.L. Vous éprouvez une peur démesurée d'être rejeté.
5. Vous entrez dans l'errance, dans un état joyeux ou dépressif (les sujets de D. Tennov se sont décrits comme déprimés : 42 % ont été profondément déprimés à cause d'une histoire d'amour et 17 % ont même pensé au suicide). Vous préférez vos fantasmes à n'importe quelle autre activité, à moins que : a) vos actes puissent vous aider à atteindre votre O.L. ; b) vous soyez en présence de votre O.L. Une troisième option est de parler sans relâche de votre bien-aimé à vos amis. Comme le prouvent toutes les chansons populaires qui

1. NdT : « Je me sens jolie, si jolie… »

parlent de cœurs brisés, être rejeté ou ignoré ne parvient pas à tempérer la folie.

Les sujets de Dorothy Tennov ont si souvent mentionné les échanges de regards – « sa façon de me regarder, ou plutôt sa façon de rarement me regarder » – qu'elle a cru que les yeux et non le cœur étaient le véritable organe de la « limerence ». En réalité, les études des psychologues sociaux Michael Argyle et Mark Cook ont confirmé l'importance des jeux du regard à travers une pièce pleine de monde. Ils ont remarqué que sous le coup d'un plaisir émotionnel intense, les pupilles se dilataient, ce qui trahit nos sentiments d'une façon involontaire et inconsciente. De plus, une légère hausse des sécrétions produites par le canal lacrymal fait briller nos yeux, créant ce qu'Argyle et Cook appellent le « regard brillant d'amour ».

Combien de temps la vraie « limerence » dure-t-elle ? Dorothy Tennov a rencontré quelques cas déclarés qui se sont calmés au bout de six mois. Cependant, la durée la plus fréquente, qui est également la moyenne reconnue, varie entre dix-huit mois et trois ans. Ces chiffres correspondent aux résultats obtenus pas la biologiste sociale Cindy Hayman, de l'université de Cornell, qui a étudié trois substances chimiques produites par le cerveau (la dopamine, la phényléthylamine et l'ocytocine) sur cinq mille sujets de trente-sept cultures différentes. Elle a également conclu que la phase d'attirance intense durait entre dix-huit mois et trois ans.

Après avoir commencé à s'estomper, la « limerence » finit-elle par disparaître totalement ? Il est évident qu'on ne peut pas relancer l'aspect fou, obsessionnel et possédé des débuts d'une histoire d'amour. Mais la joie intense, le délice suprême et l'impression de flotter peuvent être retrouvés même s'ils reviennent plus sous la forme de flash-backs que sous l'aspect permanent des premiers stades de la « limerence ». Ce genre de flash ressurgit souvent après une période d'adversité, comme après une séparation physique ou pendant la phase de réconciliation qui suit une aventure extra-conjugale. Selon Stendhal, écrivain connu pour ses essais sur l'amour, « les plaisirs de l'amour sont toujours proportionnels à la crainte ». De nombreux couples ressentent une explosion de « limerence » après une dispute, surtout pendant la phase de retrouvailles. Phil et Edina en ont fait l'expérience après que Phil a fait tomber l'ordinateur portable d'Edina, détruisant un compte rendu qu'elle était en train d'écrire. « Nous détestons nous disputer mais cette querelle tournait en rond. Même le lendemain matin, nous ne parlions presque pas. Je voyais les choses à ma façon, elle avait son point de vue et nous n'avancions pas. Nous étions coincés. Nous avions rendez-vous à l'heure du déjeuner. En chemin vers la voiture, elle m'a caressé le bras. J'ai ressenti une décharge électrique, une immense joie puisque j'ai alors compris qu'elle non plus n'avait pas envie de se bagarrer. Nous pouvions donc trouver un accord. Mon cœur a bondi et j'ai descendu la rue sur un petit nuage », nous a confié Phil.

Bien que résoudre un conflit ou revenir d'un long voyage soient les moyens les plus sûrs de revivre la « limerence », quelques exercices moins dramatiques pour retrouver cet état spécial sont proposés à la fin de ce chapitre. Quoi qu'il en soit, il ne faut pas oublier que ni la forme intense de la « limerence » ni l'attirance biologique qui lui est associée ne durent toujours. Nous ne devons donc pas nous fustiger si nous ne ressentons plus la même chose qu'au début. Et peut-être est-ce aussi bien ainsi. Est-ce que passer sa vie à penser à l'être aimé, à l'exclusion de tout autre sujet, ou à se sentir intimidé face à l'autre et craindre d'être rejeté serait vraiment agréable à vivre à la longue ? Il arrive que certaines personnes commettent de graves erreurs de jugement et qu'elles s'engagent dans des histoires imprudentes ou inappropriées, proclamant plus tard avoir été « aveuglées par l'amour ». Elles avancent presque toujours les effets de la « limerence » pour expliquer leur attitude. Par bien des aspects, la « limerence » est autant une malédiction qu'un bonheur.

Que devient l'amour après la phase de « limerence » ? Une fois de plus, tout dépend du sens que l'on accorde à ce terme. Certains livres et articles font référence à « la maturité de l'amour », ce qui paraît très ennuyeux, ou aux « sentiments plus profonds », ce qui semble condescendant par rapport à la « limerence », car cette dernière, si elle n'a pas de racines profondes, n'en est pas moins fortement vécue. Il faudrait aussi une nouvelle expression pour désigner ce deuxième type d'amour. Je parlerai donc d'**attachement amoureux**. Si cette façon d'aimer est moins spectaculaire que la « limerence », elle n'en est pas moins belle. Votre partenaire sort du bain le dimanche matin et vous le voyez brusquement sous un nouvel angle vous rappelant toute sa beauté. Vous regardez ensemble vos enfants jouer dans la cour de récréation et vous vous sentez submergé de fierté. Vous achetez sans raison un bouquet de jacinthes à votre partenaire alors que vous étiez parti chercher le journal. Il faut comprendre que l'**attachement amoureux** est vital parce qu'il fournit des clés aux couples JTAM. Quand quelqu'un dit qu'il n'est plus amoureux, il ou elle se plaint en fait d'un manque d'**attachement amoureux**.

« LIMERENCE » CONTRE ATTACHEMENT AMOUREUX

Des mythes romantiques comme « Le vrai amour est plus fort que tout » et « Je t'aimerai quoi qu'il arrive » sont fondés sur les expériences de « limerence » de poètes et de chanteurs.

Même si la magie nous réunit et nous aide à surmonter les premiers obstacles, pour construire et faire durer une histoire d'amour il manque un ingrédient : l'**attachement amoureux.** L'une des meilleures façons de comprendre cette forme d'amour est de la comparer à la « limerence ». Sous le coup de la « limerence », on est lié à l'autre quel que soit son comportement. Si le professeur dont Samantha est éprise ignore tout de ses sentiments, ces derniers n'en sont pas moins forts. À l'opposé, l'attachement amoureux a besoin d'être nourri sous peine de flétrir et de mourir. Tandis que la « limerence » transforme systématiquement les défauts de l'être aimé en qualités, les partenaires des couples plus anciens et liés par l'attachement amoureux ont une simple conscience des faiblesses de chacun. Finalement, sous l'effet de la « limerence », les partenaires n'ont pas de préoccupations d'ordre matériel – gagner sa vie par exemple – parce qu'ils ont l'amour pour « leur tenir chaud ». Tandis que les deux membres d'un couple liés par l'attachement amoureux affrontent ensemble les complexités de la vie et ses besoins pratiques.

Malheureusement, les mythes liés à l'amour romantique, ainsi que le manque de connaissance de la « limerence », nous portent à croire qu'une fois que nous avons trouvé notre partenaire, nous pouvons nous détendre et que l'amour permettra de tout régler. Même lorsque nous travaillons trop ou que nous sommes préoccupés par les enfants, nous imaginons que notre partenaire comprendra pourquoi il passe en dernier sur la liste des priorités, ou qu'il nous pardonnera si nous ne jouons pas notre rôle comme il s'y attendait. À court terme, l'attachement amoureux peut survivre à ce type de négligence. Mais si l'on en abuse, la relation a toutes les chances de se détériorer. « J'ai l'impression qu'il me considère comme acquise », explique Antonia tandis que son mari, Jerry, pivote sur sa chaise en lui tournant le dos. « Tant que la maison est bien tenue et que les enfants ne font pas trop de bruit, il m'ignore. Il rentre à la maison, allume la télévision ou joue à la Xbox avec les garçons. Il ne me parle pas vraiment, en tout cas il ne me dit rien d'important. » À ce moment-là, Jerry réagit en se tournant vers elle. Il lui prend la main et lui dit : « Mais je t'aime. Ça ne te suffit pas ? » Il partait de l'idée que leur couple fonctionnait comme au début, quand la « limerence » était à son apogée et que leurs liens résistaient à tout. La plupart des couples viennent me consulter parce qu'un des partenaires a l'impression que son amour ne lui est pas rendu et qu'il a fini par se détacher peu à peu. C'était le cas d'Antonia. Il est facile de se dire que l'amour est mort à cause d'un très mauvais comportement. Alors qu'en fait il se dégrade progressivement, au fil d'un million de blessures mineures. En réalité, l'attachement amoureux ne peut jamais être considéré comme acquis, et, comme tout ce qui est précieux, il a besoin d'être entretenu avec soin.

COMMENT NOURRIR L'ATTACHEMENT AMOUREUX ?

Pour la plupart des gens, les comportements indiqués dans la liste qui suit sont une seconde nature. Cependant, les couples qui vivent sous pression ont tendance à négliger ces nécessités.

- **Écouter.** Avec toute votre attention, en acquiesçant ou en posant des questions afin que celui qui parle se sache entendu.
- **Partager.** Des sentiments, des anecdotes du quotidien ou des tâches ménagères.
- **Générosité.** Donner de votre temps, faire quelque chose à la place de votre partenaire pour lui éviter une corvée ou lui offrir un petit cadeau.

- **Contact physique.** Un câlin sur le canapé, une caresse sur le bras de l'autre dans la voiture ou un rapport sexuel complet.
- **Soutenir.** Aller voir votre partenaire faire du sport, lui faire des compliments, garder les enfants pendant qu'il ou elle va suivre des cours du soir, adhérer à ses rêves.
- **Un sens de l'humour partagé.** Des blagues qui vous sont propres, chahuter ou faire l'idiot sont une merveilleuse façon de se rapprocher.
- **Se dépasser.** Les gestes que nous apprécions le plus sont ceux qui demandent le plus d'efforts, comme se montrer aimable avec la mère de l'autre, qui a mauvais caractère, ou accepter de faire compte commun.

Si l'attachement amoureux est perdu, peut-on le reconstituer ? Je crois fermement que c'est possible. La fin du chapitre comprend une série d'exercices pour vous aider à aller dans ce sens.

Nous atteignons à présent la troisième sorte d'amour qui va nous fournir des indices supplémentaires pour comprendre le JTAM. Quand l'attachement amoureux a été négligé et que les partenaires se sont éloignés, leur amour se transforme en **estime affectueuse**, sentiment très proche de celui que nous ressentons pour nos parents, enfants, frères, sœurs et meilleurs amis. L'estime affectueuse nous pousse à nous soucier de quelqu'un, à vouloir ce qu'il y a de mieux pour lui et à tout faire pour ne pas le blesser. Mais le destin de cette personne ne semble plus être conjoint au nôtre, ou pas de la même façon qu'en cas d'attachement amoureux. En JTAM, « je t'aime » signifie immanquablement « j'ai de l'estime affectueuse pour toi ».

Attachement amoureux contre estime affectueuse

Alors que l'attachement amoureux a besoin d'être soigné pour se développer, cette troisième forme d'amour est rarement conditionnelle. Je l'ai appelée « estime affectueuse » en raison de l'affection qui existe largement en dehors du comportement de celui qui la reçoit. C'est grâce à cela que les liens entre parents et enfants peuvent survivre à tout et même à la négligence, à l'inverse des liens amoureux. Il est étrange de constater que même des enfants qui ont été abusés par leurs parents souhaitent parfois rester en contact avec eux, et que généralement les parents de meurtriers défendent passionnément leurs enfants. Bien sûr, la plupart des rapports parents-enfants ne sont pas aussi excessifs. Mais même au sein de la famille la plus heureuse, les parents peuvent faire vivre à leurs enfants des souffrances qui seraient inacceptables pour n'importe qui. À l'inverse, nos enfants ont beau nous décevoir ou nous exaspérer, l'affection que nous éprouvons pour eux ne faiblit pas. Ce que nous ressentons pour un ami proche est également de l'estime affectueuse, puisque nous acceptons plus facilement de nos amis que de nos partenaires qu'ils dépassent les limites. Un exemple parlant serait celui d'un ami qui ferait du bruit en buvant son thé. Ce comportement est légèrement désagréable de la part de quelqu'un que l'on voit occasionnellement. Mais vivre cela au quotidien nous mettrait rapidement les nerfs en pelote. Des traits de caractère plus agaçants peuvent être acceptés chez nos amis : en effet, nous ne vivons pas ensemble et nous pouvons soit fermer les yeux soit choisir de moins les voir. Ainsi l'amitié va et vient tandis que l'estime affectueuse demeure.

Confondre l'estime affectueuse avec l'attachement amoureux peut causer de graves problèmes. Nick et Anna, le directeur commercial et l'enseignante, en ont fait les frais. Les besoins de Nick n'ont pas été comblés et il est devenu simplement attaché à sa femme. « Nous ne sortons qu'avec d'autres couples », s'est-il plaint avec véhémence avant de demander à sa femme : « À quand remonte la dernière fois que nous sommes sortis en tête à tête ? » Anna voyait les choses différemment : « Mais on s'amuse quand même. Tu te souviens de la fois où nous avons tous loué cette maison à Devon. Toutes ces parties de Monopoly sans fin ! Et cette partie de strip Monopoly ! » Nick ne pouvait nier qu'il s'était amusé, mais son mariage lui évoquait un bain chaud : agréable mais pas très excitant. Anna n'avait pas compris à quel point les choses s'étaient détériorées parce qu'elle avait pris l'estime affectueuse, issue de quinze ans de souvenirs partagés, pour de l'attachement amoureux. De son côté, Nick décrivait leurs rapports comme fraternels. Pour lui, la perte de la passion inhérente à la période de « limerence » relevait de l'abandon.

Comment se fait-il que l'attachement amoureux se transforme en estime affectueuse ? Ce point sera développé au cours des chapitres suivants, mais nous pouvons d'ores et déjà avancer deux causes principales : le peu de soin accordé à l'intimité des corps et le refus d'accepter les différences. Au lieu d'être deux individus impliqués dans une relation, les partenaires ont formé un couple amorphe, et soit l'un soit les deux vont se plaindre d'une perte d'identité, symptôme courant chez les JTAM. C'est l'un des paradoxes les plus délicats dans le maintien de l'attachement amoureux. Dans une histoire à long terme, nous avons besoin de nous trouver suffisamment de points communs, culturels, sociaux ou émotionnels, pour créer une connexion ; cependant, il nous faut aussi trouver suffisamment de divergences pour éviter de stagner. C'est souvent la friction créée par la rencontre des divergences qui produit l'étincelle de la passion. Pensez à tous ces grands personnages de fiction dont nous tombons amoureux au cinéma, au théâtre ou dans les livres : Rhett Butler et Scarlett O'Hara, Cathy et Heathcliff, Elizabeth Bennett et Mr. Darcy, Roméo et Juliette. Non seulement ils sont tous passionnés, mais les deux partenaires sont très différents l'un de l'autre. Il est possible que vous ne désiriez pas vivre une histoire aussi complexe que la leur, mais considérez l'alternative : le seul couple célèbre libre de tout conflit est celui que forment Darby et Joan[1]. Qui a envie de leur ressembler ?

En résumé

- La romance populaire nous abreuve de l'image d'un amour idéal inconditionnel. Pendant la phase de « limerence », on peut prétendre s'en approcher. Cependant, une fois que le couple est passé au stade de l'attachement amoureux, le vrai amour inconditionnel n'est plus qu'un souvenir.
- À l'inverse de la « limerence », l'attachement amoureux meurt s'il n'est pas réciproque, en particulier sexuellement. En revanche, l'attachement amoureux peut durer toute la vie.
- Quand une relation a perduré avec suffisamment de bonheur, il est possible de confondre l'attachement amoureux avec ce qu'il est devenu, c'est-à-dire une estime affectueuse. On se préoccupe du sort de quelqu'un en lui souhaitant le meilleur, mais sans passion romantique sous-jacente.
- Quand quelqu'un affirme « Je t'aime mais je ne suis pas amoureux de toi », il entend probablement par là : « J'ai de

1. NdT : Dans le langage populaire anglais, faire référence à « Darby et Joan » permet de désigner un vieux couple uni et sans histoires. Leur vie fut aussi paisible que vide d'événements.

l'estime affectueuse pour toi mais je ne ressens plus d'attachement amoureux. » Dans les cas les plus forts, il sous-entend également : « L'attachement amoureux me manque tellement que penser à l'euphorie de la "limerence" me rend nostalgique. »

- Tomber amoureux et faire durer l'amour est considéré comme magique.
- Nous choisissons délibérément d'envelopper l'amour de mystère. Pourtant, s'il est vrai que comprendre comment un magicien parvient à scier une femme en deux risque de tuer l'illusion, connaître la nature de l'amour est le premier pas nécessaire pour savoir comment le revitaliser.

Exercices

Exercice de « limerence ». Jeux de regards

Pour citer les auteurs de chansons populaires, dans les premiers jours de la « limerence », « Je n'ai d'yeux que pour toi » ou « Je suis incapable de détacher mon regard de toi » sont les phrases qui caractérisent le comportement des amoureux l'un envers l'autre. Cela dit, une fois le couple installé, les deux partenaires commencent à trouver un nombre incroyable de distractions qui détournent leur regard des beaux yeux de l'être aimé : la télévision, le journal ou leur montre. En fait, quand le psychologue de Harvard Zich Rubin a conduit une expérience utilisant des enregistreurs très sophistiqués, il a découvert que les couples dont les questionnaires indiquaient un amour plus intense se regardaient dans les yeux pendant une durée beaucoup plus longue que les couples moins amoureux. Les couples amoureux passent 75 % de leur temps à se regarder en parlant, au lieu de l'habituel 30-60 %.

Nous pourrions débattre sans fin : l'amour s'éteint-il quand nous cessons de vraiment regarder l'autre ou cessons-nous de le regarder à mesure que l'amour s'estompe ? Rubin est convaincu que se regarder dans les yeux peut suffire à tromper le cerveau qui se met alors à produire de la phényléthylamine, amphétamine naturelle qui est l'une des substances chimiques aidant à tomber amoureux. Essayez de pratiquer les jeux de regards suivants :

1. Attirez l'attention de votre partenaire, soit en l'appelant par son prénom soit en posant votre main sur son épaule. La deuxième solution est particulièrement efficace puisque vous pouvez exercer une légère pression pour l'inviter à détourner la tête de l'écran de l'ordinateur, par exemple, pour vous regarder.
2. Attendez d'avoir toute l'attention de votre partenaire, qu'il vous regarde dans les yeux en se demandant ce qui se passe.
3. Regardez-le dans les yeux. Inutile de faire durer l'échange plus d'une seconde. Prenez simplement le temps de bien vous regarder.
4. Embrassez-le sur la bouche.
5. Votre partenaire va probablement se poser des questions ou vous demander quelque chose comme : « Que veux-tu ? »
6. Contentez-vous de sourire et de vous éloigner.
7. Recommencez le lendemain.

Si votre partenaire vous demande pourquoi vous l'avez embrassé(e), ne soyez pas sur la défensive en disant : « Je ne peux même pas te demander de m'embrasser ? » Ne passez pas non plus à l'attaque en lui répondant : « Je suis obligé de te demander un baiser puisque tu ne m'embrasses jamais. » Expliquez simplement que vous aimiez beaucoup vos échanges de regards au début de votre histoire. Même si cet exercice peut sembler forcé dans un premier temps, vous l'intégrerez rapidement à vos habitudes et il deviendra comme une seconde nature.

Exercice de « limerence ». Rapprochements

Dans les premiers temps de la « limerence », Dorothy Tennov a remarqué à quel point on est prêt à tout pour créer des liens avec l'être aimé. « Si une pensée n'a aucun rapport avec l'objet « limerent », vous en inventez un immédiatement. Vous vous demandez ou imaginez ce que le O.L. penserait du livre que vous avez dans les mains, de la scène dont vous êtes le témoin, de la chance ou de la malchance qui vous tombe dessus. Vous visualisez le moment où vous lui raconterez, comment le O.L. va réagir, ce que vous vous direz et quelles actions vont éventuellement en découler. Tout cela est tellement différent de l'habitude monotone qu'ont la plupart des partenaires de vieux couples de se demander le soir : « Comment s'est passée ta journée ? » « Très bien. » Fin de la conversation.

Pour réintégrer cet élément de « limerence » à votre couple, mettez de côté des événements à partager le soir venu. Vous pouvez même les noter dans un carnet afin de ne pas les oublier. Il y a deux façons d'augmenter l'intérêt de vos anecdotes : la première consiste à trouver les détails qui rendent vivant ce que vous racontez. La seconde est de chercher les événements, opinions et personnages qui peuvent éveiller un intérêt particulier chez votre partenaire.

Souvent, dans les couples JTAM, l'un des partenaires modifie ses petites histoires quotidiennes pour plusieurs raisons : la peur d'ennuyer l'autre, la volonté de le protéger de tout ce qu'il y a de déplaisant dans les anecdotes de travail ou simplement pour oublier les petits énervements. Tous ces motifs sont valables, mais les taire peut créer un fossé entre vous. Essayez donc de ne pas réviser les informations que vous donnez à votre partenaire pour en fournir, comme au début de la « limerence », un exposé franc et complet.

Nous avons tous besoin d'un témoin. Sans lui, nous nous sentons invisibles, incompris et, au pire, mal aimés. Écoutez attentivement les nouvelles relatées par votre partenaire, posez des questions pour l'encourager à parler et affichez un intérêt sincère.

Exercice d'attachement amoureux

Faites le point sur la journée d'hier, en reprenant tout ce qui s'est passé entre vous et votre partenaire :

1. En commençant par le réveil, dressez une liste par écrit, en colonne. Voici un exemple de liste type : petit déjeuner, se préparer pour aller au travail, se dire au revoir, se téléphoner du bureau, dîner ensemble, parler de la journée, regarder la télévision. Pour le week-end, la liste sera plus longue et plus personnalisée.
2. Ensuite, reprenez la liste en vous demandant ce qui a nourri votre attachement amoureux.
3. Faites une marque en face de tout ce qui est positif, en vous assurant que l'événement a véritablement renforcé vos liens. Par exemple, un coup de téléphone sans motif précis peut être inclus, mais un appel téléphonique pour demander à votre partenaire de passer prendre quelque chose pour vous ne compte pas.
4. Y a-t-il des choses que vous pourriez changer afin qu'elles nourrissent votre attachement amoureux ? Par exemple, vous pourriez lui masser les pieds en regardant la télévision ou lui laisser un jus d'orange pressée sur la table de la cuisine qu'il ou elle trouvera à son réveil.

5. Pouvez-vous ajouter un geste attentionné le lendemain, comme lui faire couler un bain ou lui envoyer un texto sexy ?
6. Y a-t-il quelque chose sur la liste que vous regrettez d'avoir fait ? Nous avons tendance à oublier nos gestes les moins bons, mais n'omettez pas de les noter. Cela peut vous encourager à vous montrer plus patient(e).

Voici les questions que mes patients posent au sujet de l'évaluation de l'attachement amoureux :

Q. Au bout de combien de temps la différence se fait-elle sentir ?

R. Les changements ne se font pas en une nuit. Il faut généralement trois ou quatre semaines pour qu'un couple sente ses sentiments changer de façon significative.

Q. J'ai cessé d'aimer mon partenaire, pourquoi n'est-ce pas lui qui devrait changer ?

R. Quand nous en voulons à quelqu'un, notre instinct nous porte à moins bien traiter cette personne. Et que se passe-t-il alors ? Elle se met alors à notre niveau et le couple se retrouve pris dans un cercle vicieux. Pourquoi ne pas montrer l'exemple en faisant preuve d'attention ? Votre partenaire risque de ne pas répondre tout de suite par la même gentillesse, mais il ou elle finira par se sentir mieux disposé(e) et bientôt prêt(e) à vous rendre la pareille. Et, miracle des miracles, vous aurez lancé un cercle vertueux. Puisque l'un de vous deux doit faire le premier pas, pourquoi ne serait-ce pas vous ?

2

LES SIX ÂGES DU COUPLE

Dans les histoires d'amour classiques, les regards se croisent à travers la foule. Deux êtres tombent amoureux, se marient et construisent un foyer. Mais que se passe-t-il après : « Ils furent heureux jusqu'à la fin de leurs jours » ? Notre culture offre quelques points de repères – les fiançailles, le mariage, le baptême – mais tous les couples n'ont pas envie de suivre ce schéma. Sans un bon modèle de ce que vous pouvez attendre, comment savoir si les problèmes que vous rencontrez dans votre couple sont inhérents à l'évolution de la relation ou s'ils indiquent une faille fondamentale de votre relation ? Malheureusement, ni les psychologues ni les sociologues ne nous éclairent sur ce point. Ils ont concentré leur énergie sur l'étude des couples qui échouent, ignorant complètement les gens heureux. La plupart des couples sont donc abandonnés dans le brouillard, se comparant à leurs amis sans jamais vraiment comprendre la nature de la relation amoureuse.

Au début des années 1990, quand j'ai commencé à recevoir des couples homosexuels, j'avais encore moins d'informations à leur fournir sur ce qui se passe dans leur cas après le premier échange de regards. J'ai donc commencé à me documenter et j'ai découvert une étude de David McWhirter et Andrew Mattison (*The Male Couple*, Prentice Hall, 1984). Ces derniers ont suivi 156 couples homosexuels, âgés de 20 à 69 ans, pendant plusieurs années en Californie.

Aucun de ces couples ne suivait de thérapie, ce qui les rendait plus représentatifs de la population générale. McWhirter et Mattison ont rapidement repéré des schémas de comportement. Ils ont poursuivi en identifiant une série d'étapes clés que traversaient ces couples gays, comportant chacune ses problèmes et ses questions spécifiques. En m'appuyant sur ma propre expérience de conseiller, j'ai adapté ce modèle et jugé bon de présenter mes découvertes à des collègues. Il nous est apparu évident que ces différents stades pouvaient s'appliquer aux couples hétérosexuels. En mettant de côté toutes les attentes sociales sur la façon dont les couples sont censés évoluer, nous avons pu révéler les schémas sous-jacents du développement réel du couple.

Mon plan de route pour aller du premier « je t'aime » à une vie entière passée à deux se découpe en six âges, chacun comportant ses propres obstacles et ses leçons permettant de maintenir l'amour en vie. Dans certains cas, les couples interprètent les questions qui se posent naturellement au passage d'un âge à un autre comme un échec personnel ou comme une perte du sentiment amoureux. Mais, en réalité, l'attachement amoureux n'a fait que passer à une autre étape en se modifiant subtilement. D'autres couples sont simplement restés coincés à une étape du voyage ou l'un des partenaires est passé à l'âge suivant plus rapidement que l'autre, creusant un fossé dans les comportements et les attentes des deux partenaires. Ce chapitre va explorer chacun de ces âges en se penchant sur les connaissances à acquérir.

LA FUSION

Entre douze et dix-huit mois

La seule chose que les amoureux souhaitent c'est être ensemble. Dorothy Tennov, qui a nommé ce phénomène, a écrit :

« Dans la “limerence”, le but n’est pas de posséder mais de se mêler à l’autre, formant une “unité”, joie extatique de la réciprocité mutuelle. » C’est au lit que cela est le plus tangible, les couples à ce stade parlant tous de forte activité sexuelle. Paula et Mark sortent ensemble depuis trois mois. Paula raconte : « Nous en sommes arrivés à brosser les dents de l’autre en utilisant la même brosse à dents. Je sais que ça a l’air dégoûtant, mais je trouve que c’est très sexy et cela nous a rapprochés. » Toutes les différences sont négligées voire ignorées quand deux personnes n’en forment plus qu’une.

La fusion est l’occasion de faire de nouvelles expériences et de s’améliorer. Si l’un des deux a une passion, par exemple pour l’opéra, les sports d’hiver, l’égyptologie ou l’élevage de chiens, l’autre partenaire va s’y plonger même si ce hobby ne l’intéressait pas auparavant. Cela peut être le point de départ du processus de partage total de la période de fusion mais peut aussi conduire à une vie entière de plaisirs communs. Mark, 29 ans, travaille dans l’informatique et affirme : « Sortir avec Paula m’a aidé à me sentir plus intelligent. Je ne suis pas allé à l’université et j’ai appris mon métier sur le tas. Paula a fait des études mais tout ce qui me concerne l’intéresse. Tant et si bien que j’ai gagné assez de confiance en moi pour oser dire ce que je pensais sur mon lieu de travail. » L’expérience de Mark et Paula est typique. En fusionnant, les partenaires s’approprient les qualités de l’autre pour les intégrer à leur propre personnalité.

L’intensité de l’union signifie que chaque partenaire a l’impression de comprendre l’autre et d’être compris en retour. Quand les couples repensent à cette période, elle leur semble pleine de magie et de folie. En fait, nous avons besoin d’un peu de magie et de folie, sinon comment pourrions-nous faire suffisamment confiance à un inconnu pour l’autoriser à entrer dans notre vie ?

Les problèmes les plus courants

- Chacun a peur de blesser l'autre et de se voir privé de son amour, donc les disputes sont évitées à tout prix.
- Les querelles sont vécues sur un mode dramatique : c'est la fin du monde. À l'inverse des couples unis depuis plusieurs années, les couples en fusion n'ont aucune expérience des moments de détachement, de désaccord et de réconciliation. D'un point de vue intellectuel, les couples en fusion savent qu'il est possible de survivre à une dispute, mais n'en ayant vécu aucune pour le prouver, l'idée qu'un quelconque désaccord puisse leur être fatal les inquiète.
- L'un des partenaires se place en retrait de peur de perdre son identité.

Technique : se laisser aller

Il est important de succomber à ses sentiments durant la fusion. D'un côté, la « limerence » aide les couples à faire tomber les barrières, mais en même temps une petite voix intérieure ne cesse de les mettre en garde et de leur dire : « Fais attention. » Les histoires d'amour dressent deux instincts fondamentaux l'un contre l'autre : nous avons tous envie d'être proches, d'être compris, de soutenir ou d'être soutenus par quelqu'un, et pourtant nous voulons également garder le contrôle pour rester maîtres de notre destin. Les couples durables trouvent l'équilibre entre ces deux pôles. Malgré tout, pour bien commencer le voyage, et *a fortiori* lorsque nous gagnons en âge et en cynisme, nous devons faire confiance et croire que cette fois-ci les choses seront différentes.

L'INSTALLATION

Deuxième et éventuelle troisième année

Les partenaires prennent des engagements et décident de vivre ensemble. Les relations sexuelles passent d'un rythme frénétique à une cadence plus gérable. Ils prennent conscience de tout ce qui existe en dehors de la chambre. La création d'un espace de vie commun est une nouvelle façon d'exprimer leur amour et marque le début de l'attachement amoureux. Mais vivre ensemble et voir le niveau de « limerence » décroître signifie que les problèmes enterrés pendant la période de fusion refont surface. Auparavant, en allant l'un chez l'autre, il était facile d'éviter les disputes sur le « qui fait quoi ? » mais à présent ces sujets pratiques deviennent centraux. « Ce n'était plus la même chose, dit Nina qui est avec Nigel depuis un peu moins de deux ans. J'ai eu très peur de voir mon amour pour lui s'éteindre. D'une certaine façon, ce n'était pas une mauvaise chose : au travail, j'étais plus concentrée. Je me demande ce que mes collègues pensaient de moi quand je passais la moitié de la journée au téléphone avec Nigel. » Tandis que le premier stade capitalise sur l'attirance et minimise les distractions, emménager ensemble peut révéler les différences. « Je croyais que Nina voulait qu'on achète un appartement à nous, notre petit nid. Mais elle pensait que rembourser son emprunt d'étudiante était plus important. Pour la première fois je l'ai regardée en me demandant si je la connaissais vraiment. » Heureusement pour eux, au lieu de nier leurs différences d'opinions ou de les ignorer, Nina et Nigel en ont parlé. « Nous nous sommes mis d'accord pour acheter quelques beaux meubles », a dit Nigel. « Et nous avons repeint les parties de l'appartement loué qui en avaient le plus besoin », a ajouté Nina. « Nina a beaucoup de goût, a commenté Nigel. Je sais que ce n'est pas grand-chose, mais quand nos amis visitent notre appartement, j'ai vraiment l'impression que nous avons construit quelque chose. » « C'est nous », a dit Nina en allant au bout de la pensée de son compagnon. Malheureusement, certains couples qui s'installent s'inquiètent des différences qui émergent alors, surtout les JTAM qui geignent fréquemment en pensant : « Qu'est-ce que nous faisons de travers ? » Ces couples plus que les autres ont besoin d'être rassurés sur le fait que leur relation n'est pas en train de mourir mais qu'elle passe simplement à une autre étape.

Les problèmes

- Mieux connaître l'autre peut conduire à l'ennui.
- Les querelles tournent souvent autour des rôles qui incombent à l'homme et à la femme.
- Les disputes tournent en rond sans aboutir à une solution.
- Des études menées par des chercheurs de l'université du Texas suggèrent de se fréquenter pendant une période allant de dix-huit mois à trois ans avant de s'engager au mariage. Mais certains couples ont du mal à passer ce cap et considèrent que vivre ensemble est une décision trop lourde.
- Pendant la période de fusion, une personne amoureuse n'a d'yeux que pour que son bien-aimé. Par la suite, les amis et la famille redeviennent importants. Le retour de ces forces extérieures peut créer des tensions à l'intérieur du couple.

Technique : se disputer

La plupart du temps, les disputes portent sur des sujets insignifiants, comme le nettoyage de la baignoire ou la couleur des murs de la chambre. Les couples, en particulier les JTAM, ont souvent l'impression qu'il n'y a pas de quoi faire une scène. Ce type de dispute ne devrait pourtant pas être évité, en partie parce que les soucis finiront par s'envenimer, mais surtout parce que les petites querelles permettent de s'entraîner aux disputes plus constructrices. Il vaut mieux apprendre par le biais des désaccords mineurs, où les enjeux sont faibles, plutôt que d'attendre qu'un problème majeur et inévitable surgisse.

L'AFFIRMATION DE SOI

Troisième et quatrième années

Jusque-là, les couples ont toujours mis l'accent sur leurs points communs, encourageant éventuellement leur partenaire à s'intéresser à leur passe-temps préféré ou à abandonner une activité afin de passer plus de temps ensemble. Cependant, pendant la phase d'affirmation de soi, les partenaires doivent se sentir suffisamment en confiance pour avoir des loisirs séparés et se souvenir qu'il existe un « je » autant qu'un « nous ». Après tout, il n'est pas nécessaire d'être deux pour choisir un marteau. Il est naturel pour un individu vivant en couple de refondre ses habitudes et ses caractéristiques, et un ménage a besoin de l'individualité de chacun pour assurer son développement.

Un exemple de couple ayant habilement négocié le passage à la réactualisation de l'indépendance et de l'interdépendance est celui de Maya et Robin. Ils ont chacun des enfants d'une précédente histoire. « Au début, nous étions toujours ensemble. Mais jouer au tennis a commencé à me manquer, et comme ça intéressait aussi mon fils et les deux garçons de Maya j'ai commencé à les entraîner le samedi matin. Je me sentais coupable parce que j'avais peur d'exclure Maya. Mais il se trouve qu'elle était ravie d'emmener ma fille faire les boutiques. Et cela ne nous empêchait pas de nous retrouver pour déjeuner ensemble », explique Robin. La première semaine, Maya n'était pas convaincue, mais elle a vite compris l'intérêt de leur nouvel arrangement. « C'était idiot de croire que nous pourrions être tout l'un pour l'autre. Robin n'aime pas aller au cinéma et rien ne m'empêchait d'y aller en début de semaine avec une amie. D'autant que c'est moins cher. » Maya et Robin ont trouvé d'autres avantages. « Être séparés de temps à autre faisait que nous avions plus de choses à nous raconter, » a expliqué Robin.

Durant cette période, chaque partenaire doit trouver l'équilibre entre ce qu'il y a de mieux pour l'un comme pour l'autre. Cette prise de conscience peut être choquante, surtout après la fusion et l'installation où les besoins du couple passent en priorité. Certains amoureux prétendent que leurs besoins ne sont pas si importants, mais cette attitude conduit à long terme au ressentiment et à d'éventuels problèmes d'identité, une caractéristique des JTAM. Pendant l'époque de l'affirmation de soi, un autre problème peut surgir si l'un des deux partenaires affirme ses besoins avant l'autre. Cela est souvent vécu comme une critique personnelle – « Pourquoi désormais ne veux-tu plus passer autant de temps avec moi ? » – et non comme un phénomène naturel.

Les problèmes les plus courants

- Si l'un des deux ne sait pas exactement qui il est, ou s'il manque d'estime de soi, il peut être plus confortable pour lui de se cacher dans un couple que d'établir une identité séparée et parallèle.
- Dans les couples JTAM, l'un des partenaires va souvent considérer le temps que l'autre passera seul comme une trahison faite au couple, ou l'un des deux va être incapable d'exprimer ses besoins d'indépendance.
- L'un des partenaires essaie d'empêcher l'autre d'avoir du temps pour lui, de peur d'y voir le signe annonçant la fin de leur histoire.
- Des rapports de pouvoir sont le point d'achoppement du couple.

Technique : le compromis

Si, pendant l'installation, les chamailleries ont été résolues, le couple aura plus de facilité à régler les problèmes plus importants qui se cachent derrière les plus modestes. Pendant les deux premières étapes, le premier besoin des partenaires est d'être proches l'un de l'autre. Dans la phase d'affirmation de soi, la nécessité de contrôler son destin refait surface. Chacun se souvient de ses exigences individuelles et commence à négocier le temps personnel autorisé. Cela nécessite fréquemment des heures et des heures de discussion qui peuvent être épuisantes, en particulier lorsqu'elles portent sur des sujets de moindre importance. En l'absence de compromis, la balance risque de pencher en faveur de l'un pour finir par mettre la relation en péril.

La collaboration

De la cinquième à la quatorzième année approximativement

Forts de la sécurité de leur ménage et d'un plus grand sens d'eux-mêmes gagné pendant la phase d'affirmation de soi, les couples font des projets vers l'extérieur. Il peut s'agir d'un changement de carrière, de reprendre des études ou de simplement développer de nouveaux centres d'intérêt. Cette période s'appelle la collaboration en raison du degré de soutien qui est apporté à l'autre. L'enthousiasme et la fraîcheur que génèrent les ambitions individuelles sont réinjectés dans le couple pour être partagés. Le but peut être commun et utiliser des compétences complémentaires, le choix le plus courant étant de faire des enfants. Les partenaires qui se rencontrent à un âge plus avancé peuvent opter pour le lancement d'une entreprise ou pour des voyages. Que le but soit individuel ou commun, il renouvelle le couple, lui évitant de stagner.

Pendant la phase de collaboration, la confiance et la fiabilité remplacent l'insécurité et la peur de perdre l'autre du début. Les partenaires ont gagné en proximité et ont développé des compétences complémentaires à l'intérieur du foyer. Chacun sait ce que l'autre pense et ressent et a perdu les illusions de la première année. Les différences sont réglées rapidement, contrairement aux heures de négociation nécessaires dans les premiers stades. Même si ce type de communication fait gagner du temps, il peut engendrer des malentendus. Quand les partenaires sont fatigués ou énervés par les enfants, par exemple, l'un d'eux a souvent besoin d'être rassuré. « D'une certaine façon, je sais que Miranda m'aime, mais ça ne lui coûterait pas grand-chose de me le montrer de temps à autre », se plaint Don. « Quand nous nous sommes rencontrés, il avait inventé ce drôle de jeu pendant lequel il embrassait les différentes parties de mon corps en me disant qu'il les aimait. Ça semblerait bête de lui demander ça aujourd'hui mais ça serait tellement bon », a répondu Miranda. Si cette façon de penser n'est pas corrigée, l'un des deux finit par se sentir isolé et relégué au rang de colocataire. Il est alors mûr pour le poste de JTAM.

Les problèmes les plus courants

- Considérer l'autre comme acquis ou ne pas être au même rythme, l'un des deux évoluant plus vite et risquant de laisser son partenaire en arrière. Cela est particulièrement fréquent chez les couples dont les membres se sont rencontrés alors qu'ils avaient une vingtaine d'années.
- Si la communication est mauvaise, l'un des deux peut se replier sur lui-même en s'investissant dans un projet extérieur et négliger l'autre.
- Il y a une différence entre les activités séparées qui enrichissent une relation et celles qui éloignent les deux partenaires.
- Cette étape est probablement la plus délicate des six. Il n'est pas étonnant que la durée de vie moyenne d'un mariage au Royaume-Uni soit de 11,3 ans (source : Office

national des statistiques, 2004). En France, 15,6 % des mariages durent moins de 5 ans, 22,8 % durent entre 5 et 9 ans et 17,9 % entre 10 et 14 ans.

Technique : la générosité

Jusque-là, la compatibilité et les buts communs sont les ingrédients d'une union heureuse. Dans ces dernières étapes, la clé de tout est l'absence de possessivité. Cette transition peut se révéler délicate, en particulier quand l'un des deux s'investit dans un nouveau domaine alors que l'autre n'est pas encore prêt ou qu'il n'a pas trouvé sa propre voie. Les partenaires JTAM ont souvent du mal à trouver leur indépendance à l'intérieur du couple. C'est regrettable, car ceux qui parviennent à bien passer ce cap de la collaboration cessent de vivre dans l'ombre de l'autre. La distance supplémentaire aide à entretenir l'intérêt que l'on porte à son partenaire et donc à minimiser les risques d'ennui. À ce stade, les partenaires doivent se montrer assez généreux pour encourager les projets de l'autre et croire à leur effet positif.

L'ADAPTATION

De la quinzième à la vingt-cinquième année

Ces couples sont plus occupés à s'adapter aux changements qu'ils rencontrent – des enfants qui quittent la maison aux parents qui vieillissent – qu'à gérer les évolutions internes à leur relation amoureuse. À ce stade, chaque partenaire a abandonné tous les rêves sur ce que pourrait être l'autre pour penser : « Il a toujours été comme ça et il ne changera pas » ; ou encore : « À quoi ça sert de l'embêter avec ses mauvaises habitudes ? Elles sont plutôt attachantes finalement. » En fait, c'est lorsque quelqu'un cesse d'essayer de nous changer et nous accepte comme nous sommes que nous avons le plus de chances d'accéder à ses désirs. À ce stade, les couples se sentent satisfaits. L'amitié et le fait de se tenir compagnie sont devenus importants. Ayant plus de confiance en soi et s'inquiétant moins de ce que pensent les autres, ils favorisent souvent une période de réveil sexuel. La fréquence des rapports n'atteint peut-être pas celle du premier âge, mais la qualité est largement accrue.

Nick et Anna sont un bon exemple de l'impact des pressions extérieures sur la vie de couple. À la mort de son père, Nick s'est senti plus responsable de sa mère, alors qu'Anna parlait de ce qui se passerait quand leurs deux grands garçons entreraient à l'université et soulignait que la maison serait vide. Pour Anna et Nick, considérer les changements survenus pendant les cinq premiers âges amoureux leur a offert un regard neuf sur leur couple. Anna avait toujours été optimiste, se focalisant sur les aspects positifs de leur couple. En se concentrant sur les défis impliqués par l'étape d'adaptation – dans son cas, ses fils quittant la maison –, Anna a dit : « Ce n'est pas leur présence physique parce qu'ils sont toujours dehors, mais c'est plus l'idée que nous serons seuls, tous les deux. Je me sens toute vide. » Elle s'est tournée vers Nick : « Rien que toi et moi au déjeuner du dimanche. » Nick a senti qu'elle avait compris que de vrais changements étaient nécessaires afin de sauver leur couple.

Même si l'étape la plus difficile est celle de la collaboration, l'adaptation est plus à même de produire des JTAM. L'inconvénient de l'acceptation de l'autre, avec tous ses défauts, est qu'elle donne l'impression que le changement est impossible. De ce point de vue, la constatation « elle/il a toujours été comme ça » peut être plus déprimante que rassurante. Les hommes comme les femmes me disent : « J'ai envie de me sentir spécial à nouveau. » Et c'est possible. Avec un regard neuf et du travail, ce qui semble desséché et vide redevient vite chaud et vivant.

Les problèmes les plus courants

- Les couples peuvent considérer leurs liens comme acquis et moins exprimer leurs émotions.
- Même si accepter les faiblesses de l'autre présente des avantages, cette acceptation a des effets secondaires. Dans les couples JTAM en particulier, l'un suppose souvent que l'autre est incapable de changer et la rupture est alors envisagée comme la seule solution.
- Pendant une crise, il se peut que l'un des partenaires ait envie de revenir au sentiment de sécurité des étapes précédentes. Les hommes qui ont perdu leur emploi se lancent dans le réaménagement de la maison, comme pendant la phase d'installation, ou souhaitent retrouver la proximité de l'étape de fusion. Les femmes qui ont passé leur vie à s'occuper des autres, des enfants et des parents âgés, peuvent retourner à la phase de l'affirmation de soi.
- L'un des partenaires va supposer que l'autre a assez de soucis et évitera de lui confier les siens.
- Certains problèmes peuvent surgir à retardement, réveillés par des événements familiaux. La mort ou la maladie grave d'un membre de la famille, par exemple, peut amener à ressasser l'enfance, avec un effet néfaste sur la vie présente. Les enfants atteignent l'âge qu'avaient les parents quand ils se sont rencontrés, faisant involontairement remonter des problèmes enterrés depuis longtemps. Ces événements sont difficiles à relier et c'est pour cette raison que les couples doivent continuer à se parler au lieu de se retrancher dans des coins séparés.

Technique : écouter

Arrivés à ce stade, les couples ont l'impression de bien se connaître, mais des changements de vie majeurs – chagrins, dates anniversaires ou adolescence de leurs enfants – peuvent entraîner des bouleversements imprévisibles. Les couples en phase d'adaptation présument des réactions et des besoins de leur partenaire en se fondant sur le passé, ce qui n'est pas la meilleure façon de prédire l'avenir. Il est donc important d'écouter avec attention ce qui est dit – comme ce qui est tu. Certains veulent résoudre les problèmes de leur partenaire, mais écouter est plus important, en particulier si celui-ci est en train de vivre une phase de bouleversement.

Le renouvellement

De la vingt-cinquième à la cinquantième année et plus

Les couples âgés sont souvent les plus romantiques et les plus complices. Leurs liens sont plus forts que l'écho de la « limerence » pendant la fusion. La proximité de la première étape se fondait sur la promesse d'un avenir commun. Désormais, le lien s'appuie sur la réalité d'une vie passée ensemble. Les partenaires en phase de renouvellement cessent de porter leurs regards vers l'extérieur pour concentrer toute leur attention sur eux. Ils commencent à récolter les bénéfices de ce qu'ils ont investi dans leur couple. Les souvenirs communs et les blagues internes sont très importants pour les couples en période de renouvellement : « Tous les soirs avant d'éteindre la lumière, je dis à Martha que je l'aime, mais il faut qu'elle ajoute qu'elle m'aime plus que je ne l'aime. Elle a peut-être raison. Nous avons traversé tellement de choses ensemble, mais j'ai toujours su que je pouvais compter sur elle. » Ce sentiment de sécurité protège ces couples contre le JTAM.

Les problèmes les plus courants

- Parfois, comme pendant la période de fusion, ces partenaires peuvent avoir peur d'affirmer leurs différences, en particulier quand les autres gagnent du terrain sur leur temps commun. Par exemple, quand les enfants attendent d'eux qu'ils s'occupent beaucoup des petits-enfants.

- Les problèmes de santé peuvent isoler et la proximité sera vécue comme étouffante. Cependant, il s'agit là de soucis mineurs, et cette phase est vraiment la meilleure de toutes.

Technique : la patience

En vieillissant, nous devenons la caricature de nous-mêmes. Par exemple, quelqu'un qui n'a jamais aimé être en retard commence à répéter un trajet pour évaluer le temps qu'il faudra prévoir le jour venu. Il n'est pas surprenant que cela nous rende plus difficiles à vivre. La patience et la compréhension peuvent être utiles dans la négociation des idiosyncrasies pour éviter le pire.

Et si le développement de mon couple ne correspond pas à ces différentes étapes ?

Les trois premières étapes s'appliquent à tous les couples, quel que soit l'âge auquel les partenaires se rencontrent, qu'il s'agisse du premier amour ou du quatre-vingt-dix-neuvième. Les étapes quatre et cinq sont de plus courte durée pour les couples qui se rencontrent à un âge plus avancé ou s'il s'agit d'un second mariage, tandis que la sixième étape est une autre expérience universelle. N'oubliez pas que « Les six âges du couple » sont un guide, pas une prescription. Ne vous inquiétez donc pas si vous ne les vivez pas dans cet ordre. Par exemple, certains couples ont un enfant (étape quatre : la collaboration) avant de vivre ensemble (étape deux : l'installation). Même si cela rend l'équilibre entre l'indépendance et l'interdépendance plus difficile à trouver (sans oublier la qualité cruciale de l'étape trois : l'affirmation de soi), la plupart des couples s'en arrangent. Le chemin est plus cahoteux mais la possibilité d'en ressortir grandi n'en est qu'accrue. D'autre part, quand les temps sont durs, il arrive de retourner à un stade préalable. Par exemple, les partenaires qui se remettent d'une infidélité vont traverser plusieurs mois intenses où ils vivront une nouvelle fusion, mais celle-ci durera moins longtemps que la première fois.

En résumé

- Chaque couple a son propre rythme et chaque âge a sa saison.
- Bien que chaque histoire d'amour soit différente et sujette à ses propres circonstances, suivre le schéma classique facilite le voyage.
- Pendant les périodes de tension, l'un ou les deux partenaires vont parfois retourner à une étape antérieure. Une fois rassuré, le couple pourra reprendre naturellement sa route.
- Les problèmes naissent quand on présume que son partenaire a toujours les mêmes besoins qu'au début, mais les changements modifient notre personnalité comme nos attentes.
- Rester coincé à une étape sans en tirer les leçons risque de mettre le couple en danger.
- Les couples JTAM trouvent souvent l'âge de l'affirmation de soi difficile parce qu'ils préfèrent se concentrer sur les besoins du couple que sur ceux de l'individu.
- Comprendre « Les six âges du couple » est le premier pas à effectuer pour diagnostiquer certains problèmes cachés derrière une crise JTAM. Le premier pas peut conduire à l'autoroute menant à une relation épanouie.

Exercices

Bien que chaque exercice ait été conçu en fonction des caractéristiques de chacune des étapes amoureuses, ces principes peuvent s'appliquer à tout moment. Il est donc utile de piocher dans tous ces exercices des idées aidant à résoudre les problèmes.

La fusion : renouez avec votre adulte intérieur

Un nouvel amour peut changer l'individu le plus affirmé en adolescent effrayé. Cet exercice a pour but de vous aider à retrouver le côté adulte le mieux qualifié de votre personnalité.

1. D'un côté d'une feuille de papier, faites la liste des sujets de dispute qui vous ont opposé à votre partenaire la première année de votre histoire.
2. De l'autre côté, notez de quelle façon vous avez réglé ces disputes.
3. Si vous avez du mal à vous remémorer les problèmes, voici quelques suggestions : argent, vaisselle, temps sans l'autre, amis, s'occuper des enfants, rangement, la fréquence de vos appels respectifs à l'autre.
4. Enfin, demandez-vous de quelle façon vous pouvez utiliser ces compétences pour résoudre les problèmes d'aujourd'hui.

Les querelles sont vitales pour purifier l'ambiance et découvrir les besoins de l'autre. Quand vous aurez compris que chaque problème a sa solution, il vous sera plus facile de relâcher la pression et d'écouter votre cœur.

L'installation : une décision sur la sellette

S'installer ensemble est une grande décision et beaucoup de couples essaient de la repousser au maximum. Si vous avez du mal à franchir le pas, souvenez-vous qu'une relation ne peut pas rester figée : elle a besoin de se développer. La meilleure façon de faire face à une ambivalence est de mettre les sentiments de votre partenaire « sur la sellette ». J'emploie cette phrase parce que vous devenez comme un journaliste en interrogeant votre partenaire pour rassembler le plus d'informations possible sans porter de jugements de valeur.

En temps normal, nous essayons de calmer les peurs de notre partenaire. Pour chaque problème potentiel, nous avons une réponse immédiate. Si rassurer ressemble à une solution pratique (« Ne t'inquiète pas, je ne ferai jamais une chose pareille »), cela peut aussi conduire à nier ses craintes (« Ne sois pas bête ! »). Grâce à cet exercice, non seulement vous écouterez les peurs de l'autre mais vous lui poserez aussi des questions ouvrant le débat sur tous les « et si ? ». Essayez les questions suivantes : Si nous vivions ensemble, quelles seraient les conséquences ? De quels autres inconvénients as-tu peur ? Que peut-il arriver de si terrible ? Qu'y a-t-il d'autre ?

N'ayez pas peur des moments de silence pendant que votre partenaire réfléchit. En tant que conseiller, j'ai remarqué que hocher la tête encourage les gens à s'ouvrir. En hochant la tête, vous montrez activement que vous écoutez votre partenaire sans interrompre le fil de ses pensées. Évitez de minimiser ses problèmes. Approfondissez une peur jusqu'à en avoir épuisé toutes les possibilités. Notez les peurs par gros titres (par exemple, « manque d'espace ») et passez au domaine suivant. Si les peurs sortent en vrac, notez-les toutes et reprenez les scénarios des « et si ? » un par un.

Une fois qu'un titre a été attribué à chaque peur, vous commencerez à discerner les plus importantes. Une fois la peur nommée et posée par écrit, mes patients disent souvent : « En fait, ce point ne m'ennuie pas tant que ça. » Dans ce cas, je le raye de la liste. Après avoir écouté votre partenaire parler de ses peurs, identifiez celles que vous avez en commun et ajoutez les vôtres.

Une fois que tout est mis au jour et que nous nous sentons écoutés, nos peurs sont plus faciles à gérer. Vous êtes désormais prêts à chercher les éventuelles solutions.

Affirmation de soi : la grande réunion du couple

Les exercices suivants vont non seulement vous aider à distinguer les responsabilités de chacun et celles que vous partagez, mais elles vont aussi vous fournir une chance de compromis, atout majeur de cette étape.

1. Sur des cartes différentes, notez les tâches et les responsabilités majeures qu'implique la vie en commun. Cette liste peut inclure les points suivants : l'argent, la vie sociale, la voiture, le jardin, faire la cuisine, faire les courses, la décoration, l'assurance, payer les factures, la famille, les gros achats, les vacances, les animaux domestiques, les tâches ménagères, la lessive. Certains couples aiment inclure des notions abstraites comme l'amusement, la spontanéité et les câlins. C'est à vous de choisir, mais plus vous aurez de cartes et plus elles seront détaillées, et mieux ça sera.
2. Prenez chacun une feuille et divisez-la en trois colonnes : moi, toi et nous.
3. Inscrivez chaque tâche dans la colonne qui lui correspond. Ensuite, partagez vos réponses et précisez ce qui vous y a conduit. La plupart du temps, vous serez d'accord sur ce qui incombe à chacun, mais il peut y avoir une condition. Par exemple, l'un des deux peut être chargé de la voiture, mais son remplacement peut être décidé en commun. Ces conditions offrent une chance de clarifier les limites du pouvoir de l'un et de l'autre.
4. Souvenez-vous que les compromis ne fonctionnent que si chacun y trouve un intérêt. N'hésitez pas à vérifier chaque point : cette répartition est-elle juste ? L'un de vous a-t-il accepté trop facilement ? L'un de vous s'est-il montré trop soucieux de faire plaisir ? Dans un compromis authentique, il n'y a ni gagnant ni perdant.

Voici un exemple de « grande réunion de couple » ; Samantha a immédiatement pris la carte « vie sociale » tout en disant : « Je n'ai jamais été très douée pour gérer l'argent et je suis incapable d'établir un budget. Bob le fait très bien, donc je le laisse prendre ce type de décisions et définir la somme attribuée à chaque domaine. Je me sens soulagée de ne plus avoir à m'en soucier. » Bob était heureux de prendre la carte de ces responsabilités-là. Les points forts de chacun sont vite apparus. Les problèmes ont surgi quand Bob et Samantha ne se sont pas sentis suffisamment consultés dans les autres domaines. Nous avons donc trouvé un compromis : Samantha a consulté Bob pour savoir s'il souhaitait aller à tel concert, mais c'est elle qui s'est chargée des réservations et d'inviter leurs amis. Bob a consulté Samantha sur les budgets tout en se chargeant des arrangements, comme la consolidation des emprunts. Le secret est de trouver un équilibre qui fasse jouer les points forts de chacun sans porter atteinte aux liens amoureux.

La collaboration : définir votre rêve

Si vous n'avez pas encore trouvé un projet qui vous enthousiasme, ni ensemble ni séparément, cet exercice devrait vous aider. Avant de commencer, il est important de comprendre ce qui vous empêche d'atteindre votre but. Au lieu de fantasmer sur un projet ou sur un centre d'intérêt potentiel et d'enquêter clairement sur les possibilités de réalisation, beaucoup de gens pensent immédiatement l'une des choses suivantes :

- « Ce n'est pas pratique. » Ne songez pas à l'aspect pratique. En rêve, tout est permis.
- « Cela ne va pas rapporter d'argent. » Les rêves ont besoin d'âme et expriment qui vous êtes. Ils vous apportent tellement que le temps disparaît. Il peut s'agir de prendre des cours de dessin, de construire une maquette de train dans

le jardin ou de progresser au golf. L'argent n'a pas sa place dans les rêves.

- « Je n'ai pas assez de talent. » Chacun rêve pour se faire plaisir. Que vous fassiez quelque chose bien, moyennement bien ou mal n'a aucune importance. Tant que vous vous amusez, continuez. De plus, des études ont prouvé que n'importe qui peut atteindre un niveau professionnel dans n'importe quel domaine, quelles que soient ses aptitudes de départ. Il suffit simplement de pratiquer pendant dix mille heures. Alors, qui sait ?

Ayant temporairement fait taire votre gendarme intérieur, vous êtes désormais prêt(e) à passer aux étapes suivantes :

1. Trouvez un endroit calme où personne ne vous dérangera.
2. Fermez les yeux et imaginez l'endroit où vous aimeriez vivre, puis quelle profession vous aimeriez exercer, quelle sorte d'histoire d'amour vous voudriez vivre, quelle vie sociale et quels loisirs vous aimeriez avoir.
3. Imaginez tout en détail afin que le fantasme soit le plus réel possible. Ne repoussez rien sous prétexte que cela vous paraît impossible jusqu'à ce que vous ayez terminé de créer votre vie idéale.
4. Complétez les images. Quelles couleurs ? Quelles odeurs ? Quel son ?
5. Imaginez une porte à votre monde rêvé, ouvrez-la et entrez dans votre rêve. Qu'apprenez-vous de plus en vous plongeant à l'intérieur ?
6. Ouvrez les yeux et réfléchissez à la façon de commencer à réaliser votre rêve.
7. Le lendemain, faites un premier pas : réservez les cours de golf dont vous rêvez, achetez un livre sur l'aquarelle

ou mesurez votre jardin pour évaluer la taille de votre maquette.

L'adaptation : la capacité à écouter

Les couples ayant atteint cette étape pensent si bien se connaître qu'ils peuvent même prédire ce que l'autre va dire, alors qu'en réalité il est possible qu'ils aient cessé d'écouter.

Tout le monde pense savoir très bien écouter. Après tout, il ne s'agit que de se concentrer et de garder le silence. C'est simple. En 1984, Howard Beckman et Richard Frankel ont voulu savoir combien de temps les médecins laissaient parler leurs patients sans les interrompre. La durée moyenne n'était que de dix-huit secondes. Les médecins savaient qu'ils étaient enregistrés et étudiés. On peut donc se dire qu'ils faisaient de leur mieux pour montrer leur capacité à écouter. Quand on leur a présenté les résultats de l'étude, ils ont eu deux réactions : soit ils n'ont pas voulu reconnaître qu'ils avaient laissé leurs patients parler si peu, soit ils ont affirmé que s'ils écoutaient leurs patients sans les interrompre ceux-ci continueraient à parler sans s'arrêter. Beckman et Frankel ont donc affiné leur étude. Cette fois-ci, les patients avaient le droit de parler aussi longtemps qu'ils le souhaitaient, sans être interrompus. La plupart n'ont parlé que pendant trente secondes, et aucun n'a parlé plus de quatre-vingt-dix secondes.

L'exercice d'écoute suivant est très simple mais il fait partie des plus efficaces.

1. Tirez à pile ou face pour définir qui de vous deux va commencer.
2. Le partenaire numéro un a le droit de parler aussi longtemps qu'il ou elle le désire sur un problème actuel, sans être interrompu(e).

3. Pour prouver que le partenaire numéro deux écoute vraiment, et qu'il n'est pas en train de préparer ses réponses, il doit résumer les points essentiels quand le numéro un a fini de parler. Trois exemples de ce dont a parlé son partenaire doivent suffire.
4. Échangez les rôles. Le partenaire numéro deux parle pendant que le numéro un écoute.
5. Le partenaire numéro un fait un résumé de ce qu'a dit le numéro deux.
6. Répétez ces exercices autant de fois que nécessaire.

Renouvellement : sculptez votre couple

Les couples se trouvant à cette étape se connaissent depuis tellement longtemps qu'il est bon de rafraîchir leur regard. Cet exercice fait remonter les sentiments complexes à la surface et aide à les nommer. Il peut être effectué seul mais il vaut mieux qu'il soit complété par votre partenaire.

1. Prenez une boîte de boutons ou une poignée de pièces de monnaie et étalez-les sur la table.
2. Si vous faites cette expérience à deux, divisez les jetons en deux parties égales.
3. Sans se concerter, chacun choisit un jeton pour se représenter soi-même, un pour son partenaire et un pour chaque membre de la famille.
4. Vous allez à présent créer une image de votre famille à l'aide des boutons ou des pièces de monnaie.
5. Commencez par vous et votre partenaire. À quelle distance vous placez-vous l'un par rapport à l'autre ?
6. Ne réfléchissez pas trop à l'emplacement de chaque jeton.
7. Passez ensuite à votre famille. Votre fille est-elle plus proche de vous ou de votre partenaire ? Se met-elle

parfois entre vous deux et faut-il donc la situer au milieu ? Votre fils semble-t-il se tenir à l'écart de la famille ? Quel est le meilleur moyen de le symboliser ?

8. Ajoutez ensuite les loisirs, les animaux domestiques, les centres d'intérêts et les activités qui constituent votre monde. Où placez-vous ces jetons ?
9. Quand vous avez tout disposé, considérez votre tableau en vous demandant si chaque élément est à sa place.
10. Partagez vos réflexions avec votre partenaire. Avez-vous choisi de vous représenter vous et votre partenaire par ces jetons-là pour une raison précise ? Expliquez ce que représente chaque jeton et vos raisons de le placer là où il est.
11. Enfin, si vous pouviez changer quelque chose dans votre tableau comme dans celui de votre partenaire, quel serait ce changement ? Et comment pouvez-vous l'appliquer à la réalité ?

Souvenez-vous que seuls un esprit ouvert et des idées nouvelles permettront à votre couple de progresser.

DEUXIÈME ÉTAPE

SE DISPUTER

« Tu ne me parles jamais, pas vraiment.
– Mais si je te parle.
– Je ne sais jamais ce que tu penses.
– Je m'adapte à ce que tu proposes, n'est-ce pas ? Personne ne s'énerve et c'est mieux ainsi.
– Mais nous ne réglons jamais rien. »

La plupart des gens préfèrent éviter les querelles. Elles sont désagréables et amplifient parfois les problèmes. Cependant, il vaut mieux trop de querelles que pas de querelle du tout. Celui qui garde ce qu'il pense pour lui finira par éprouver du ressentiment ou chacun risque de s'éloigner progressivement de l'autre. Se disputer est la meilleure façon de faire ressortir les désaccords.

3

Pourquoi la dispute est-elle bonne pour le couple ?

Quand des patients affrontant le dilemme du « Je t'aime mais… » arrivent dans mon cabinet, ils n'ont pas la moindre idée de ce qu'ils doivent répondre à la question qui obsède le plus leur partenaire : « Pourquoi n'es-tu plus amoureux de moi ? » Mon diagnostic le plus courant est que les couples ne se disputent pas assez. Il y a vingt ans, ils arrivaient devant moi en se plaignant de trop se quereller. De nos jours, ils disent : « Nous ne parvenons pas à communiquer. » C'est presque comme si les vrais désaccords avaient été bannis de la plupart des couples modernes.

Aucune dispute, on est amoureux pour toujours et personne n'éprouve d'amertume : cela semble merveilleux, mais est-il possible de transcender les tensions et de vivre dans une douceur éternelle ? Dans les faits, se disputer tient une place importante dans une relation saine. Cela met au jour les problèmes vraiment importants et permet de faire la distinction entre irritations mineures et problèmes graves. Une dispute permet de donner une impulsion à l'expression de ce que l'on pense sans chercher d'excuses. De plus, elle permet de comprendre qu'« il faut faire quelque chose ». Même si les conflits nous mettent parfois mal à l'aise, cet inconfort peut avoir du bon.

Dans ce cas, pourquoi craignons-nous tant de nous bagarrer avec ceux que nous aimons ? La première raison est la tendance actuelle à être amis autant qu'amants. Il est mal vu de se crier dessus : les amis doivent se soutenir, être compréhensifs et, plus important, s'accepter comme ils sont. Kate, 32 ans, travaille dans le marketing et nous explique : « Mon mari a la mauvaise habitude de couper la parole aux gens. Son témoin a même blagué à ce sujet dans son discours le jour du mariage. J'ai essayé de le taquiner mais il m'a répondu que je connaissais ses défauts quand je l'ai épousé. Alors maintenant, je n'ai plus qu'à me taire. »

Les couples ayant des enfants ont tout spécialement peur des disputes. « Pas devant les enfants » est le mot d'ordre d'une génération qui fait extrêmement attention à ne pas porter atteinte à la confiance de leurs enfants et à ne pas leur causer des troubles psychologiques. Et avec les petits qui, en grandissant, ont le droit de se coucher plus tard, « pas devant les enfants » devient une excuse pour ne jamais se quereller. Ce comportement est regrettable, car des enfants assistant à un conflit constructif reçoivent une leçon d'honnêteté, de compromis et de réconciliation importante.

Une autre raison poussant les couples à éviter les conflits est qu'ils sont simplement trop gentils pour s'emporter. Dans la plupart de ces cas, l'un des partenaires ou les deux ont vu leurs parents divorcer et savent pertinemment qu'une bagarre peut vite devenir apocalyptique. « Le jour de notre mariage, j'ai dit à Jim, "je veux bien discuter, écouter mais pas me battre", m'a dit Julia, une dentiste de 59 ans. J'ai vu mon père et ma mère se bagarrer en permanence et ce n'est pas une vie. » Dans un monde où l'on n'est sûr de rien, où l'on risque de perdre son emploi, où les familles recomposées sont de plus en plus nombreuses, notre couple est plus important que jamais. Dans ces conditions, est-il surprenant de jouer la carte de la sécurité en évitant le conflit ?

Accaparés par le travail, les membres d'un couple passent moins de temps ensemble. Pour schématiser, moins on se voit et moins on a de chances de se quereller. Mais ce n'est pas si simple. Comme les parents qui travaillent trop insistent sur l'importance des « bons moments » passés avec leurs enfants, les partenaires veulent que le peu de temps qu'ils passent en couple soit parfait. Cette attente impose de partager le meilleur des moments de loisirs mais elle les empêche d'exprimer leur insatisfaction. « Nos seuls moments communs sont pendant les vacances ou les week-ends que nous passons ailleurs », explique un vendeur en informatique de 35 ans, Robert, le partenaire de Kate. « Après avoir investi une fortune dans ce voyage aux Maldives, je n'allais pas me laisser envahir par la jalousie parce que Kate flirtait avec les membres de l'équipage. » Passer régulièrement du temps ensemble permet de se détendre suffisamment pour laisser tomber les barrières et accepter les griefs. Comment un couple où les deux partenaires travaillent beaucoup peut-il y parvenir ?

Les nouveaux environnements professionnels sont aussi responsables du fait que nous sommes moins enclins à nous disputer. Les nouvelles techniques de management ont abandonné les principes de confrontation, jugés démodés, en faveur de la quête du consensus. Ce phénomène est passé du bureau à la maison. Michael, un manager de 40 ans, est marié à Sue. Celle-ci l'a trouvé changé à la suite d'un stage. « Il a décidé qu'on ne pouvait arriver à une conclusion qu'en tenant le “bâton de parole”, une cuillère en bois prise dans la cuisine. J'avais envie de m'en servir pour le menacer mais chaque fois que je commençais à m'énerver il me disait tranquillement des choses comme : “j'entends ta colère” ou “cela ne nous mènera nulle part”. Je devais lui répéter : “Je ne suis pas l'un de tes collègues.” » Comme Sue l'a découvert, il faut être deux pour se quereller.

Certains couples plus jeunes, plus passionnés, en particulier quand les deux partenaires sont âgés de 20 ans environ, vivent la perfection comme une immense pression. Ces individus ont peut-être excellé dans leurs études, sont entrés dans les meilleures universités pour ensuite obtenir des postes très bien rémunérés, et investissent dans l'immobilier. Mais former un couple parfait est une autre affaire et il est triste de constater que les conflits n'entrent pas dans leur conception de la vie. Michelle a 20 ans et fait des recherches dans l'audiovisuel. Elle m'a confié ce que beaucoup pourraient dire sur cette course à la perfection : « J'aurais été morte de honte si l'un de nos proches avait appris que Claude et moi avions des problèmes de couple. » Michelle souhaite réussir et s'inquiète de voir l'un de ses contemporains obtenir une promotion, craignant de rester en arrière. Son mariage fait partie de cette compétition. Malheureusement, ce couple a si bien joué le jeu que Michelle n'était pas consciente de la gravité de leurs difficultés, jusqu'à ce que son mari disparaisse pendant deux mois avant de réapparaître à l'autre bout de la planète.

D'autres couples ne se disputent pas parce que l'un des deux partenaires veut tellement aider l'autre à s'épanouir qu'il devient son psy ou son gourou. Comment s'en plaindre ? Après tout, il a la meilleure des raisons : « Je veux ce qu'il y a de mieux pour toi. » Cependant, ces partenaires trop bien attentionnés peuvent vite en venir à dire à l'autre ce qu'il doit ressentir. Martin, un consultant financier de 42 ans, a connu cette situation : « Mon père venait de mourir et j'étais sous le choc. J'avais cru qu'il serait toujours là pour moi. Comment était-ce possible ? J'avais envie de m'asseoir tranquillement dans la voiture et de ne penser à rien. Mais pendant les quatre heures du trajet pour revenir à la maison, ma femme ne cessait de me répéter : "Il faut que tu exprimes ce que tu ressens." » Il y a une limite entre essayer d'aider quelqu'un et le contrôler.

Derrière toutes les raisons de ne pas se disputer que nous venons d'exposer se cache une peur unique : que se passerait-il en cas de bagarre incontrôlée ? Mes patients me confient :

« J'ai souvent envie de me mettre en colère mais je crains de ne plus pouvoir me calmer » ; ou : « Si je me laisse aller, ne vais-je pas perdre la raison ? » ; ou encore : « Aurait-il une moins bonne image de moi/et si elle me rejetait ? » Ces craintes sont tout à fait justifiées, en particulier quand elles émanent de quelqu'un qui n'a pas l'habitude de se laisser aller. D'autres couples me confient qu'ils se disputaient dans le passé mais que leurs expériences ont été mauvaises : « Quand elle s'emporte, elle crie tellement que je me tais et je déteste ça » ; ou : « Si je me mets en colère, il ne me parle plus pendant des jours et l'ambiance est invivable. » Comment ces couples peuvent-ils dominer leurs peurs ? Dans mon cabinet, je rassure mes clients en leur disant que j'empêcherai le conflit de s'envenimer. Je leur rappelle que nos séances ont une limite temporelle (cinquante-cinq minutes), et que ça ne peut donc pas durer une éternité. (J'ai donc besoin de garder un œil sur la pendule pour m'assurer que mes patients ne vont pas devoir s'arrêter à un moment crucial.) Je dois aussi m'assurer qu'il n'y a pas de moments creux ni de silence froid. En effet, comme mes clients se lancent dans un combat risqué, mon rôle est de leur fournir un filet de sécurité.

Si vous craignez les disputes, ou si vous ne les aimez vraiment pas, comment pouvez-vous vous sentir suffisamment rassuré pour vous laisser aller à la maison ? Ce point est important, car même si vous êtes d'accord sur les mérites de la dispute et si vous assimilez toutes les techniques de conflits constructifs – nous les exposerons dans le chapitre suivant –, vous n'êtes pas préparé à entrer dans une arène dangereuse sans un filet de sécurité. Tout le monde est dans ce cas. Après vingt ans passés à observer des disputes de couples, j'ai découvert trois pièges qui font d'une dispute fertile et salutaire un événement improductif. Ces trois points sont : accuser l'autre de tous les maux, le rabaisser et tourner en rond. Il existe une stratégie qui permet d'éviter chacun de ces trois pièges ou d'en sortir rapidement. Pour les comprendre, vous devez connaître la philosophie sous-jacente : les trois lois de la dispute qui vous serviront de filet de sécurité. La partie « Exercices » qui se trouve à la fin de ce chapitre comporte des conseils sur la façon d'intégrer ces lois à votre couple.

Les trois lois de la dispute

1. Dans toutes les disputes, « personne n'est ni tout blanc ni tout noir »

Ce dicton était la réponse de ma mère quand ma sœur et moi nous battions et lui demandions de prendre parti. Après plus de vingt ans d'expérience en conseil conjugal, je n'ai toujours pas rencontré de couples dont les membres ne partagent pas à part égale la responsabilité de leurs problèmes, à l'exception des cas de violence et de maltraitance liés à un problème d'addiction. De temps à autre, l'histoire que j'entends est tellement convaincante que je suis tenté de croire que j'ai trouvé une exception à la première loi. Mais en creusant un peu, je m'aperçois toujours que dans l'histoire « personne n'est ni tout blanc ni tout noir ». Chacun a participé à part égale, bien que de façon différente, au malheur commun.

Hélas, notre culture et particulièrement notre système de lois sont conçus pour distinguer les innocents des coupables. Quand nous disons à nos amis : « Tu ne vas jamais croire ce qu'il m'a dit » ou « Devine ce qu'elle a fait », nous arrangeons l'histoire de façon à nous montrer sous le meilleur jour possible. Nous oublions de préciser que nous n'étions qu'à deux centimètres de son visage, lui criant dessus à pleins poumons, comme nous laissons de côté nos comportements les plus mesquins ou les plus inconsidérés. En reconstituant la dispute, dans notre tête comme pour quiconque nous écoute, nous avons plutôt raison alors que notre partenaire, lui, a franchement tort. Ce procédé nous aide peut-être à vivre avec nous-même mais il ne nous aide pas à vivre avec les autres.

Et en cas d'infidélité conjugale ? Est-ce que là aussi la faute est partagée ? Après une aventure de ce type, la société aime mettre une étiquette sur le « coupable », celui qui a trompé, et une sur l'« innocent », celui qui a été trompé. Pourtant, mon expérience m'a montré que les choses sont toujours beaucoup plus floues. Quand Donna a eu une aventure au travail et que Martin, son mari, s'est rendu compte qu'elle en éprouvait une honte terrible, ils sont venus me consulter. « Martin ne veut pas entendre les raisons qui m'y ont poussée. Il était tellement occupé que j'avais l'impression qu'il ne faisait plus du tout attention à moi. Quand ce collègue m'a remarquée, c'était très tentant. Il avait même l'air de s'intéresser à ce que je disais. » Avant de faire quoi que ce soit, Donna a essayé de parler à Martin et d'organiser des activités communes. Mais le plus gros contrat de Martin était en cours de renouvellement. Emprisonné dans son travail, celui-ci n'a même pas remarqué que Donna s'embarquait pour une aventure. Donna a trouvé cela particulièrement blessant : « Je faisais tellement d'efforts supplémentaires quand je sortais, et bien sûr je sortais plus souvent. L'ambiance générale suivait mes fréquents changements d'humeur : excitée une minute puis effrayée à l'idée d'être capable de faire une chose pareille la minute suivante. Et Martin ne pigeait toujours rien. » Elle a fini par avouer sa liaison et y a mis fin. Ce que Donna a fait est mal, mais le comportement de Martin n'y a-t-il pas contribué ? Innocent ? Coupable ? Est-il possible de répartir justement les fautes ? Et en fin de compte, est-ce là l'essentiel ?

Quand tous les « si », les « mais » et les « circonstances atténuantes » ont été mis de côté, la responsabilité de chacun dans une querelle est globalement de cinquante/cinquante. Certains peuvent réclamer un quarante-huit/cinquante-deux, mais une certaine générosité de l'esprit – un très bon atout dans un couple – suggérerait qu'il est inutile de chipoter.

Une fois que la loi du « ni tout blanc ni tout noir » a été acceptée, les couples sont moins susceptibles de tomber dans le piège des reproches pendant un combat acharné. Après tout, chacune des deux moitiés a contribué au problème.

2. Les égaux émotionnels s'attirent

Pendant ma formation de conseiller conjugal, je trouvais cette idée des égaux qui s'attirent difficile à accepter. Il est certain que dans un couple il y en a toujours un qui a plus de facilité à exprimer ses sentiments. N'est-il pas potentiellement mieux armé pour gérer ses émotions ? Dire que l'un des deux, en général la femme, est plus doué pour le relationnel est une croyance très répandue. En de nombreuses occasions, le partenaire qui emmène l'autre en consultation émet le message implicite – parfois formulé – suivant : « Je vais très bien. C'est lui ou elle qui a des choses à régler. » Quoi qu'il en soit, mon expérience m'a appris à aller plus loin. Je souris en voyant qu'il devient vite évident que les deux partenaires ont autant besoin de ces séances l'un que l'autre.

Pour expliquer cette deuxième loi, il faut d'abord comprendre ce qui fait qu'un individu est un être émotionnellement sain. Le premier facteur est la capacité à faire preuve d'honnêteté envers ses sentiments et à savoir les suivre. Dans chaque famille, il y a des sujets qui fâchent et qui sont transmis d'une génération à l'autre, des sujets qui mettent chacun si mal à l'aise que tout le monde en nie l'existence. Les exemples les plus courants sont le sexe, la colère, l'argent, la concurrence, les jalousies ou les rivalités entre frères et sœurs, mais la liste est sans fin. « Quand j'étais enfant, ma mère s'énervait dès que des gens s'embrassaient à la télé. Et même si je la taquinais, je n'ai jamais pu lui parler de sexe.

Contrairement à mes collègues, je ne me flatte jamais de mes conquêtes et je ne fais pas non plus de blagues cochonnes. Ça me semble simplement mal », explique Terry, un plombier de 29 ans. De toute évidence, il est impossible de démêler la complexité de nos émotions. Nous préférons donc les ignorer. Je compare cela au fait d'installer un rideau pour cacher une vue qui nous dérange. Comme principe de base, je dirais que moins les émotions sont cachées et plus l'individu sera sain. Certaines personnes ont des rideaux bas derrière lesquels il leur est plus facile d'aborder les sentiments troublants. D'autres ont des rideaux tellement hauts et tellement épais qu'ils n'ont aucun aperçu de leurs interdits.

Le deuxième facteur de santé émotionnelle est d'avoir des limites équilibrées. Dans certaines familles, tout le monde se mêle des affaires des autres à tel point qu'il devient difficile de savoir ce qui appartient à chacun. La faiblesse des barrières peut poser problème car ces enfants risquent de devenir des adultes qui ne respectent pas le besoin d'intimité de leur partenaire ou qui se plaignent qu'il ou elle puisse avoir des points de vue différents. À l'inverse, il y a des familles où les barrières sont tellement imposantes que rien n'est partagé. Ces enfants peuvent devenir des adultes qui écrasent leur partenaire.

Il arrive souvent que quelqu'un qui semble parler facilement de son couple ne soit à l'aise qu'avec une étroite catégorie de sentiments. Alors que son partenaire – qui parle moins mais réfléchit plus – trouvera plus facile d'examiner les sujets délicats dissimulés derrière le rideau. À l'opposé, le partenaire silencieux aura plus de qualités d'écoute. Quels que soient les compétences et les rideaux et barrières que chacun apporte au couple, le niveau de maturité émotionnelle des deux partenaires s'assortit toujours bien. Leurs caractéristiques sont souvent complémentaires et le secret du conseil conjugal est d'orienter les deux amoureux dans la même direction.

Un exemple de couple qui semble à première vue émotionnellement déséquilibré est celui de Carrie et Jay, la cinquantaine, parents de deux grands enfants. Carrie a parlé la plupart du temps, et quand je posais une question à Jay, soit il haussait les épaules soit il répondait : « Je ne sais pas. » Cela relançait un grand discours de Carrie sur la mère de Jay, sur son enfance et sur ce qu'il ressentait. Jay restait là à acquiescer. Carrie était à l'évidence à l'aise pour parler d'émotions. Mais quand la conversation s'est orientée vers elle, elle fut tout de suite moins à l'aise. Elle parlait sans discontinuer, mais quand j'ai relu mes notes je me suis aperçu qu'elle n'avait rien dit de très concret. J'ai alors demandé à Jay de me raconter le passé de Carrie. Peu à peu, quelques faits ont émergé. « La mère de Carrie était malade pendant l'essentiel de son enfance. Elle passait sa journée allongée sur le canapé », a-t-il expliqué. « Je suis devenue ses yeux et ses oreilles », a poursuivi Carrie. Ils ont progressivement dressé le portrait d'une petite fille qui écoutait sa mère se plaindre pendant des heures. Elle était son assistante d'agonie et était à sa disposition. Carrie lui apportait aussi des bribes d'informations sur la famille et le voisinage, et ensemble elles assemblaient tous les détails. « Je me sentais importante, c'est vrai », a expliqué une Carrie plus soumise. À l'opposé, Jay venait d'une famille où personne n'exprimait ses sentiments.

Il n'est pas étonnant que Carrie et Jay aient été attirés l'un par l'autre. Jay a trouvé quelqu'un avec qui exprimer ses sentiments interdits et Carrie un partenaire pour jouer au ventriloque. Cette relation fonctionnait bien au début, mais Carrie est devenue de plus en plus bavarde et Jay de plus en plus silencieux. Jusqu'à ce qu'ils commencent à se détester et, comme c'est souvent le cas, pour les mêmes motifs qui les avaient d'abord attirés.

C'est une question de Jay qui a révélé la rupture : « Est-ce que ta mère et toi avez déjà parlé de vos rapports ? » Carrie fulminait. Je n'ai rien dit. « Je ne vois pas ce qu'il y avait d'amusant à rester avec ta mère pendant que les autres gamines jouaient dehors », a ajouté Jay d'un air pensif. Carrie avait souvent analysé la famille, mais certaines limites restaient tues. Ses rapports avec sa mère et les contraintes imposées à Carrie étaient complètement tabous. Même si Jay avait dû être plus détaché de sa famille, la distance avait aiguisé sa perception. Carrie et Jay avaient chacun leurs forces et leurs faiblesses émotionnelles. En fait, les identiques s'étaient bien attirés.

La théorie des égaux émotionnels qui s'attirent est difficile à admettre. Je me souviens l'avoir expliquée à une journaliste qui est alors devenue très songeuse. « Je viens de vivre une brève histoire avec quelqu'un d'indigent et de paranoïaque. Qu'est-ce que ça dit de moi ? » a-t-elle demandé. J'aurais mieux fait de me taire. Mais elle a décidé de répondre seule à sa question : « Après mon divorce, j'imagine qu'indigente et parano me résumaient assez bien. » La plupart des gens auraient plus facilement reporté la faute sur l'ex au lieu de se regarder eux-mêmes. Et pourtant reporter la faute sur l'autre est une attitude cruelle et peu respectueuse. Elle peut déboucher sur des querelles abaissantes et destructrices.

Comprendre que les égaux émotionnels s'attirent protège les gens de la tentation de tomber dans le deuxième piège : la dépréciation. Après tout, chaque partenaire a autant de faiblesses – et de forces – que l'autre.

3. La règle des 80/20

Les querelles obstinées – celles qui sont vraiment dures à résoudre – traitent presque toujours du passé, soit dans 80 % des cas. Donc, 20 % seulement des disputes parlent du présent. Les schémas installés dans notre enfance ont un effet déstabilisant sur nos relations à l'âge adulte. Nous en sommes souvent inconscients. Quand Kitty a passé son permis de conduire vers l'âge de vingt-cinq ans, elle ne parvenait pas à comprendre pourquoi l'incapacité à conduire de son partenaire était un tel problème pour elle. « Ça ne m'avait jamais dérangée auparavant », a-t-elle affirmé. Quand j'ai introduit l'idée que certains désaccords pouvaient venir de l'enfance, Kitty a commencé à faire des rapprochements : « Mon père a commencé à perdre la vue quand j'avais 3 ans. En fait, mon plus vieux souvenir est celui de sa voiture remorquée après un terrible accident. Depuis ce jour, ma mère a toujours conduit et parfois elle en a marre de ne jamais pouvoir boire d'alcool dans les soirées. » Pour Kitty, le fait que son partenaire était relégué au siège du passager avait déclenché des associations avec le passé. Une fois qu'elle a compris ses sentiments et qu'elle les a expliqués à son partenaire, savoir qui conduisait est devenu moins important pour elle.

Un autre exemple illustrant la règle des 80/20 est celui de Brian et Andy, un couple homosexuel chez qui les questions de goûts et de design engendraient des désaccords profonds. Ils avaient tendance à se disputer sur les achats liés à leur maison. 20 % de leurs disputes avaient pour objet le tapis en fibres naturelles destiné au salon, mais 80 % tournaient autour de leur passé et du comportement de leurs familles avec l'argent. Dans la famille d'Andy, l'argent n'a pas manqué jusqu'à ce que son père devienne alcoolique au point de faire couler son entreprise. L'expérience d'Andy lui a appris à profiter de l'argent tant qu'il y en a. Brian, lui, est issu de la classe ouvrière. Il a six frères et sœurs, et bien que son père ait toujours travaillé, l'argent manquait toujours. L'un de ses souvenirs d'enfance les plus marquants est le jour où il a trouvé un billet sur la plage. Le plaisir de pouvoir le donner à sa mère et la nourriture supplémentaire obtenue grâce au billet la semaine suivante l'ont durablement marqué. La leçon que Brian a tirée de son enfance est que l'argent est précieux et doit être mis de côté. Même si la règle des 80/20 n'a pas aidé à définir si Brian et Andy auraient dû acheter le tapis, elle a empêché que les disputes prennent trop d'envergure ou tournent en rond.

Comprendre la règle des 80/20 fait que les mêmes questions ne reviennent pas à l'infini, jusqu'à rendre les partenaires amers. Pour en savoir plus sur les trois lois de la dispute, et pour les conserver comme filet de sécurité, reportez-vous aux exercices qui se trouvent en fin de chapitre.

En résumé

- Les querelles sont nécessaires pour résoudre les conflits inévitables entre deux personnes impliquées dans une histoire d'amour.
- Beaucoup de couples ont peur des disputes parce qu'ils craignent de perdre le contrôle de la situation.
- Dans les malentendus, les problèmes et les bagarres, « personne n'est ni tout blanc ni tout noir ».
- En acceptant cette idée, les partenaires cesseront de se rejeter la faute.
- La deuxième loi de la dispute – les égaux émotionnels s'attirent – montre non seulement que les deux moitiés d'un couple ont des compétences égales pour résoudre un conflit, mais aussi que ces compétences sont en général complémentaires. En être conscient aide les partenaires à ne plus se rabaisser mutuellement.
- Si une dispute semble insoluble, évaluez en quoi la part des 80 % ancrés dans le passé joue sur les 20 % du temps présent. Cela vous aidera à comprendre le vrai sens d'une querelle et à empêcher le conflit de tourner en rond.

Exercice

« Personne n'est ni tout blanc ni tout noir »

Bien sûr, il est plus facile de repérer chez les autres le fait que la responsabilité des problèmes du couple est partagée plutôt que d'accepter d'endosser la moitié des responsabilités au sein de son propre couple. Donc, tout en essayant de vous faire à cette idée, faites une pause dans l'examen de votre vie et observez un couple de votre série télé, de votre livre ou de votre film préféré.

À titre d'exemple, prenez Mr. Darcy et Elizabeth Bennett, le couple immortel créé par Jane Austen. Celle-ci nous aide à mettre le doigt sur leurs faiblesses respectives en intitulant son livre *Orgueil et préjugés*. Elle équilibre avec précaution ses personnages afin que la responsabilité de tous les malentendus et obstacles qui s'opposent à leur bonheur puisse être également répartie. Mais qu'en est-il de Jane Eyre et Rochester ou de Rhett Butler et Scarlett O'Hara ? Regardez la série *Friends* et examinez les responsabilités de Rachel et de Ross, ou de Chandler et Monica.

Après avoir repéré le partage des responsabilités chez les couples célèbres, l'exercice devient facile. À l'occasion, appliquez-le à votre propre couple.

Les égaux émotionnels s'attirent

Quand vous avez du mal à croire quelque chose, il est bon de trouver des preuves dans votre propre expérience. Cet exercice va vous aider à explorer le concept en offrant un point de départ à vos réflexions sur votre couple.

1. Choisissez un couple que vous connaissez bien et que vous avez l'occasion d'observer régulièrement. Si vos parents sont toujours ensemble, leur cas est idéal,

mais des membres de votre famille, frère ou sœur et leur conjoint, ou quelques amis peuvent tout à fait convenir.

2. Prenez une feuille de papier que vous divisez en deux et en haut de chaque partie écrivez le nom de chacun des deux partenaires.
3. Pensez à toutes les qualités personnelles qui font le partenaire idéal dans un couple : exprime ses sentiments, accorde leur juste valeur aux choses, sait écouter, est ouvert aux changements, connaît ses limites, est perspicace, courageux, sait pardonner, est attentionné, sûr de lui, ouvert aux compromis, tendre, curieux, fait facilement des compliments, se connaît bien, est gentil, ambitieux, enthousiaste, fiable en cas de problème.
4. Attribuez chacune de ces qualités – plus toutes celles qui vous viennent à l'esprit – à chaque nom. Si les deux partenaires possèdent ces qualités, notez-les sous chaque nom.
5. Vous pouvez également ajouter les défauts, mais ce n'est pas indispensable.
6. Comparez les deux partenaires. Ce couple est-il équilibré ? Est-ce que le partenaire qui semble avoir moins de qualités possède d'autres atouts plus difficiles à repérer ?

La règle des 80/20

Ce concept est plus facile à maîtriser que celui des autres exercices ; vous pouvez donc l'appliquer directement à vous-même et à votre couple.

1. Faites une liste des petites choses qui vous irritent chez votre partenaire. Par exemple : traîner dans la maison

sans s'habiller les jours de congé, enfermer le chien, laisser les factures dans l'entrée.

2. À présent, retournez votre Sherlock Holmes vers vous-même et demandez-vous pourquoi ces points vous mettent les nerfs en pelote. Que représente chacune de ces mauvaises habitudes à vos yeux ? Quels mauvais souvenirs réveillent-elles en vous ? Que diraient vos parents à leur sujet ? Qu'en auraient dit vos partenaires précédents ?
3. Ensuite, replongez dans votre enfance pour remonter à votre plus vieux souvenir. Essayez de retrouver le plus de détails possible. Où étiez-vous ? Qui était avec vous ? Quels étaient les couleurs, les odeurs ou les goûts ? Retrouvez-vous une sensation de toucher ? Comment vous sentiez-vous ? Une fois que le souvenir est aussi vif que possible, cherchez d'autres moments de votre enfance qui puissent lui être reliés.
4. Toujours en jouant au détective, rassemblez les différents éléments. Souvenez-vous de quelle façon les détectives commencent par essayer d'appliquer des théories, explorant mentalement toutes les possibilités avant de chercher des preuves qui puissent soit appuyer leur théorie, soit l'annuler. Adoptez la même approche pour analyser les influences qu'ont eues vos parents sur votre personnalité et vos problèmes de couple. Par exemple, Kitty, dont le père a perdu la vue, a ainsi pu découvrir à quel point son premier souvenir du lien affectif était terrifiant. À 3 ans, nous sommes extrêmement dépendants de nos parents. Elle a pu ensuite se demander quel impact cela avait eu sur le choix de ses partenaires. Choisit-elle la carte de la sécurité en optant pour un homme fiable ? À l'inverse, elle peut avoir besoin de continuer à affronter ses peurs et donc d'opter pour l'excitation de vivre avec un homme

dangereux. Ne fermez aucune piste avant d'en avoir fait le tour en testant vos réactions émotionnelles. Ce n'est pas facile parce que nous portons une loyauté naturelle envers nos parents, mais le but est de nous comprendre nous-même, et non de les accuser eux.

5. Enfin, repensez aux phrases préférées de vos parents. Elles peuvent être philosophiques – par exemple : « La vie est injuste », « Ne fais pas aux autres ce que tu n'aimerais pas qu'on te fasse », « Rien n'est impossible » – ou plus personnelles : « Pourquoi n'es-tu pas comme ton frère ? », « Les grands garçons ne pleurent pas », « Ne t'inquiète pas c'est toi le/la plus… » (complétez le blanc : jolie, intelligente, etc.). Évaluez à quel point la répétition de ces phrases a marqué votre personnalité ou votre façon de voir le monde. Combien des sujets controversés vous opposant à votre partenaire sont-ils construits sur ces opinions ? Sont-elles toujours valables ?

Vous pencher sur ces questions vous aidera à déterminer les 80 % cachés d'un problème que vous affrontez avec votre partenaire sans être conscient de son origine.

4

Les disputes qui vous aideront à résoudre vos problèmes

Depuis la révolution sexuelle des années 1960, la société ne considère plus le sexe comme sale, mauvais ou gênant au point de devoir le cacher. Le sentiment honteux de notre époque est la colère. Mais la colère, comme le sexe, fait partie de l'être humain et ne peut être niée. Que nous l'admettions ou non, nous éprouvons tous de la colère. Les couples JTAM sont particulièrement mal à l'aise, voire terrorisés face à la colère. Ils en viennent à développer des stratégies pour la contourner. Non seulement celles-ci échouent toutes à gérer la colère latente, mais elles finissent par causer plus de souffrance que n'en engendre un affrontement.

Les stratégies qui permettent d'éviter la colère

Les quatre stratégies qui permettent d'éviter la colère les plus courantes sont : le détachement, la rationalisation, l'esquive et le blocage. Après avoir examiné les écueils et les impasses de chaque stratégie, je vous montrerai ce qu'il advient de la colère refoulée. Enfin – avec notre filet de sécurité du chapitre précédent bien en place – nous serons prêts à considérer les détails pratiques des disputes constructives : que dire, que taire et quand arrêter.

Le détachement

Les partenaires d'un couple se disent : « Ce n'est rien », « Nous finirons par accepter nos différences d'opinion », « En fin de compte, on s'en fout, non ? » Si reléguer la colère au placard peut fonctionner un temps, cette stratégie risque de figer tous les sentiments, même les plus positifs. L'effet est dévastateur. Jennifer, une avocate de 40 ans, m'a confié : « Il y avait des choses avec lesquelles je n'étais pas d'accord, des choses importantes, mais je ne voulais pas faire de remous. Alors je n'ai rien dit. J'ai gardé le silence et peu à peu tous mes sentiments se sont éteints. » Jennifer s'est réveillée un jour dans un mariage sans passion, dérivant vers le divorce sans savoir précisément ce qui n'allait pas. « En nous adressant à un conseiller, nous voulions concentrer notre travail sur l'apprentissage de la dispute productive. Même si rien ne se réglait en nous hurlant dessus, plus tard, une fois calmés, nous pouvions avoir une conversation civilisée qui nous permettait toujours de trouver un compromis. » Les discussions posées pouvaient être productives parce que Jennifer et son mari étaient d'abord passés par un conflit cathartique. Il faut savoir que ce n'est pas facile à réaliser et que beaucoup de couples se retrouvent pris dans un cercle vicieux. En évitant les disputes et en retenant leur colère, les partenaires vont progressivement se placer en retrait et seront de moins en moins enclins à communiquer, jusqu'à ce que le détachement soit la seule issue possible.

La rationalisation

Alors que les sentiments sont généralement localisés dans le corps – par exemple, l'amour semble se manifester par une douleur dans la poitrine, la colère ressemble à une angoisse qui noue l'estomac –, la rationalisation maintient la logique et tout ce qui est plausible dans la tête. Nick et

Anna avaient au départ préféré décrire leurs disputes comme « des discussions animées », et, au lieu de laisser la colère s'exprimer, ils essayaient de la neutraliser en s'attachant à la logique. Un exemple caractéristique de leur manière de se disputer est le moment où Nick a donné un coup de coude à Anna en pleine nuit. « Il m'a attaquée », s'est-elle plainte. « Je ne pense pas que ce soit le mot juste. Attaquer sous-entend qu'il y a préméditation », a rétorqué Nick. Anna s'est défendue en lançant : « Je n'ai plus le droit d'avoir ma propre opinion ? » Les problèmes sous-jacents n'étaient pas formulés puisque la discussion a rapidement tourné autour du langage, tout étant contrôlée par la voix de la raison. Selon les critères de Nick et d'Anna, il s'agissait d'une méchante bagarre, mais qui les laissait tous deux insatisfaits et bouillonnants de colère. Nous avons donc commencé à déballer les vrais problèmes. Le coup de coude dans le dos pendant une nuit agitée symbolisait ce qu'Anna et Nick percevaient comme de l'indifférence. Mais parce qu'elle voulait qu'il restât, elle était décidée à se montrer « douce et légère ». Nos sentiments ont toujours besoin d'être exprimés d'une façon ou d'une autre, et ces « discussions animées » étaient une tentative inconsciente d'Anna de faire sortir ses frustrations. S'ils s'étaient tous les deux emportés, Anna aurait sûrement fini par dire la vérité sur les sentiments qu'elle retenait. En rationalisant tout, Nick et Anna se protégeaient non seulement des cris mais aussi d'une véritable compréhension de la dynamique de leur couple et d'une solution qui leur permettrait de préserver leur relation.

L'esquive

Les partenaires de ce type de couples acceptent de se mettre en colère, mais parce qu'ils éprouvent aussi de la culpabilité ou de l'inconfort, ils repoussent ce sentiment aussi vite que possible. La colère est normalement un signal d'alarme qui prévient que quelque chose ne va pas. Au lieu d'écouter le message caché derrière la souffrance, ces partenaires l'esquivent en passant par-dessus la solution à leur problème. Prenons un exemple. Le soir, Jackie rentrait plus tard que Peter. Elle se mettait immédiatement à préparer le dîner. Quand elle était en retard, elle lui demandait de découper les légumes ou de préparer la viande. Peter désirait l'aider mais ça finissait toujours par une dispute : l'un des deux ou les deux se mettaient en colère. Jackie tentait parfois d'éviter le conflit en essayant de deviner son problème. Elle disait à Peter : « Ça ne m'étonne pas que tu sois si lent. Ce couteau a besoin d'être aiguisé » ; ou encore : « Tu en as marre parce que ta planche à découper préférée est dans le lave-vaisselle. » Parfois Peter essayait de résoudre le problème sur le moment et disait à Jackie : « Tu as eu une dure journée au travail. Va t'allonger un peu. » Dès que la colère faisait son apparition, Peter et Jackie essayaient d'éviter le conflit en se dirigeant droit vers l'issue de secours. Leurs suggestions étaient peut-être pleines d'amour, mais en esquivant la colère, ils ne trouvaient que des réponses superficielles. Pendant nos séances, je les ai aidés à mettre au jour ce qui se cachait derrière les prétextes de la planche à découper et de la fatigue : Jackie pensait qu'une bonne épouse devait préparer le dîner à heure fixe et Peter pouvait la rassurer par sa souplesse. Malgré tout, leurs bagarres cachaient autre chose. En fin de compte, ils avaient des conceptions rigides des rôles de l'homme et de la femme. Néanmoins, Jackie avait l'impression d'avoir plus que sa part dans la répartition des tâches ménagères et réclamait plus d'aide. De son côté, Peter avait peur que sa femme veuille lui donner des ordres et qu'elle ressemble à son chef. Même s'il avait envie d'en faire plus à la maison, il ne voulait pas retrouver les mêmes dynamiques qu'au travail. En cessant d'esquiver la colère, Jackie et Peter ont découvert toutes les couches de leurs conflits ainsi qu'une solution appropriée.

Le blocage

Cette façon d'éviter la colère se rencontre rarement chez les couples JTAM mais elle est fréquente parmi les autres catégories de patients. L'un des partenaires se met en colère mais l'autre refuse simplement de s'y abandonner. Dans ce type de couples, le conflit est franc et parfois amer. Sian et Steven arrivaient en général à gérer leurs différences sauf sur un sujet : Steven avait deux gros chiens dressés pour sortir des objets de l'eau. Il passait ses week-ends dans les concours. Sian n'aimait pas trop les chiens et encore moins les gros chiens mouillés. Les chiens vivaient donc dans une niche à l'extérieur. Néanmoins, l'éventail des désaccords sur le loisir de Steven était illimité. Si Sian essayait de l'attaquer à ce sujet, soit Steven optait pour le silence en la laissant pester, soit il quittait la pièce. Sian restait seule à divaguer, suffoquant de colère. Même si Steven éprouvait de la colère et claquait éventuellement la porte, il n'en montrait rien à Sian.

La colère refoulée

Certaines personnes sont tellement décidées à masquer leur colère – sous prétexte que les gens bien ne s'énervent pas – que celle-ci ne peut que se retourner contre eux. La colère peut se transformer en maux de tête, en ulcères, en états de nervosité, en dépression ou en envie de se faire du mal. Elle a pour autres conséquences encore qu'on n'obtient pas ce que l'on veut et qu'on souffre d'une faible estime de soi. À l'autre extrême se trouve la colère soudaine. Les personnes qui sont sujettes à ce type de colère la nient – parce qu'ils n'aiment pas cette partie d'eux-mêmes et ne l'apprécient pas chez les autres – jusqu'à ce que la tension atteigne un niveau intolérable et qu'ils explosent. Par exemple, Virginia – selon la description de George, son partenaire – se mettait dans des colères noires. Elle poussait des cris, hurlait des insultes et s'en prenait aux objets, comme le bol du petit déjeuner qu'il avait mis dans l'évier et non dans le lave-vaisselle. Au début, George rabaissait sa femme en la traitant de « vache caractérielle ». Mais comme Virginia avait refoulé toutes ses vieilles irritations, George n'avait pas connaissance des choses qui lui faisaient perdre son calme. Il n'en connaissait que la dernière expression. Pour lui, la colère de Virginia ne rimait à rien : « Ce n'était pas la première fois que j'oubliais de mettre mon bol au bon endroit et elle n'avait jamais réagi comme ça, d'une façon disproportionnée par rapport à la faute commise », pensait-il.

Les couples JTAM trouvent habituellement des moyens moins dramatiques de s'accommoder de la colère refoulée. Celle-ci est une colère sournoise parce que au lieu d'affronter les solutions, la personne joue des jeux, consciemment ou inconsciemment. Lorsqu'ils sont en proie à une colère sournoise, les individus peuvent avoir l'air de coopérer, mais dans les faits ils ne font jamais ce que l'autre leur demande. Ils oublient de passer un coup de téléphone, reportent ce qu'ils ont à faire ou remplissent volontairement mal le lave-vaisselle. Ils agissent ainsi dans le but que leur partenaire ne leur demande plus rien. Les psychologues appellent ce comportement passif-agressif. Alors que la colère positive explose et nettoie l'ambiance, l'agression passive s'attarde et empoissonne un couple. Dans leur enfance, ces gens n'avaient pas le droit de crier, de répondre, de s'emporter, de discuter ni de se rebeller. C'est comme si un de leurs parents leur disait : « Faisons comme si ces sentiments et ces impulsions n'existaient pas en moi et je ferai comme s'ils n'existent pas en toi. » Les adultes passifs-agressifs ont toujours un million d'excuses qui rendent les vraies questions difficiles à traquer.

Mark, fonctionnaire de 37 ans, faisait mine d'accepter d'aider sa partenaire mais n'effectuait aucune des tâches qu'il s'était engagé à accomplir. « Je lui souriais en lui disant : "Bien sûr que c'est mon tour de vider le panier de linge." Mais je ne le faisais pas pour autant. Quand elle me donnait des ordres, je me contentais de faire des courbettes », m'a-t-il confié. Sa partenaire a réagi en arrêtant de faire des choses pour lui. Se retrouvant dans une impasse, ils sont venus me consulter. Mark a appris à être honnête avec ses sentiments au lieu de camoufler sa colère. Au final, ils ont pu négocier tranquillement qui ferait quoi au lieu de s'envoyer des piques. Les autres jeux des passifs-agressifs sont : « Oh, j'ai oublié », « Oui, mais… » (ajoutez votre propre excuse) ; ils savent aussi jouer les ahuris ou bouder. Pendant ce temps, la patience du partenaire s'étiole et il ou elle s'énerve. Le passif-agressif va alors affirmer qu'il a raison et mettre tous les torts de la dispute sur le dos de l'autre. Bien que les passifs-agressifs puissent sembler puissants, ils ne savent contrôler les autres qu'en les frustrant. Ils perdent souvent de vue leurs envies et besoins et finissent par n'avoir que des rapports insatisfaisants. Dans la partie « Exercices », vous trouverez d'autres éléments sur la manière de gérer l'agression passive.

Le dernier type de colère sournoise est le ressentiment de bas-étage. Ceux qui sont en proie à ce genre de sentiment ne formulent pas de critiques directes. Ils se contentent d'émettre des commentaires particulièrement aiguisés. Jilly, comportementaliste animalière de 45 ans, a découvert que le ressentiment sournois de son partenaire était en train de lui gâcher la vie : « Il faisait des réponses sarcastiques comme "merveilleux" ou "bien sûr, princesse" quand je voulais sortir avec mes copines, par exemple. Mais si je le mettais au défi de me dire ce qu'il pensait vraiment, il répondait simplement : "Je ne peux même plus penser ce que je veux à présent ?" Il était impossible de le coincer. S'était-il opposé à ma sortie en ville, à ce que je portais, ou était-il simplement jaloux ? Qui sait ? Nous avons fini par nous chamailler en permanence. » Derrière chaque sarcasme se cachent plusieurs sentiments et de nombreuses significations – qui vont du commentaire humoristique à l'expression d'une souffrance profonde. Est-il étonnant qu'aucun des deux ne sache vraiment de quoi il s'agit et contre quoi ils s'opposent ?

Après avoir étudié la souffrance et les problèmes dus à l'évitement des disputes, il est temps de nous pencher sur les querelles constructives. Quand j'explique ce concept à mes clients, l'un des partenaires me dit souvent : « Tout cela est très bien, mais je ne veux pas chercher la bagarre. » L'autre poursuit : « Ça a l'air tellement artificiel. » Alors soyons clairs : je ne suis pas en train de vous suggérer de chercher des conflits à tout propos ou de vous disputer pour la beauté du geste. Mais chaque jour, nous avons des occasions de nous mettre en colère : quelqu'un nous coupe la route, une personne ne nous rappelle pas, une autre encore nous critique à tort. Donc, la prochaine fois qu'une dispute se dessine, je vous suggère d'essayer de ne pas l'éluder. Certains patients qui sont mal à l'aise avec les conflits commencent doucement, soit avec des inconnus soit avec des collègues de travail. Jackie, qui avait évité les disputes avec son mari sur la préparation du dîner, a senti la colère l'envahir devant une vendeuse qui était trop occupée à discuter avec une collègue pour s'occuper d'elle. « En temps normal, je serais restée plantée là à ruminer ma colère, mais cette fois-ci, j'ai senti que je grinçais des dents et je me suis dit : "Vas-y, fonce." J'étais surprise d'être aussi calme quand je lui ai demandé si elle voulait bien me renseigner. » La deuxième surprise de Jackie a été la réaction de la vendeuse qui ne l'a pas prise de haut. « Je me suis rendu compte que ce n'était pas grave », m'a-t-elle dit. Après s'être entraînée sur des inconnus, elle était prête à se montrer honnête avec Peter. Jackie aurait dû reconnaître depuis longtemps les invitations de celui-ci à la colère mais beaucoup de couples deviennent tellement habiles dans l'art d'éviter les conflits qu'ils en négligent les signes avant-coureurs.

LES SEPT SIGNES INDIQUANT QU'IL EST TEMPS DE VOUS DISPUTER

Les couples qui se disputent régulièrement peuvent se permettre de ne pas s'inquiéter aux premiers signes. Mais les couples JTAM – qui détestent le moindre désaccord – devraient prendre le signal le plus minime comme une chance de se disputer.

- Votre partenaire est plus silencieux que d'habitude.
- Le langage du corps : ne pas regarder l'autre dans les yeux, rentrer les épaules, croiser les bras, serrer les mâchoires, taper du pied, tourner en rond.
- Les changements dans la voix : quand la tension se place dans les cordes vocales, elles se serrent et les sons deviennent plus cassants.
- S'offenser facilement : « Pourquoi as-tu fait ça ? »
- Vérifier souvent comment va l'autre – en lui demandant : « tout va bien ? » – mais ne recevoir que des réponses brèves ou irritées.
- Contredire sans raison : « Non, je ne suis pas d'accord » ; ou : « Es-tu vraiment sûr ? »
- Constater que les choses que vous supportez depuis une éternité sans vous plaindre deviennent soudain irritantes.

La seule façon de vous libérer correctement de cette colère est de l'exprimer. Les méthodes vont du commentaire piquant – comme la demande glaciale de Jackie à la vendeuse – à la manifestation de la colère, au haussement de ton et même au cri violent. J'appelle cela l'évacuation. Évacuer libère non seulement la colère d'une façon saine mais empêche aussi qu'elle parvienne à un niveau incontrôlable justifiant qu'on redoute ce sentiment. Évacuer n'implique pas de lancer des objets, de s'insulter ni d'affronter l'autre physiquement. Ces formes extrêmes de libération n'interviennent que dans les cas où toutes les autres provocations ont été ignorées. Petit avertissement : l'évacuation ne fonctionne que si elle s'adresse à la bonne cible. L'évacuation sans distinction – par exemple crier sur un subalterne après avoir reçu les critiques d'un supérieur hiérarchique – ne fera que gonfler la colère.

Résoudre les conflits en trois étapes

1. Explorer : « je voudrais dire... »

Il s'agit d'évacuer sa colère et d'expliquer ses griefs et ses frustrations dans l'espoir que la bagarre serve de révélateur. Pour plus d'information sur l'idée de s'abandonner à ses sentiments refoulés, reportez-vous au paragraphe « Comment faire preuve d'honnêteté émotionnelle » dans la partie « Exercices » de ce chapitre.

Parfois, l'un des partenaires a plus de choses à évacuer que l'autre. Si votre partenaire est dans ce cas, n'essayez pas de le raisonner : quelqu'un qui est sous le coup de ses émotions n'a pas accès à son esprit rationnel. Prenez connaissance de ses sentiments : « Je vois bien que tu es fâché. » Assurez-vous que tous les sentiments ont été évacués avant de passer à la deuxième étape. Posez-vous réciproquement la question : « As-tu autre chose à dire ? »

Petit conseil : ne prenez pas les choses personnellement. Au lieu de critiquer votre partenaire, plaignez-vous d'un geste précis. Au lieu de lui dire « Tu es tellement désordonné(e) », essayez : « Ne laisse pas ta tasse sur la table, s'il te plaît. »

2. Comprendre

Entendez bien ce que dit l'autre. N'employez pas le temps de parole de votre partenaire pour préparer votre défense. Écoutez. Posez des questions afin d'éclaircir ce qui est dit et assurez-vous qu'il n'y a aucun malentendu. Si vous vous montrez capable d'offrir une écoute active, vous serez récompensé en bénéficiant de la même attitude. Si vous êtes incapable d'écouter, cela veut probablement dire que vous êtes toujours en colère et qu'il vous reste des choses à évacuer.

Première partie : quelle est ma part de responsabilité ?
En vous souvenant du principe « Personne n'est ni tout noir ni tout blanc », réfléchissez à votre contribution. En quoi votre comportement a-t-il étendu ou approfondi le problème ? Quand vous avez une idée précise de vos faiblesses, trouvez une raison minime de vous excuser. Par exemple, Nick et Anna se sont disputés au sujet des mauvais résultats scolaires de leur fils. Anna était partie en séminaire et a accusé Nick de ne pas l'avoir suffisamment aidé à réviser pendant son absence. Le conflit a tourné en rond. Anna se sentait toujours ennuyée mais elle s'est excusée en disant à Nick : « Excuse-moi de t'avoir fait subir mon silence. » Quelques heures plus tard, après y avoir réfléchi plus longuement, Anna a trouvé une autre raison de s'excuser et lui a dit : « J'étais en colère après notre fils et je suis désolée de l'avoir en partie reportée sur toi. »

Deuxième partie : je comprends tes problèmes

Essayez de vous mettre à la place de votre partenaire. A-t-il des circonstances atténuantes ? N'a-t-il pas eu d'autres problèmes à affronter en même temps ? Y a-t-il quelque chose dans son passé qui rend ce point plus délicat ? Par exemple, Anna a dit à Nick : « Ça a dû être difficile pour toi de tenir le rôle des deux parents pendant mon absence. »

Petit conseil : parfois, quand un membre du couple a du mal à s'excuser pour sa contribution ou à trouver des circonstances atténuantes à son partenaire, je lui demande de changer de place et de s'imaginer physiquement à la place de l'autre. Il suffit généralement de rester cinq minutes à la place de l'autre pour mieux comprendre la position de son partenaire. Certains couples échangent leurs chaises à la maison, d'autres traversent la pièce pour discuter dans un autre espace, d'autres encore n'effectuent qu'un échange mental. Si vous avez du mal à vous mettre à la place de votre partenaire, c'est sans doute que vous êtes encore trop en colère. Si c'est le cas, retournez à l'étape de l'exploration.

3. Agir

Tant que chacun n'a pas évacué ses sentiments et essayé de comprendre les points de vue de l'autre, il est impossible de trouver la bonne solution. Malheureusement, certains couples, en particulier les JTAM qui détestent les bagarres, vont essayer de passer directement à l'action. Comme nous en avons déjà parlé, ces raccourcis peuvent fonctionner mais laissent généralement l'un des partenaires avec un ressentiment qui risque de semer les graines des futures disputes. Quand Nick et Anna ont compris leur position respective dans le conflit, Nick a accepté de surveiller les devoirs de leur fils en priorité, tandis qu'Anna a promis que la prochaine fois qu'elle devrait s'absenter elle s'occuperait en avance du linge afin que Nick ait plus de temps à accorder à l'enfant. Demandez-vous : « Qu'avons-nous appris de cette querelle ? » « Referions-nous la même chose si une situation similaire se présentait ? » « Que ferions-nous de différent la prochaine fois ? » « Et maintenant, que pouvons-nous faire à ce sujet ? »

Petit conseil : ne soyez pas obsédé(e) par l'idée de gagner. Essayez de trouver un compromis qui convienne aux deux parties ou bien envisagez un échange : « Je ne lirai plus au lit si tu cesses de tremper tes gâteaux dans ton thé. » Être simplement conscient des points sensibles et accepter de moins prendre les choses à cœur peut être considéré comme un bon résultat.

Et si une dispute devient destructrice ?

- Souvenez-vous qu'une mauvaise bagarre est préférable au refus du conflit.
- Quand la température monte, c'est le signe que les vrais sentiments commencent à remonter à la surface ; c'est donc signe d'espoir. Lors des séances, les querelles empirent toujours avant de s'arranger.
- Résistez à la tentation de dire « et encore autre chose » et d'ajouter d'autres sujets de mécontentement. Si ces exemples peuvent renforcer votre position, ils risquent aussi de prolonger et de compliquer la dispute. Essayez plutôt de régler un seul problème à la fois.
- Avez-vous critiqué ou vous êtes-vous plaint ? En général, les plaintes commencent par « je » alors que les critiques débutent par « tu ». Par exemple, examinons une plainte classique : « J'avais envie qu'on aille se coucher en même temps. » Formulée comme une critique, ça

donnerait : « Tu t'es couché(e) en retard. » La première formulation invite à la discussion sur l'heure du coucher alors que la seconde place votre partenaire sur la défensive et prolonge la dispute.

- Crier et s'emporter ne sont pas de mauvaises choses. Mais si le langage devient ordurier ou que vous ou votre partenaire commenciez à lever la main sur l'autre, vous devriez vous séparer pendant dix à quinze minutes et vous retrouver une fois calmés. Celui qui se sent menacé doit pouvoir annoncer une pause. Cela veut dire se mettre dans deux pièces séparées ou autoriser l'autre à sortir faire un tour. La durée du temps passé à l'écart dépend de chaque couple, mais elle doit être négociée à l'avance. Il est vital que la conversation soit reprise. Certains couples font alors une rapide analyse rétrospective alors que d'autres passent directement à la deuxième manche. Si la discussion est abandonnée, celui qui est en pleine évacuation n'accordera plus de pause à l'avenir de peur de ne plus avoir l'occasion de libérer correctement sa colère.
- En repensant à la règle des 80/20 (voir le chapitre 3), cherchez tout ce qui peut se cacher derrière les disputes en examinant les reproches qui reviennent sans cesse. Un des couples que j'ai conseillés se querellait au sujet du dégivrage du congélateur. Elle avait l'impression qu'il avait acheté trop de produits surgelés avant d'avoir consommé ce qu'ils avaient déjà. Il a fait la cuisine et s'est dit qu'il allait se charger de la composition des prochains repas. L'histoire s'est envenimée, surtout quand les parents de la femme leur ont donné plusieurs poulets et qu'il s'est plaint qu'ils prenaient toute la place. Cette bataille ne cessait de revenir sur le tapis, avec des variantes, pendant plusieurs semaines, et le congélateur n'était toujours pas dégivré. En creusant un peu, nous avons mis le doigt sur le cœur du problème. Elle avait acheté

l'appareil avant qu'il emménage et avait l'impression qu'il ne respectait pas ses biens à elle. Selon elle, si le congélateur n'était pas bien entretenu, il tomberait en panne et ils auraient du mal à s'en offrir un autre. Lui avait un rapport plus détendu à l'argent et pensait globalement qu'ils se débrouilleraient. Quand il a vraiment compris les peurs de sa partenaire, le problème a disparu et le congélateur a enfin été dégivré.

- Servez-vous de la partie « Résoudre les conflits en trois étapes » (voir plus haut) pour disséquer votre dispute. Une bonne tactique d'ouverture serait de vous excuser pour votre part de responsabilité dans le conflit, puis de considérer ce qui n'a pas marché. Une bonne manière d'y arriver, sans relancer le conflit, serait de dire quelque chose comme : « Je ne voudrais pas recommencer à soulever ce point mais pourquoi penses-tu que nous ayons perdu le contrôle ? » ; ou : « De quelle autre façon aurions-nous pu aborder cette question ? » ; ou encore : « Quelles leçons pouvons-nous en tirer ? »

Parfois mes patientes se plaignent que leurs maris ont tant de difficultés à communiquer leurs sentiments, en particulier la colère, et qu'il est impossible d'avoir avec eux une discussion efficace. Je me méfie des stéréotypes de ce genre – en partie parce que j'ai rencontré beaucoup d'hommes qui savaient gérer leurs émotions et de femmes qui avaient du mal à accéder aux leurs, mais surtout à cause de la règle du « Personne n'est ni tout noir ni tout blanc ». J'ai remarqué que presque toutes les femmes qui se plaignent que leur partenaire utilise une des stratégies pour éviter la colère emploient elles-mêmes une technique complémentaire. Il est parfois plus facile de critiquer un partenaire que de reconnaître sa propre contribution au problème.

En résumé

- Éviter d'exprimer sa colère peut causer plus de problèmes que de se laisser aller à une bonne dispute.
- Les stratégies destructrices visant à garder la colère loin de soi comprennent : le détachement, la rationalisation, l'esquive et le blocage.
- C'est seulement après avoir évacué les sentiments de chacun qu'un couple sera prêt à entamer un conflit productif plutôt qu'une querelle négative.
- Même si les bagarres ne sont jamais agréables, elles offrent une chance de résoudre les problèmes de fond.
- Si les disputes tournent en rond, c'est souvent parce que l'une des trois étapes pour résoudre les conflits – explorer, comprendre et passer à l'action – a été sautée.
- Se disputer et se réconcilier est le lien le plus intense que vous puissiez créer. N'est-ce pas l'heure de montrer à votre partenaire combien vous l'aimez en ayant une bonne dispute ?

EXERCICES

Comment faire preuve d'honnêteté émotionnelle

Les partenaires amoureux aiment croire qu'ils sont intègres et qu'ils se disent globalement la vérité. L'un des deux peut affirmer que le *home cinéma* a coûté un peu moins cher que son prix réel, tandis que l'autre oublie de parler du strip-teaseur à l'enterrement de vie de jeune fille de sa meilleure amie. Mais les transgressions restent anodines. Quand les sentiments sont en jeu, les règles changent. Nous faisons constamment de petits mensonges afin de préserver la paix et d'éviter de blesser l'autre. Combien de fois avez-vous dit : « Pas de problème », « Évidemment, ça ne me dérange pas », ou « Ce n'est pas grave » alors que vous pensiez le contraire ? Il n'est pas rare que des partenaires se vantent : « Nous pouvons tout nous dire », alors qu'en fait, ils ne se disent presque rien. Même si dire et entendre la vérité peut faire peur, l'honnêteté émotionnelle peut libérer votre couple et le sauver de l'ennui.

Suivez les étapes suivantes :

Apprenez à nommer vos sentiments

Beaucoup de patients prétendent ne pas ressentir une grande variété de sentiments, mais en réalité, ils ne sont pas toujours conscients de l'éventail de ceux-ci. Certains ont un moment de vide quand je leur demande de trouver autant de « sentiments » que possible. Mais quand je leur apporte un grand tableau, il se remplit rapidement.

- *De combien de sentiments pouvez-vous dresser la liste ?* Notez-en autant que possible et essayez d'en trouver d'autres.
- *Observez l'éventail de vos sentiments.* Les sentiments forment des familles. Entourez et reliez ceux qui vous semblent aller ensemble. Je pense qu'il existe sept groupes principaux : le choc (dont la surprise, la confusion, l'étonnement), la colère (dont la rage, le mécontentement, la frustration, l'agacement, l'irritation, l'impatience), la tristesse (dont le chagrin, la déception, la souffrance, le désespoir), la peur (dont l'angoisse, l'inquiétude, l'insécurité, la panique, la jalousie, la culpabilité, la honte), l'amour (dont l'acceptation, l'admiration, l'appréciation, la gratitude, le soulagement, l'empathie, la compassion), le dégoût (dont le mépris, le dédain, l'aversion, l'écœurement) et le bonheur (dont la joie, l'épanouissement, la satisfaction, le plaisir, le contentement, l'amusement). Cependant, il est possible que vous trouviez plus de familles ou décidiez que certaines émotions appartiennent

à une autre catégorie. Il n'y a pas là de bons ni de mauvais choix.

- *Comprenez la complexité de vos sentiments.* Nombre de ces sentiments semblent négatifs – quatre familles entières pour être précis – et les groupes de « l'amour » et du « bonheur » sont souvent ignorés pendant la première séance de réflexion. Si l'on regarde mieux, on s'aperçoit que certains sont neutres, en particulier ceux de la catégorie du « choc ». Les sentiments négatifs peuvent avoir des aspects positifs : par exemple, la passion va toujours de pair avec la jalousie. De plus, les positifs ont toujours un inconvénient : l'admiration, par exemple, peut conduire à l'adoration sans condition proche de ce que l'on ressent pour un héros.
- *Tenez le journal de vos émotions.* Pendant une semaine, quand vous avez quelques minutes, notez tous les sentiments dont vous avez fait l'expérience ce jour-là. Cela peut être dans le métro, quand la personne que vous attendez est en retard, ou en regardant vos enfants jouer. Notez-les tous, surtout ceux avec lesquels vous n'êtes pas à l'aise. Ce journal est privé, vous pouvez donc faire preuve d'honnêteté envers vous-même. Ces sentiments ne sont notés que pour aider à en prendre conscience et à les nommer.
- *Soyez brave.* À l'intérieur de chaque groupe, les sentiments vont du doux au violent. Quand nous ne sommes pas sûrs de ce que nous ressentons, nous essayons d'atténuer nos sentiments par peur d'être trop bouleversés. Pourtant, certaines personnes ressentent les sentiments un cran ou deux plus fort que ce qu'ils ont d'abord communiqué. Donc, la prochaine fois que vous notez que vous êtes contrarié, essayez d'être plus honnête en explorant vos émotions cachées comme l'angoisse, la déception ou la frustration.

En vous reportant aux familles d'émotions, interrogez-vous : « Est-ce que j'éprouve des sentiments de chacune de ces catégories ? » Si l'une des familles est particulièrement sous-représentée, il est important de comprendre pourquoi. Vos parents ont-ils eu des problèmes à ressentir ce type de sentiments ? Pourquoi devriez-vous les inhiber ? Essayez de rechercher ces émotions dans votre vie quotidienne – même si elles viennent du fond de la gamme. Par exemple, si vous avez peu d'expériences liées à l'« amour » ou au « bonheur », vérifiez que vous vous octroyez des petits plaisirs. Si vous voyez une belle fleur ou que vous souriez en lisant une bande dessinée, notez « joyeux » ou « content ».

Faites la différence entre sentiments et pensées

Se contenter d'écrire dans votre journal « je sens » au début de chaque phrase ; par exemple, « Je sens que tu as eu tort » ou « Je sens que tu n'étais pas clair » ne vous rend pas émotionnellement honnête. De telles phrases ne disent rien de vos sentiments. Elles sous-entendent de la déception, peut-être, mais plus probablement de la frustration ou du mécontentement. Vous n'avez pas exprimé un sentiment mais une opinion.

- *Les sentiments viennent souvent du corps.* Nous avons une réaction physique : un pincement dans la poitrine, les battements du cœur qui s'accélèrent, des tremblements.
- *Les pensées viennent de la tête.* Les opinions, les idées, les jugements et les suppositions font partie du domaine cérébral. Ils ont leur valeur propre mais ne doivent pas être confondus avec les sentiments.

Communiquez vos sentiments

Une fois que vous savez identifier et nommer les sentiments dans votre journal, il est temps de les exprimer à votre partenaire.

- *Soyez le maître de votre émotion.* Dites « Je sens… » au lieu de « Tu me fais me sentir… ». Par exemple, dites « Je me sens en colère (furieux, frustré ou autre) quand tu me laisses porter tes bouteilles en plastique dans la benne de recyclage », et non : « Ton manque de considération me met en colère. » Plus la plainte est spécifique, moins elle ressemble à une attaque de la personnalité de l'autre. Après tout, il est plus facile de changer de comportement – sortir les bouteilles en plastique – que de personnalité.
- *Accepter votre sentiment peut suffire à vous détendre.* Dans certains cas vous ne ressentirez même plus le besoin d'en parler à votre partenaire, mais si vous décidez de poursuivre, conformez-vous à la prochaine suggestion.
- *Soyez responsable pendant que vous abordez les points négatifs.* Il n'y a rien de mal à éprouver de la colère, de la peur ou du dégoût. Ces émotions font partie de nous mais ont mauvaise presse parce que nous les maîtrisons mal. Alors avant toute chose, commencez par réfléchir à ce que vous voulez dire et éliminez tous les « tu me rends… ». Après avoir parlé de vos sentiments à votre partenaire, écoutez ce qu'il ou elle a à dire.

Écoutez attentivement

De la même façon que vous attendez de l'attention de la part de votre partenaire, soyez prêt à offrir le même respect pour ses sentiments en retour.

- *Ne l'interrompez pas et n'essayez pas de minimiser ses sentiments* et ne lui dites pas ce qu'il ne doit pas ressentir.
- *Admettez ce qui a été dit, même si c'est dur à entendre.* Un moyen responsable d'y arriver serait de dire : « Ce que tu as dit me rend triste… »

N'oubliez pas : une meilleure connaissance des sentiments conduit à une vie plus riche, avec non seulement une meilleure compréhension de vous-même mais aussi une plus grande empathie pour votre partenaire, et des qualités humaines accrues.

Mise en pratique de « la résolution des conflits en trois étapes »

Les couples JTAM veulent soit minimiser leurs divergences soit s'en débarrasser au plus vite. Cet exercice est conçu pour freiner la traversée de ces trois étapes.

1. Prenez trois feuilles de papier et écrivez EXPLORER en haut de l'une, COMPRENDRE sur la deuxième et AGIR sur la troisième.
2. Choisissez une dispute actuelle ou une discussion récente.
3. L'exploration concerne les sentiments, alors chaque fois que l'un de vous deux trouve un sentiment, notez-le sur la page EXPLORER.
4. L'exploration englobe aussi les opinions et les convictions : « Un bon père doit s'occuper de ses enfants » ; « Une bonne épouse ne sort pas le soir. » Écrivez aussi tout cela.
5. L'exploration inclut les faits – « Je ne peux jamais rentrer à la maison avant sept heures et quart » ; « Nous avons toujours beaucoup de linge sale et il faut bien que quelqu'un s'en occupe. » Notez les plus importants.
6. Reprenez votre liste EXPLORER. En même temps que les faits, assurez-vous qu'elle comporte de nombreux mots exprimant des sentiments et des convictions. Avez-vous quelque chose à ajouter dans l'une ou l'autre de ces catégories ?
7. Parfois une solution potentielle (pour la feuille AGIR peut survenir rapidement dans la conversation. Notez-la

sur la page appropriée avant de l'oublier, mais continuez à remplir la liste EXPLORER.
8. Prenez ensuite la liste COMPRENDRE. Pour comprendre, il faut se demander pourquoi les choses arrivent – « Je me suis énervé(e) parce que le travail me stresse » ; « Je ne me sens pas sexy quand tu m'ignores. » Notez tout.
9. Les convictions viennent toujours de quelque part : de notre éducation, de la religion, de la culture générale ou des médias. Les plus puissantes remontent à notre enfance. En quoi votre éducation a-t-elle influencé vos convictions ? Notez vos réponses.
10. En reprenant les pages EXPLORER et COMPRENDRE, demandez-vous comment utiliser ces idées pour trouver une solution.
11. Les solutions sont plus efficaces quand chacun y trouve un intérêt. Par exemple, le partenaire A accepte de donner au partenaire B cinq minutes de tranquillité quand il rentre le soir, mais en échange le partenaire B est d'accord pour donner le bain aux enfants afin que A puisse se reposer. Assurez-vous que l'application des solutions soit vérifiable et qu'elles ne soient pas générales comme la proposition « faire plus d'efforts ». Notez les accords sur la page AGIR. Vous pouvez même les retranscrire sous forme de contrat – « J'accepte de… si tu acceptes de… » – et signez-le tous les deux.
12. Ressortez la page AGIR une semaine plus tard et vérifiez que vous avez respecté votre part du marché. Si ce n'est pas le cas, prenez trois nouvelles feuilles de papier que vous titrez de la même façon. Refaites l'exercice en explorant vos sentiments respectifs et en vous appliquant à comprendre ce qui n'a pas marché afin d'améliorer votre plan d'action.

Comment se comporter avec un passif-agressif ?

1. Demandez-vous pourquoi votre partenaire n'est pas capable de s'affirmer directement. L'agression passive est normalement le choix de ceux qui se sentent impuissants. Votre partenaire a-t-il le droit de dire non ?
2. Faites ressortir l'hostilité cachée. Défiez les accords trop faciles : « Je ne pense pas que tu veuilles vraiment... » Ne vous sentez pas coupable et ne le laissez pas vous pousser à vous excuser pour votre emportement.
3. Évitez les malentendus. Répétez de nouveau les instructions, posez des limites précises et n'hésitez pas à établir un système de pénalités pour les atermoiements.
4. Une fois les choses posées, tenez-vous-y. Si quelqu'un est toujours en retard et que vous lui avez dit que vous partiriez au-delà de dix minutes de retard s'il ne vous prévenait pas, faites ce que vous avez dit : partez après ces dix minutes. En échouant à appliquer ces pénalités, vous affaibliriez gravement votre position.

Comment cesser d'être passif-agressif ?

1. Acceptez que la colère soit un sentiment normal.
2. Acceptez l'idée que vous êtes quelqu'un de bien même si vous êtes en colère.
3. Considérez les intérêts que vous tirez à bien employer la colère. Elle permet de concrétiser des choses et de régler des injustices.
4. Comprenez votre peur de la colère. Que peut-il arriver de si terrible ? Quelles stratégies pourriez-vous employer pour vous autoriser à éprouver de la colère tout en faisant le tour de ces peurs ?
5. Les vieux comportements, même s'ils s'appliquaient bien quand vous étiez jeune, vont avoir besoin d'être

remis à jour. Contrairement aux enfants qui doivent aller à l'école même s'ils n'en ont pas envie, vous avez le choix.

6. Entraînez-vous à dire non. Cela évite l'essentiel des comportements passifs-agressifs. Au moins, en cas de conflit, vous savez tous les deux pourquoi vous vous battez, au lieu de masquer votre colère derrière un comportement sournois.
7. Quand vous vous sentez manipulé, dites-le à votre partenaire.

Troisième étape

Cibler son objectif

« Comment penses-tu que les choses aillent entre nous ?

– Très bien. Enfin, je ne sais pas.

– J'essaie d'arranger les choses. Je t'aime et je ferais n'importe quoi pour améliorer la situation.

– Je sais.

– Nous parlons mais nous tournons en rond. Qu'attends-tu de moi ? »

Dans la plupart des couples qui sont ensemble depuis longtemps, l'amour ambiant ne manque pas mais, malgré tout, il ne passe pas. Il n'est donc pas étonnant que l'un des deux ne se sente pas aimé. Mieux communiquer l'amour implique de savoir cibler son objectif.

5

PARLEZ-VOUS LE MÊME LANGAGE AMOUREUX ?

Si vous vouliez communiquer avec un Japonais, vous feriez appel à un interprète ou vous étudieriez sa langue et sa culture. Et pourtant, quand nous tombons amoureux nous partons du principe que notre partenaire a exactement la même conception de l'amour que nous. Pendant les premiers jours d'une relation amoureuse – quand la « limerence » est à son apogée – les différences ne comptent pas. Nous concentrons tout sur l'être aimé et, étant donné ce niveau d'attention, nous sommes presque certains de trouver un langage amoureux commun. Le problème surgit après la phase de lune de miel, quand des réalités comme « gagner sa vie » commencent à s'immiscer dans l'histoire d'amour. À ce stade, nous retournons à notre langage principal, mâtiné éventuellement d'un second langage. Cela ne pose aucun problème si notre partenaire conçoit l'amour de la même façon que nous et parle le même langage. Malheureusement, il y a un piège : j'ai identifié cinq différents langages amoureux. Que se passe-t-il si vous et votre partenaire ne parlez pas le même langage ?

Kathleen et Philip, un couple venu chercher mon aide thérapeutique, sont un bon exemple de ce type de problème de communication. Malgré de terribles querelles, leurs liens restaient forts, mais aucun des deux ne se sentait aimé. Je leur ai demandé comment ils exprimaient leur affection. Kathleen m'a raconté qu'elle pouvait passer des mois à faire le tour des magasins à la recherche du bon cadeau d'anniversaire ou de Noël, puis qu'elle le cachait dans un endroit secret où elle confectionnait un emballage amusant. De son côté, Philip exprimait son affection en complimentant sa femme sur ses tenues et en lui disant « je t'aime » tous les jours. Les deux partenaires exprimaient bien leur amour, mais d'une manière différente. Il faut savoir que chaque partenaire désire secrètement que l'autre parle son langage. En conséquence, Kathleen se sentait accablée quand Philip ne lui offrait qu'une carte ou de l'argent pour qu'elle choisisse seule son cadeau. Et Philip était triste parce que Kathleen ne lui disait jamais de mots tendres. Il n'est pas étonnant qu'ils aient eu des problèmes.

L'existence de plusieurs langages amoureux peut expliquer le dilemme que beaucoup de couples JTAM me confient. Alors que l'un des partenaires n'est plus amoureux, celui qui l'est toujours est anéanti par ce qui leur arrive. L'amoureux parvient probablement à faire coïncider leurs besoins, mais involontairement il ou elle ne parle pas assez souvent le langage de son partenaire pour que ce dernier se sente aimé. Comment cela peut-il arriver ? Parce que, malheureusement, nous supposons souvent que les besoins de notre partenaire sont exactement les mêmes que les nôtres. Si ce comportement est naturel, il ne mène à rien de bon. Chez d'autres couples, l'un des partenaires va tester une multitude de moyens pour exprimer son amour mais il échouera systématiquement. Alice, âgée de 42 ans et gérante d'une réserve naturelle, n'était plus amoureuse de Jasper, son partenaire depuis dix-sept ans. Quand il l'apprit, Jasper se promit de tout faire pour sauver leur couple : il a commencé à l'aider davantage à la maison et à lui faire plus de compliments. Globalement, il s'est montré plus attentionné. « Je ne savais pas que l'amour demandait autant de travail », s'est-il plaint à la première séance. Pour empirer les choses, Alice n'était toujours pas certaine de l'aimer. « Je pense qu'elle voudrait que je sois quelqu'un d'autre. Et je ne suis pas sûr de le pouvoir ni même de le vouloir », a confié Jasper. Non seulement il ne parvenait pas à lui communiquer son attachement amoureux mais ses efforts ne faisaient que l'éloigner de lui. La réponse ne tenait pas au nombre d'efforts successifs – approche qui relève plus de la technique de la mitraillette – mais à une meilleure définition de la cible.

Les langages amoureux

Pendant ces vingt dernières années, j'ai pu constater qu'il existait de nombreuses façons d'exprimer l'amour, mais que celles-ci pouvaient se ranger dans les cinq grandes catégories suivantes :

Partager des moments privilégiés

Ces moments peuvent être quotidiens – se serrer dans les bras en regardant la télévision – ou exceptionnels – partir en voyage ensemble dans un pays exotique. Nombreuses sont les personnes qui se plaignent que leur partenaire consacre trop de temps aux amis, aux loisirs ou au travail. La plainte la plus courante est : « Nous ne nous amusons jamais ensemble » ; ou encore : « Tu as du temps pour tout le monde sauf pour moi. » Pour ce genre de personnes, la pire chose que leur partenaire puisse leur faire est de repousser un rendez-vous ou une sortie en famille pour faire les lessives en retard, ou d'annuler une sortie parce qu'un ami a besoin de lui.

Si c'est le cas de votre partenaire

Quand l'amour signifie pour quelqu'un « partager des moments privilégiés », peu importent les activités, ce qui compte est de passer du temps ensemble. En outre, si cette personne est généreuse, elle choisira une activité qui fait plaisir aux deux. Même si le rendez-vous implique quelque chose que vous n'appréciez pas particulièrement, acceptez de bonne grâce puisque votre geste vous permettra de marquer des points. Pendant ce moment commun, concentrez-vous sincèrement sur votre partenaire en ne partageant pas uniquement votre temps mais aussi vos pensées.

Gestes attentionnés

Ces gestes peuvent comprendre les actes courants de la vie à deux, rapporter un bon salaire ou bien tenir la maison, mais ils peuvent aussi être plus personnels : préparer un repas complet, aider votre partenaire à ranger le garage ou conduire sa sœur à l'aéroport à trois heures du matin, par exemple. Les gens qui expriment leur amour à travers des gestes attentionnés sont enclins à dire : « Les gestes comptent plus que les mots. » La pire des choses que leur partenaire puisse leur faire serait de ne pas terminer le petit travail qu'il leur avait promis de faire à leur place.

Si c'est le cas de votre partenaire

Les enjeux sont plus importants aujourd'hui qu'à l'époque où rapporter un salaire pour faire vivre sa famille et effectuer les tâches ménagères étaient considérés comme des gestes attentionnés. En outre, ces points peuvent être considérés comme acquis par la majorité d'entre nous. Réfléchissez donc à toutes ces petites choses auxquelles votre partenaire n'a même pas pensé : conduire la voiture pour un lavage, installer un nouvel antivirus sur l'ordinateur ou faire un gâteau. Ces gestes sont d'autant plus appréciés qu'ils sont habituellement à la charge de l'autre. Si vous n'êtes pas certain qu'un geste soit considéré comme attentionné par votre partenaire, tendez l'oreille quand il se plaint. Sur le moment, sa plainte vous ennuiera, mais vous pourrez ensuite vous demander comment transformer la situation en preuve d'amour. Si votre partenaire se plaint que la salle de bains est en désordre, ne vous contentez pas de la ranger. Achetez des petites bougies et faites-lui couler un bain en prime.

Contacts physiques affectueux

Le sexe vient immédiatement à l'esprit, mais les câlins et les baisers spontanés sont souvent plus importants. Les personnes pour qui les contacts physiques affectueux sont une preuve d'amour adorent qu'on leur gratte le dos ou qu'on les masse et disent facilement « viens m'embrasser ». Ils peuvent se sentir anéantis lorsque leur partenaire les repousse parce qu'il est trop occupé à faire autre chose.

Si c'est le cas de votre partenaire

Les contacts physiques affectueux fonctionnent mieux en dehors de la sphère du sexe étant donné que la puissance d'un orgasme peut tout perturber. Passez votre main dans le dos de votre partenaire en franchissant une porte, caressez le plat de sa main pendant que vous regardez un film ensemble ou embrassez-le dans la nuque quand vous le croisez dans le couloir. Tous ces gestes sont des manières simples et non sexuelles d'exprimer votre amour. La réaction de l'autre est particulièrement importante dans ce type de langage, ne craignez donc pas de lui demander quels sont ses gestes préférés et ceux qu'il aime moins ou pas du tout.

Mots doux

Celui qui est enclin à écrire des poèmes romantiques appartient à ce groupe. Les personnes qui expriment leur amour par des mots doux veulent que le monde entier sache que leur partenaire est spécial. Ils n'hésitent pas à dédier une chanson à « l'amour de ma vie » au karaoké du coin ou à faire paraître une annonce sentimentale dans le journal pour la Saint-Valentin. Ils disent facilement « je t'aime » et s'offusquent si leur partenaire les repousse en répondant : « Ce ne sont que des mots… »

Si c'est le cas de votre partenaire

Les compliments sont d'une grande importance pour les individus qui expriment leur amour par des mots doux et ils veulent que leur partenaire les encourage au maximum. Dans le travail, dans les tâches ménagères et dans l'organisation d'un événement social, ils ont besoin de louanges du style : « Je te remercie d'avoir choisi une pièce de théâtre aussi intéressante » ; ou encore : « Tes finitions pour la peinture sont pleines de délicatesse. » Lorsque vous dites des mots doux, assurez-vous que votre corps exprime la même chose. Et lorsque vous dites « je t'aime », regardez votre partenaire dans les yeux. Les partenaires de ce type aiment aussi faire des compliments. Il est important que vous les acceptiez avec plaisir. Il peut sembler tentant de les repousser en disant : « C'était peu de chose » ; « N'importe qui aurait fait la même chose à ma place. » Optez plutôt pour la réponse la plus simple et la plus efficace : « Merci. »

Offrir des cadeaux

Qu'il s'agisse d'un bijou précieux ou d'une barre chocolatée achetée en rentrant à la maison, ceux qui offrent des cadeaux aiment surprendre leur partenaire et peuvent aller très loin pour réussir leur coup. Ils disent facilement : « Quand je l'ai vu, ça m'a fait penser à toi. » La pire chose que leur partenaire puisse faire est de ne pas apprécier leur cadeau ou de le dévaloriser en disant : « Je n'ai pas besoin de ce genre d'objet. »

Si c'est le cas de votre partenaire

Les cadeaux font partie de l'amour et sont centraux dans nos rituels de mariage. Cependant, la culture moderne est obsédée par la valeur marchande et oublie leur véritable message : « Je te fais ce cadeau pour te dire que j'ai pensé à toi. » Découper dans un magazine une image qui a un sens pour votre partenaire ou fabriquer une carte de vœux peut être mille fois plus efficace que de lui offrir toujours le même parfum. Il est inutile d'attendre une occasion spéciale. Beaucoup de petits cadeaux aideront votre partenaire à se sentir vraiment aimé. Si vous n'êtes pas de nature à offrir des cadeaux, commencez par demander conseil auprès de quelqu'un qui connaît bien les goûts de votre partenaire ou, à défaut, auprès d'une vendeuse. Observez également les cadeaux qu'il ou elle offre. Cela vous donnera des indices sur ce qu'est un cadeau acceptable à ses yeux.

Le langage amoureux en action

Peter et Elaine sont ensemble depuis deux ans. Tous deux savaient que quelque chose n'allait pas mais ils refusaient de confronter leurs griefs par peur de ce qu'ils découvriraient. Après un Noël tendu, Elaine s'est plainte de ne pas se sentir aimée. Tout s'articulait autour du décès de la première femme de Peter, survenu cinq ans plus tôt. Même si Elaine ne voulait pas se poser en concurrente de celle-ci, elle sentait qu'elle passait en second. Peter insistait constamment sur le fait qu'il l'aimait, mais elle continuait de se plaindre en lui disant : « Les gestes comptent plus que les mots. Prouve-le. » Plus elle parlait et plus il semblait clair que son langage amoureux reposait sur les gestes attentionnés. J'ai donc expliqué le concept à Peter qui a accepté de réfléchir à la question. La semaine suivante, ils sont revenus tout sourire. « J'ai regardé ma maison d'un nouvel œil comme quelqu'un qui se sentirait exclu et j'ai vu combien de photos de ma première femme étaient accrochées. Il y en avait au moins une dans chaque pièce, parfois plus, même dans la chambre. Je n'ai pas besoin de voir son visage en permanence, il est là-haut », a-t-il dit en indiquant sa tête. Peter a d'abord enlevé les photos qui étaient à côté du lit, puis celles des autres pièces de la maison, jusqu'à n'en garder qu'une dans son bureau et une dans la salle à manger. Ce geste a vraiment touché Elaine, qui s'est non seulement sentie aimée mais qui lui a répondu dans son langage à lui, en lui disant des mots doux : « Je sais que ça a dû être difficile pour toi, mais j'ai vu que tu m'avais vraiment comprise », lui a-t-elle dit.

Alice et Jasper, que nous avons déjà rencontrés, ont progressé grâce aux langages amoureux après plusieurs semaines de consultation. Pendant la période de dispute – l'étape précédente des « Sept étapes... » –, Alice se plaignait continuellement du peu de temps qu'ils passaient ensemble. Jasper a opposé le fait que son travail l'accaparait et lui a fait remarquer qu'ils étaient récemment allés au cinéma, qu'ils avaient dîné dehors et qu'ils étaient partis ensemble pendant l'été. Quand j'ai soulevé la question des différents langages amoureux, Jasper a rapidement identifié celui d'Alice comme le partage des moments privilégiés. Il est donc allé la chercher au bureau, un jour où il était moins occupé, et l'a emmenée déjeuner. Quand il ne pouvait éviter de rapporter du travail à la maison, Jasper prenait ses pauses avec Alice devant la télévision, alors qu'avant il serait plutôt resté dans son bureau devant son ordinateur. Alice a commencé à se sentir sincèrement aimée : « Vider la machine à laver et toutes les petites choses qu'il a faites étaient gentilles, mais j'ai surtout apprécié le déjeuner. Vous auriez dû voir la tête de mes collègues quand il m'a raccompagnée jusqu'à mon bureau ! » Jasper a ciblé tous ses efforts vers le langage qui parlait le plus à Alice, le sien.

Kathleen et Philip, le couple que nous avons mentionné au début de ce chapitre, se sont également mis à parler le langage amoureux de l'autre. Philip a commencé par offrir des fleurs à Kathleen et à lui dire « je t'aime », sans y être poussé. En fait, ce sont eux qui m'ont amené au concept des langages amoureux. Il y a vingt ans, je commençais à exercer en tant que thérapeute, et ce couple que j'accompagnais faisait peu de progrès. Mon superviseur – qui semblait avoir compris intuitivement les problèmes de mes patients – m'a suggéré de les interroger sur les cadeaux qu'ils se faisaient. Un grand pas fut franchi au cours de la séance suivante. J'ai ensuite utilisé cette idée avec d'autres couples, tout en découvrant d'autres moyens d'exprimer l'amour.

En poursuivant mes recherches sur le sujet, j'ai découvert avec joie que quelqu'un d'autre était arrivé aux mêmes conclusions que moi. J'ai trouvé un livre intitulé *The five Love Languages*[1] (Northfield, 1992) de Gary Chapman qui dirige des séminaires sur le mariage aux États-Unis. Il employait des expressions légèrement différentes des miennes : les gestes attentionnés devenaient des « actes de service », les mots doux devenaient des « mots d'affirmation », les contacts physiques affectueux devenaient des « touchers physiques », mais le concept reste globalement identique[2].

COMMENT TROUVER LE LANGAGE AMOUREUX DE VOTRE COUPLE ?

Beaucoup de gens reconnaissent immédiatement leur principal langage amoureux. Si vous avez des doutes, complétez ces deux phrases : « Je me sens plus aimé quand… » ; « Je me

1. *Les Cinq Langages amoureux.*
2. Si vous désirez plus d'informations sur le sujet, je vous recommande le livre de Gary Chapman. Il met notamment l'accent sur l'importance de donner de l'amour, alors que la plupart des guides restent concentrés sur le fait d'en recevoir.

plains plus facilement lorsque mon partenaire ne fait pas… » La deuxième déclaration est particulièrement révélatrice étant donné que ce dont nous nous plaignons le plus est ce que nous désirons le plus fort. Pour découvrir le langage amoureux de votre partenaire, imaginez comment il ou elle compléterait ces phrases. Il est en outre utile de voir comment vos parents exprimaient leur amour pendant votre enfance. Certaines personnes emploient tel langage amoureux parce que c'est celui qu'ils ont entendu quand ils étaient petits, d'autres au contraire se tournent vers ce qu'ils n'ont jamais eu. Vous trouverez d'autres informations qui vous aideront à trouver le langage amoureux de votre partenaire et à le parler dans l'exercice des « cartes de l'amour » à la fin de ce chapitre.

Le langage amoureux à l'envers

Si le langage amoureux de votre partenaire est une voie rapide vers la reconstruction de l'attachement amoureux, que se passe-t-il lorsque vous faites une gaffe ? Le langage amoureux de Robert est celui des gestes attentionnés. Lorsqu'un jour sa partenaire, Elizabeth, a oublié de passer au pressing, cet oubli a pris d'énormes proportions. Il lui a dit : « Cela prouve que tu t'en fous. » Elizabeth, dont le langage amoureux est le temps passé ensemble, a trouvé qu'il exagérait. En ne comprenant pas le langage amoureux de Robert, elle l'avait insulté malgré elle, exactement comme quelqu'un qui ne connaît rien à la culture japonaise serait perçu comme impoli s'il rangeait une carte de visite sans la regarder. Ces malentendus simples transforment un moment potentiellement positif en un instant négatif.

Le Dr John Gottman, professeur en psychologie à l'université de Washington, a monté un appartement dans un laboratoire pour étudier des couples vivant ensemble. Pendant que ses volontaires évoluaient selon leurs interactions « naturelles », il les observait en enregistrant les changements biologiques survenus pendant les périodes de conflit. Il a affirmé pouvoir prédire avec un taux de fiabilité de 94 % lesquels parmi les couples qu'il étudiait formeraient un couple heureux, malheureux ou divorceraient dans les quatre ans. Il a constaté que les membres des couples heureux avaient l'un envers l'autre cinq fois plus d'attentions positives que négatives. En d'autres termes, pour une critique formulée, vous devriez formuler cinq compliments. À chaque fois que vous ne vous montrez pas à la hauteur avec votre partenaire, vous devriez assurer cinq fois. Nous imaginons tristement qu'une bonne action en effacera une mauvaise, mais Gottman prouve que nos instincts naturels nous portent loin de cette équation. Pour cette raison, il est vital de cerner le langage amoureux de notre partenaire. Premièrement, cela aidera à optimiser l'interaction positive pour construire l'attachement amoureux. Deuxièmement, cela évitera les actions négatives non intentionnelles. Enfin, cela vous indiquera souvent, quand vous voulez vous réconcilier avec votre partenaire, l'approche la mieux appropriée.

POURQUOI EST-CE SI DIFFICILE DE BIEN COMMUNIQUER ?

Il n'y a pas que pour l'amour lui-même que la communication est difficile. Certains patients arrivent à un point où tout, ou presque, est mal interprété. N'ayant pas l'intention de blesser l'autre, ils choisissent leurs mots avec de plus en plus de soin mais l'atmosphère reste tendue. Alors qu'est-ce qui ne va pas et en quoi « apprendre à cibler » peut-il aider à mieux communiquer ?

Martin et Jackie ont eu une altercation parce que Jackie n'avait pas fait le plein de la voiture après l'avoir utilisée. « Qu'ai-je fait ? Je viens de poser une question simple », a demandé Martin. Mais Jackie voyait l'incident d'une autre façon. « Il est venu me trouver en m'accusant, toutes griffes dehors », a-t-elle expliqué à la séance suivante. Ils avaient passé la soirée à confronter leurs interprétations des faits en s'envoyant des piques. Jackie était convaincue qu'il avait été agressif. Martin était convaincu qu'elle s'était vexée pour rien.

Un observateur neutre aurait été surpris de constater qu'un fait aussi banal puisse semer la discorde. Mais la première chose à comprendre est que ni Jackie ni Martin ne sont neutres. Chacun voit le conflit à travers son image de leur histoire commune, au vu de ses expériences individuelles passées – qui remontent à l'enfance – et, d'une façon plus décisive encore, à travers un million de suppositions. Ce sont ces suppositions qui empêchent de bien communiquer.

Donc quand Martin et Jackie ont rapporté l'incident pendant la séance de conseil, je leur ai demandé de rejouer la dispute, mais en les prévenant que cette fois-ci j'interviendrais pour les aider à révéler leurs suppositions cachées.

Martin a commencé : « J'ai simplement dit : "Pourquoi n'as-tu pas fait le plein après t'être servie de la voiture ?" »

Jackie était sur le point de bondir mais je l'ai arrêtée. Elle en aura l'occasion dans une minute.

« Pourquoi était-ce si important ? ai-je demandé.

– Faire le plein le matin prend du temps et il y a souvent la queue à la pompe. Ces dix ou quinze minutes peuvent faire toute la différence entre arriver à l'heure au travail et rester bloqué dans les bouchons à l'heure de pointe, a expliqué Martin.

– Saviez-vous cela, Jackie ? ai-je demandé.

– Je sais que s'il part trop tard, il se retrouve dans les embouteillages. Mais je ne savais pas qu'il y avait la queue à la pompe, a dit Jackie.

– Je pensais que tu connaissais la précision de mon emploi du temps. Cinq minutes peuvent faire toute la différence », a répondu Martin.

J'avais trouvé la supposition numéro un.

« Ce ne serait pas si important si tu m'avais dit en rentrant : "Au fait, il reste peu d'essence dans la voiture." Ainsi je serais parti plus tôt de la maison le lendemain matin, a poursuivi Martin.

– Le lui avez-vous déjà dit ? » ai-je demandé.

Martin a dû admettre que non. Il avait supposé que Jackie connaissait son approche alternative.

Supposition numéro deux.

J'ai ensuite demandé à Jackie de rejouer sa réponse à la question de Martin sur le réservoir vide.

« Je lui ai dit : "Tu n'as pas besoin de t'en prendre à moi."

– Vous avez vraiment l'air vexée. Qu'est-ce qui vous fait dire qu'il s'en est pris à vous ? ai-je demandé.

– Il m'a accusée d'être fainéante, de ne pas m'embêter à faire le plein, a répondu Jackie.

– Pensiez-vous que Jackie avait fait preuve de fainéantise ? » ai-je demandé à Martin.

Il a secoué la tête. Jackie avait simplement supposé son accusation. C'est la supposition numéro trois.

Après une brève discussion sur son enfance, Jackie a admis que son père avait toujours été très critique, l'accusant souvent de ne pas faire beaucoup d'efforts. Il commençait par une question apparemment innocente sur ce qu'elle avait fait à l'école mais déviait rapidement vers une leçon de morale sur son implication.

Jackie a reconnu que son enfance l'avait rendue sensible aux critiques : « Martin ne m'a pas parlé de la voiture aussi calmement qu'il vient de le faire dans votre bureau.

– Comment a-t-il parlé ?

– Très agressivement. »

En fait, 90 % de la communication ne passe pas par la parole, notamment dans les moments de stress. Le ton de Martin, les mouvements de ses mains et son élocution ont donné aux mots beaucoup plus de virulence qu'il n'avait l'intention de leur en donner.

En considérant le nombre de suppositions sous-jacentes à la plus simple des conversations et le fait que notre langage corporel inconscient complique encore le sujet, c'est un miracle que nous parvenions à communiquer. Heureusement, l'amour et la bonne volonté peuvent apaiser tous les malentendus. Dans cet état d'esprit, toutes les suppositions sont positives : « Si elle était pressée de partir c'était pour ne pas rater son émission préférée » ; ou encore : « Il a dû avoir une dure journée. » Par opposition, toutes les suppositions de Martin et de Jackie étaient négatives. Quand un partenaire s'emporte sur des sujets sans grande importance, on peut y voir le signe précurseur de la fin de l'état amoureux. Pour les couples JTAM, la communication, qui jusqu'alors était facile, s'enlise rapidement sous le coup des suppositions négatives qui exacerbent l'envie de partir de l'un des deux. Comment faire pour que les suppositions cachées n'embrouillent pas la communication ?

La déclaration en trois parties

Nous émettons des suppositions quand nous n'avons pas reçu suffisamment d'informations de la part de notre partenaire. C'est pour cette raison que la déclaration en trois parties est si importante.

Je me sens (x) quand tu (y) parce que (z).

Dans le cas de Martin cela donne :

Je me sens (énervé) quand tu (ne fais pas le plein de la voiture) parce que (je n'ai pas le temps le matin et que je risque d'arriver en retard au travail).

La beauté de la déclaration en trois parties est qu'elle est si étroitement ciblée qu'elle laisse peu de place aux suppositions. Jackie sait précisément ce que Martin ressent parce qu'il le lui a dit. Elle a cessé de s'en remettre à sa lecture de son langage corporel et ne suppose plus qu'il éprouve un sentiment plus négatif que de l'agacement – comme de la colère – parce qu'il lui a décrit ce qu'il ressentait. Le « quand tu » de la déclaration en trois parties permet de préciser les choses. Jackie sait que c'est un comportement précis qui énerve Martin, et non pas elle en personne. Finalement, elle connaît la raison de la réaction de Martin et peut constater qu'il n'y a pas de jugement moral caché. Bien que la déclaration puisse sembler artificielle au premier abord, comme toutes les aptitudes techniques d'un couple, elle va vite devenir une seconde nature. Dans la partie « Exercices » vous trouverez des conseils pour l'incorporer à votre vie quotidienne.

En résumé

- Il existe cinq principales façons d'exprimer l'amour : partager des moments privilégiés, les gestes attentionnés, les contacts physiques affectueux, les mots doux et se faire des cadeaux.
- Le pouvoir de la « limerence » signifie que les couples emploient simultanément chacun de ces cinq langages. Les partenaires veulent passer du temps ensemble et même tout leur temps. Chacun recherche le moindre geste qui puisse exprimer son attention. Ils ne peuvent pas s'empêcher de se toucher. Les compliments viennent tout seuls. Ils s'envoient des petits mots ou se choisissent des petits cadeaux pour le simple plaisir du jeu.
- Quand la « limerence » disparaît, chaque partenaire commence à utiliser un langage principal, parfois deux, pour exprimer son amour et attend de l'autre qu'il emploie le même.
- Quand votre partenaire ne semble pas réagir, essayez d'exprimer votre amour d'une autre façon.
- Cibler avec précision prévient les malentendus, les affronts involontaires et concentre l'énergie vers le moyen de communication le plus productif.

Exercices

Les cartes de l'amour

Cet exercice est un moyen amusant de vous aider à découvrir votre langage amoureux personnel et de faire passer le message à votre partenaire.

1. Prenez un paquet de fiches cartonnées et écrivez sur chacune le nom de l'un des cinq langages amoureux : partager des moments privilégiés, les gestes attentionnés, les contacts physiques affectueux, les mots doux et se faire des cadeaux. Si vous exprimez votre amour d'une façon qui n'entre dans aucune de ces catégories, faites une carte supplémentaire. Créez ensuite une série identique pour votre partenaire. Utiliser une couleur différente par carte peut vous aider à ne pas les mélanger.
2. Trouvez le moment adéquat. Il vaut mieux éviter de proposer cet exercice dans une ambiance tendue étant donné qu'il requiert une certaine dose de bonne foi.
3. Présentez l'exercice comme un jeu amusant. Nous redoutons tous la phrase « Il faut qu'on parle » que nous interprétons trop souvent comme « Tu vas m'écouter me plaindre ». Proposez les cartes comme un jeu ou un puzzle « pour nous aider à mieux nous comprendre ». Vous pouvez aussi expliquer à votre partenaire que ça ne prendra pas beaucoup de temps. J'ai vu des couples remplir ces cartes en cinq minutes. D'autres ont eu besoin de toute la séance pour développer chaque point. Cela dépend de vous.
4. Donnez les cartes à votre partenaire. Demandez-lui de les étaler sur la table puis de les mettre dans un ordre dégressif, de la plus importante façon d'exprimer

l'amour à la moins importante. Pendant ce temps, vous pouvez classer vos cartes de l'amour. Il vaut mieux qu'il n'y ait pas de témoin.

5. Demandez des exemples. Vous pouvez être tenté de commenter immédiatement les choix de votre partenaire, mais commencez par vous assurer que vous les avez compris. Par exemple, s'il a mis en numéro un : « passer de bons moments ensemble », demandez-lui quels moments il ou elle préfère. Vous pouvez aussi évoquer l'un de vos moments communs pour vous assurer que vous voulez dire la même chose. Passez toutes les cartes en revue en demandant des exemples. Votre partenaire peut avoir du mal à trouver des exemples pour les dernières. Cela peut être difficile pour tout ce qui semble moins important.
6. Partagez vos exemples. C'est à présent votre tour de donner des exemples pour chacune de vos cartes de l'amour. Restez positif. Souvenez-vous que c'est ce que vous aimez faire qui compte, et non ce que vous ne voulez pas.
7. Comparez vos réponses. Discutez l'ordre dans lequel vous avez rangé les langages amoureux. Quels sont les différences et les points communs ? Si vous savez pourquoi l'une est particulièrement importante à vos yeux, faites-en part. Par exemple : « Je viens d'une famille où personne ne se prenait jamais dans les bras, donc… » Ne vous inquiétez pas si vos priorités sont très différentes. La prochaine étape vous aidera à maîtriser ces divergences.
8. Apprenez à parler le langage de l'autre. N'oubliez pas que notre façon de montrer notre amour est aussi celle dont nous aimons le recevoir. Essayez donc d'augmenter le nombre de fois où vous parlez le langage préféré de votre partenaire. C'est d'autant plus

important si votre partenaire n'est plus amoureux(-euse) de vous. Demandez-lui : « Quel changement de ma part apprécierais-tu particulièrement ? » Il vaut mieux choisir un acte simple et facile à vérifier. Si la plus grande priorité de votre partenaire est de passer du temps avec vous, passez un contrat pour un repas par mois pris ensemble à l'extérieur. Ne négligez aucun détail, décidez qui réservera le restaurant et la baby-sitter. Chaque changement dont vous prenez l'engagement doit vous arranger tous les deux, demandez donc aussi à votre partenaire d'accomplir un acte simple qui corresponde à votre langage.

Si votre couple vient de traverser une période difficile, il peut vous être utile de réarranger les cartes de l'amour dans l'ordre que vous aimeriez voir à l'œuvre à l'avenir. Un couple que j'ai aidé a commencé par placer les cadeaux en premier choix. Ils m'ont expliqué que c'était le seul langage avec lequel ils se sentaient confiants. Quand nous avons considéré ce qu'ils ambitionnaient pour l'avenir, les cadeaux avaient reculé dans le classement et les contacts physiques affectueux avaient gagné en importance.

Évaluation du langage amoureux

Posez-vous les questions suivantes en indiquant la dernière fois que vous avez employé chacun des cinq langages amoureux.

1. Quand ai-je fait un compliment à mon partenaire pour la dernière fois ?
2. Quand lui ai-je acheté un cadeau en dehors d'un anniversaire ou d'une occasion spéciale ?
3. Quand lui ai-je proposé de sortir en tête à tête pour la dernière fois ?

4. Quand l'ai-je touché avec tendresse et amour pour la dernière fois, sans que ce soit un prélude sexuel ?
5. Quand ai-je effectué une tâche ménagère sans qu'il me le demande avec insistance ?

Si la réponse est « il y a quelques jours », vous pouvez vous féliciter. La semaine dernière, c'est bien, et le mois dernier, c'est pas mal non plus. Pour chaque question à laquelle vous avez répondu « il y a un mois » ou n'avez pas pu répondre avec précision, essayez d'employer le langage qui leur correspond pour exprimer votre amour d'une nouvelle façon.

La déclaration en trois parties

En période de conflit potentiel, les remarques ambiguës peuvent être chargées de suppositions cachées, de la part de celui qui parle comme de celui qui écoute. Communiquer clairement est quasi impossible. La déclaration en trois parties est conçue pour révéler le plus d'informations possible aussi vite que possible, et pour limiter les éventuelles disputes sans intérêt.

Ne sautez aucune partie de cet exercice et n'improvisez pas car il fonctionne mieux quand il est suivi à la lettre.

x) je me sens…
y) quand tu…
z) parce que…

Très peu de personnes sont capables de ranger leurs pensées dans une formule en trois parties. Il faut de l'entraînement. Suivez chacune de ces étapes :

1. Repensez à la dernière fois que vous vouliez dire quelque chose et que vous l'avez mal exprimé.

2. Recopiez la structure ci-dessus et remplissez chaque partie. Par exemple : « Je me sens *humilié* quand tu *m'ignores* parce que *je fais tout ce que je peux pour changer.* »
3. Essayez de trouver quatre exemples supplémentaires tirés du passé.
4. À présent, pensez à quelque chose d'actuel que vous avez besoin de communiquer. Il n'est pas nécessaire que ce soit à votre partenaire. La déclaration en trois parties fonctionne bien avec les adolescents difficiles et les collègues.
5. Recopiez la structure et complétez de nouveau chaque partie.
6. Posez-vous la question suivante : « Cette déclaration est-elle claire et précise et ai-je besoin d'ajouter quelque chose ? » Si c'est le cas, effectuez les changements nécessaires.
7. Répétez la déclaration complète deux ou trois fois. Cela vous aidera à l'exprimer naturellement en face de l'autre.

Quatrième étape

Jouer

« J'ai l'impression que nous ne faisons rien ensemble, juste toi et moi.

– Quand je te propose un petit câlin, tu me repousses.

– Je ne te parle pas de sexe.

– Pourquoi est-ce que je m'embête ?

– Nous sommes au moins d'accord sur un point. »

Quand une relation commence à déraper, c'est l'amusement qui disparaît en premier. Mais pour être vraiment proches – et pas comme des collègues tenant une maison ou élevant des enfants ensemble – vous devez vous réapproprier la notion de jeu.

6

COMMENT STIMULER VOTRE VIE INTIME

Tout le monde est en faveur des relations sexuelles ; c'est l'une des rares choses que nous voulons tous. Alors comment se fait-il que l'intimité nous échappe aussi facilement, et que la plupart des partenaires se retrouvent plus amis qu'amants ? L'excuse habituelle est le mode de vie moderne stressant et dévoreur du temps passé à deux. Mais ce n'est qu'un petit bout de l'histoire. L'intimité est aussi importante que le sexe. Comme nous sommes devenus obsédés par les classements de championnats, la performance et les résultats optimaux, nous essayons de faire en sorte que l'intimité amoureuse atteigne aussi des objectifs. Le sexe se retrouve réduit à des statistiques comme « à quelle fréquence » et « pendant combien de temps », mais l'intimité n'est pas aussi simple à classer. De plus, quand nous sommes en train de faire l'amour avec notre partenaire, il est facile d'imaginer que nous sommes réellement proche de lui. Les hommes se sentent particulièrement coupables à l'idée de confondre le sexe et l'intimité, et considèrent leur mariage comme bon même si leur vie sexuelle est routinière et insatisfaisante. Pourtant, même quand les rapports physiques sont satisfaisants, des partenaires peuvent éprouver un sentiment d'isolement, de solitude, et se demander secrètement si les choses ont une chance de s'améliorer.

La plupart des couples JTAM que je reçois ne se plaignent pas de leur vie intime. Ils éludent généralement la question en disant : « C'est très bien. » Mais un entretien plus approfondi révèle que leur vie sexuelle s'apparente plus à une relation polie qu'à des échanges passionnés et qu'ils ne font pas l'amour avec beaucoup d'intimité. Patrick, un enseignant de 29 ans, a déclaré : « Mon plaisir est de donner du plaisir à Cathy. » Il n'y a rien de mal à cela, sauf que Patrick est si attentionné qu'il en oublie ses propres besoins : « Je songe parfois à essayer quelque chose d'un peu différent – comme faire l'amour sous la douche – mais je n'en parle pas. Que penserait Cathy ? » Patrick et Cathy avaient tellement peur de blesser l'autre – ce qui impliquait d'autocensurer leurs besoins – que leur vie sexuelle était devenue monotone. Le pire est qu'ils étaient incapables de parler de ces problèmes, ce qui les éloignait toujours plus l'un de l'autre.

Comment définir l'intimité et comment la dompter de nouveau ? L'intimité est faite de trois composantes : la vulnérabilité, une bonne communication verbale et une proximité physique (dans laquelle le sexe ne compte que pour 30 %). Trouvez l'équilibre entre ces trois éléments et vous vous sentirez tous deux aimés et désirés.

La vulnérabilité consiste à être ouvert et à risquer de révéler à l'autre quelque chose de vous. Il n'est pas surprenant que ce soit la qualité intime la plus difficile à atteindre. Notre peur d'être blessé, qui peut être aussi forte que notre désir d'intimité, nous fait nous tenir sur nos gardes et construire des systèmes de défense en guise d'assurance contre la douleur. Dans les premiers jours d'une histoire d'amour, cette approche « un pied dedans, un pied dehors » est sensée. Nous imaginons que tout sera plus facile après le mariage, mais souvent la peur s'amplifie. Nos partenaires connaissent mieux nos faiblesses et nos forces grâce à notre nouvelle vie commune. Nous partageons la vie domestique, financière et le rôle de parents. Dans ces conditions, s'ouvrir dans d'autres domaines peut donner l'impression de se faire engloutir. De plus, quand on connaît bien quelqu'un, le rejet est vécu de façon plus personnelle et les défenses sont vite dressées.

Même les couples qui communiquaient bien au début de leur relation peuvent voir cette transparence s'évaporer. Dans les premiers jours insouciants de l'amour, nous ne cessons de parler. Nous partageons nos opinions sur tout, des crustacés à Shakespeare. Opposez la communication réduite au minimum vital des couples installés qui se croisent dans la cuisine : « À quelle heure rentres-tu ? » ; « Les enfants ont besoin d'argent pour l'école. » Même si ces raccourcis sont très efficaces, ils n'offrent aucun espace pour les détails riches qui nous apprennent tant de choses sur l'autre pendant la période de séduction. Nous remplissons alors les vides par des suppositions. Nous ne remarquons pas que les goûts de notre partenaire ont changé ni que nos opinions sur lui ont besoin d'être réactualisées. Pire encore : nous sommes capables de ravaler notre agacement dans le seul but d'éviter une dispute et d'assurer un train-train sans heurts. Les sentiments ne disparaissent pas, mais ils se transforment en mécontentements qui finissent par distordre une bonne communication.

Et la proximité physique ? Toucher le bras de son partenaire pour appuyer ses dires, lui masser la nuque en regardant la télévision, se câliner langoureusement et pendant un long moment : ces petits gestes merveilleux sont tout aussi importants que les rapports sexuels. Mais pourquoi disparaissent-ils de la vie de si nombreux couples après le déclin de la passion ? Il est triste de constater que la proximité physique simple est souvent perçue comme une ouverture à l'acte sexuel et non comme un plaisir en soi. Donc si l'un des deux n'est pas d'humeur à faire l'amour – même s'ils apprécient tous deux la sensation sur le moment – les partenaires se détournent l'un de l'autre. Après tout, ils savent où cela mène. Bientôt ces couples s'enferment dans le syndrome du « tout ou rien », où tout ce qui va au-delà du petit baiser sur la joue dépasse les limites, à moins, bien sûr, que l'un ou l'autre ait envie d'un rapport sexuel complet. Ces problèmes sont exacerbés chez les hommes et les femmes de plus de 40 ans, dont la sexualité passe par des stades très différents. Les femmes dont les enfants sont devenus plus indépendants sont moins fatiguées. Elles se sentent mieux, ont plus de temps pour elles-mêmes et connaissent un regain de confiance. Les hommes, eux, évoluent dans l'autre sens. Ils ont moins confiance en l'aboutissement de leur excitation sexuelle et resteront souvent de leur côté du lit à moins d'être sûrs à 100 % d'arriver à leurs fins. C'est pourquoi l'initiative de l'acte sexuel a souvent besoin d'être réactualisée chez les couples de longue durée.

L'activité sexuelle, comme l'amour, change à mesure que l'on progresse dans « les six âges du couple » (voir le chapitre 2). Tandis que la **« limerence »** est à son apogée, pendant la période de **fusion** les couples décrivent une excitation sexuelle intense, avec une fréquence élevée et souvent une durée de l'acte amoureux très longue. L'un des grands plaisirs est d'explorer doucement chaque millimètre du corps de l'autre, presque comme si chaque partenaire affirmait que le corps de l'autre est le sien. « J'avais envie de plonger à l'intérieur de lui et nous disions souvent en rigolant que je finirais par creuser un terrier sous son aisselle », a expliqué Jackie. Ces intenses moments d'intimité rendent insignifiant tout obstacle sexuel potentiel. Ils restent en mémoire comme un âge d'or. Pour la plupart des couples, cette étape pose les fondements de toute une vie d'intimité émotionnelle et physique.

Pendant la période d'**installation**, la fréquence des rapports sexuels diminue progressivement. Cependant, la connaissance accrue de ce que l'autre aime ou n'aime pas peut servir de compensation. En général, les caresses et les stimulations non génitales sont nombreuses. Pendant la phase d'**affirmation de soi**, les troisième et quatrième années, le sexe peut être problématique, en particulier chez les couples qui n'ont pas réussi à gérer les conflits. Des besoins affectifs différents commencent à émerger mais certains trouvent plus facile de se tourner de leur côté du lit et d'éteindre la lumière que de parler. Loin de disparaître, la colère non exprimée forme un mur entre les deux partenaires et coupe court à la libido. (Si c'est votre cas, reportez-vous aux exercices « Comment faire preuve d'honnêteté émotionnelle », chapitre 4.) Pendant la phase d'affirmation de soi, chez les couples où chaque partenaire s'autorise à être un individu autant que la moitié d'un tout, les changements dans la relation créent un nouvel intérêt. Chacun apprend à la fois à donner et à prendre en faisant l'amour, évitant ainsi une situation dans laquelle l'un des deux se sent constamment redevable.

La **collaboration**, étape quatre, est un moment propice aux nouvelles activités et beaucoup de couples commencent à faire des expériences sexuelles. Mais cette période peut aussi être celle où l'un ou les deux se sent épuisé, en particulier si des enfants font désormais partie du foyer. « Je croyais que Sue n'avait jamais de temps pour moi. Même si je sais que ce n'est pas facile d'avoir un enfant de 4 ans et un de 18 mois, je me sens tout le temps rejeté », s'est plaint Cliff. Le temps passant, Cliff s'est vu repoussé tellement de fois qu'il ne se sentait plus attirant, même si Sue le rassurait en lui disant que son refus n'avait rien de personnel. Pour surmonter ce type de problème, je conseille de répondre par une proposition alternative plutôt que de dire non. Cliff et Sue ont adopté avec succès cette recommandation. « Souvent, je n'ai pas envie de rapport sexuel mais j'apprécie un massage du dos. Et ensuite, je lui fais la même chose », m'a confié Sue. Finalement, Sue a appris à demander les câlins dont elle avait besoin et a proposé en échange à Cliff de faire l'amour le week-end.

Avec l'**adaptation**, entre quinze et vingt ans de vie commune, les couples parlent d'un déclin de la fréquence des rapports sexuels mais, en même temps, d'une amélioration de leur qualité. Cependant, certaines personnes vivent mal leurs propres changements physiques comme ceux de leur partenaire et peuvent se sentir moins désirables. Je recommanderais deux approches pour régler ces problèmes : cacher les parties du corps qui vous complexent ou les mettre en avant. Une amie sexologue m'a dit qu'elle recevait des femmes ayant une conscience extrême de leurs vergetures ou des hommes qui voulaient colorer des cicatrices d'opérations chirurgicales. Elle pense que ce jeu de camouflage peut nourrir la relation, ce qui est toujours utile. De plus, après coup, quand le maquillage a été nettoyé (peut-être ensemble, sous la douche), le couple reconnaît que les marques n'étaient finalement pas si visibles. Quoi qu'il en soit, la personne complexée par une partie de son corps peut choisir de la recouvrir. Elle commence avec un bout de tissu de son choix – en général quelque chose d'assez épais – et, petit à petit, le remplace par un tissu plus léger. Le couple passe souvent par différentes étapes pour finir par faire l'amour avec une écharpe. Généralement, la personne complexée se sent alors prête à faire l'amour sans rien. Cependant, le choix et le moment dépendent toujours d'elle. Ce programme a été conçu pour aider les femmes ayant subi une mastectomie, mais il peut s'appliquer à tous les complexes physiques.

La dernière étape du couple est celle du **renouvellement**. La course à l'orgasme est remplacée par une augmentation des câlins. Les deux partenaires s'étreignent et s'embrassent davantage. Les couples plus âgés disent souvent qu'ils atteignent un niveau de paix et de contentement supérieur à celui qu'ils connaissaient plus jeunes.

L'ennui peut devenir un souci à n'importe quel stade d'une relation – sauf peut-être la première année. Ce sentiment annonce en général des problèmes intimes. Et quand le problème est le manque d'intimité, la réponse est de jouer : la quatrième étape aide alors à réintroduire la passion dans votre couple. Quand nous étions enfants, le jeu était au centre de nos vies. Il constituait une passerelle vers l'apprentissage, la découverte de la vie en groupe, et représentait une occasion de décompresser. En grandissant, nous oublions les joies simples du jeu. Nous sommes nombreux à abandonner même le sport – forme de jeu approuvée par les adultes – et à devenir spectateurs. Mais pourquoi le jeu est-il si important ? Jouer regroupe les trois ingrédients de l'intimité : une bonne communication verbale, une proximité physique et, dans l'excitation du moment, l'acceptation de la vulnérabilité. Nous cessons de nous demander à quoi nous ressemblons ou si nous sommes ridicules. De plus, jouer nous reconnecte à notre sens créatif enfantin, ce qui est utile pour combattre l'ennui.

Ceux qui tentent de résoudre leurs problèmes sexuels achètent souvent un livre. Mais même les meilleurs ouvrages, ceux qui reconnaissent l'importance d'une bonne communication et des efforts pour maintenir la passion, sont largement consacrés à l'apprentissage de nouvelles positions sexuelles et à l'amélioration de la technique amoureuse. Non seulement cette approche place le contact physique au cœur de l'intimité, mais elle suppose aussi une certaine facilité avec le sexe, ce dont manquent beaucoup de couples – en particulier quand le lit est devenu un champ de bataille émotionnel. Elle ignore aussi l'importance de l'amusement et du jeu dans l'acte sexuel. Le dernier problème de ces guides du sexe est que leur approche est censée s'appliquer à tout le monde. Mon expérience des couples JTAM m'a appris que, en schématisant, les membres de ce genre de couples entrent dans trois catégories :

- *Rapports sexuels rares* (une fois par mois ou tous les deux ou trois mois). L'intimité est un sujet très chargé, une source de conflits, et a été réduite au sexe. Pour ces couples, j'ai créé les exercices des « Douze escales de la route de l'intimité » qui ont pour but de replacer l'intimité dans la globalité de la relation. En fait, les quatre premières étapes s'appuient sur la parole plus que sur le toucher.
- *Vie sexuelle routinière.* Les rapports sexuels sont réguliers mais ressemblent plus à une tâche à accomplir qu'à une source de véritable intimité et de joie. Pour ces couples, j'ai consulté une consœur spécialisée dans la thérapie sexuelle et qui est réputée pour trouver des solutions créatives et ludiques. Elle pense que le plaisir est au cœur de l'intimité. Beaucoup de couples ont perdu cette notion dans le tourbillon des activités quotidiennes ou dans la pression qu'implique l'éducation des enfants. Pour suivre son programme, reportez-vous à l'exercice « Les principes du plaisir ».
- *Ça va...* Même si le rapport sexuel est plaisant, voir extrêmement plaisant, l'intimité des rapports ne déteint pas sur le reste de la relation et l'un des partenaires (ou les deux) se sent toujours seul. Pour ces couples, j'ai créé l'exercice « Réparation de l'intimité ».

Le jeu est l'élément fondamental de ces trois exercices. Si vous ne savez pas lequel vous sera le plus bénéfique, prenez un élément ou plus de chaque exercice et mélangez-les. Si vous êtes bloqué, ou si vous dérivez de nouveau vers vos vieux schémas au bout de quelques semaines, je vous suggère de suivre chacune des « douze escales de la route de l'intimité », même si un ou deux de ces points vous semblent trop basiques.

En résumé

- L'intimité est fondamentale pour empêcher les couples de dériver vers des rapports frère/sœur.
- Petit à petit, sans qu'aucun des deux partenaires l'ait voulu, le sexe peut se résumer au plus petit dénominateur commun : ce qui est facile ou ce qui ne dérange personne.
- Des changements dans la vie intime et sexuelle surviennent pendant que les couples traversent les « Six étapes d'un couple ». Le défi consiste à redécouvrir ce que chacun aime vraiment.
- La cause d'ennui au lit la plus courante est le manque d'intimité.
- Peu importe l'âge du couple, « jouer » est la clé qui ouvre la porte vers une intimité plus épanouissante.

EXERCICES

Les douze escales de la route de l'intimité

Ces exercices ont été conçus pour être appliqués à raison d'un par semaine, mais il vaut mieux ne pas passer à l'étape suivante tant que vous n'êtes pas à l'aise. Si vous désirez avancer plus rapidement, cela ne pose aucun problème. Cependant, tout comme l'intimité naît doucement dans une relation, il vaut mieux la réintroduire progressivement. Les premiers points deviendront une seconde nature et vous continuerez à les appliquer sans y penser, tout en passant aux suivants.

Ce programme est plus facile à réaliser à deux, mais ne vous inquiétez pas si votre partenaire considère chaque discussion comme une attaque. Vous pouvez entamer seul(e) ces « douze escales ». Votre nouveau comportement servira d'exemple à suivre et produira un mouvement vers l'avant.

1. *Validez-vous l'un l'autre.* Complimentez ou félicitez votre partenaire pour un travail bien fait. Il ou elle pensera sûrement que vous cherchez à obtenir quelque chose, mais souriez en répétant les éloges.
2. *Saisissez chaque occasion de parler.* Repensez à tous les détails de votre histoire en remontant à la période où vous vous faisiez la cour. Tout est dans le détail, car c'est ce qui donne vie à une anecdote. Demandez à votre partenaire de vous expliquer quelque chose de sa vie.
3. *Réservez des moments pour vous parler.* Tous les couples devraient se demander de temps à autre ce qu'ils attendent de la vie. « Où allons-nous ? » « Quelles aspirations restent insatisfaites ? » Faites preuve de vulnérabilité en dévoilant vos espoirs et vos peurs. Le but principal est de vous réserver du temps à deux. Il ne peut y avoir d'intimité dans un couple qui ne repose que sur les anecdotes de travail, la famille et les amis. Surveillez ces moments avec jalousie.
4. *Confiez un secret.* Il est possible que vous disiez tout à vos amis, mais êtes-vous aussi candide avec votre partenaire ? Choisissez quelque chose de révélateur sur vous-même à lui confier. Ne vous inquiétez pas si vous avez l'impression d'être le seul à vous dévoiler. Comme sur un tapecul, vos actions feront aussi bouger votre partenaire et il deviendra plus candide avec le temps.

5. *Touchez votre partenaire.* Réintroduisez les contacts simples dans votre couple. Caressez le dos de la main de votre partenaire pendant qu'il ou elle conduit. Tenez-vous la main en regardant la télévision. Embrassez votre partenaire dans la nuque quand il ou elle est devant l'ordinateur. Parfois, toucher vaut tous les mots.
6. *Partagez.* Emportez un bol de crème glacée et deux cuillères dans un bain chaud. Les couples rient souvent quand je leur suggère cet exercice, mais finalement ils l'apprécient. Ne prenez qu'un seul bol car il s'agit de partager. Essayez de vous nourrir réciproquement et vous verrez comme ce jeu peut être sensuel. Sentez-vous libre de faire l'amour, mais n'oubliez pas qu'il s'agit aussi d'être nu ensemble sans se sentir obligé de faire l'amour.
7. *Posez le décor.* Regardez attentivement votre chambre. Est-elle un « tue-l'amour » ? Quand j'ai demandé à des couples de décrire l'endroit où ils faisaient l'amour j'ai tout entendu, de la pile de factures à côté du lit aux animaux dormant sous la couette. Faites le vide : la chambre doit être la scène de la passion et non un dépotoir. Rendez-la chaleureuse, avec une lumière douce (la bougie est un bon accessoire), et fermez la porte à clé. Ajoutez enfin une source de musique pour créer l'ambiance et éliminer les craintes d'être entendus.
8. *Faites l'amour plus doucement.* L'intimité prend du temps. Les hommes vont souvent droit aux parties génitales, et les femmes ont parfois envie que les choses se terminent au plus vite. Dans ce cas, pendant que nous cavalons sur l'autoroute, l'intimité est laissée sur le bas-côté. Résistez à la tentation d'en parler pendant l'acte. Même dits gentiment, vos commentaires seront pris comme des critiques. Guidez plutôt sa

main vers l'endroit où vous désirez être touché(e). Ajoutez une affirmation positive : « J'adore quand tu... » Une autre façon de ralentir est de changer de position. Par exemple, quand la femme est au-dessus, elle peut décider du moment de la pénétration.

9. *Trouvez de nouvelles zones érogènes.* Où nos zones érogènes se situent-elles ? Réponse : partout où la peau est assez fine pour que les nerfs affleurent – le milieu du dos, l'intérieur du poignet, les coudes, la nuque, les contours externes des lèvres. C'est pour cela que mordiller peut être plus excitant qu'embrasser.
10. *La pénétration n'est pas obligatoire.* L'intimité sexuelle est une expérience qui implique tout le corps et la pénétration devrait être optionnelle. Une fois que vous réussissez à être proches sans passer par la pénétration, les enjeux ne sont plus les mêmes. Même si vous n'êtes pas d'humeur pour pénétrer ou être pénétrée, vous êtes rarement trop fatigué(e) pour un câlin ou des caresses.
11. *Faites du premier pas une responsabilité partagée.* La personne qui initie ou qui dirige toujours l'acte amoureux risque de se sentir comme acquise ou, pire, de se sentir rejetée et indésirable. Si vous prenez rarement l'initiative, votre tour est venu. Si c'est habituellement vous qui initiez les rapports sexuels, retenez-vous et laissez à votre partenaire l'espace nécessaire pour faire le premier pas.
12. *Faites des expériences.* Essayez d'apporter de la nouveauté à votre relation – faire l'amour dans un autre endroit (à l'arrière de la voiture ou sous une porte cochère) ou faire l'amour autrement (l'un de vous peut garder ses vêtements alors que l'autre est complètement nu). Les changements n'ont pas besoin d'être considérables, mais ils doivent être suffisamment importants pour montrer à l'autre que votre vie intime est une priorité permanente.

Les principes du plaisir

La plupart des couples qui considèrent l'acte sexuel comme une corvée plus que comme un bonheur ont perdu de vue l'éventail des plaisirs possibles. Dans le pire des cas, la vie est devenue une affaire sérieuse qui exclut tout divertissement. Pour beaucoup d'autres, le plaisir se concentre sur un ou deux domaines, mais son efficacité est émoussée par la répétition. La meilleure explication consiste à se lancer dans la première étape de l'exercice.

1. Pensez à tout ce qui vous procure un coup de chaud/vrai plaisir et notez-le. Continuez à allonger la liste car rien n'est trop trivial. Dans le film *Manhattan* de Woody Allen, les personnages énumèrent tout ce qui fait que la vie vaut la peine d'être vécue : « Groucho Marx, Willie Mays (légende du basket-ball américain), le deuxième mouvement de la *Symphonie Jupiter*, l'enregistrement de "Potato Head Blues" par Louis Armstrong, les films suédois, Frank Sinatra, Marlon Brando, manger des crabes devant Sam Wo et Tracy. » Qu'y aurait-il dans votre liste ?
2. Regardez votre liste et décidez dans quelle catégorie de plaisirs se range chaque élément. J'ai répertorié quelques exemples pour vous aider à avancer mais ce ne sont que des suggestions. Pour certains, les vacances sont synonymes d'évasion, pour d'autres, elles sont une source de tranquillité, pour d'autres encore, elles sont l'occasion de pratiquer leur sport préféré.
   Aboutissement : passer un examen, négocier une réduction, trouver la paire de chaussures parfaite, boucler un dossier au travail.
   Tranquillité : une belle vue, regarder l'eau clapoter sur les flancs du bateau, rester dans un lit chaud un matin d'hiver.

Irresponsabilité : vous installer les pieds surélevés pour lire un magazine pendant cinq minutes, une partie de golf, faire des marionnettes avec les doigts au cinéma.
Excitation : conduire une voiture de sport, faire du cheval sur la plage, marquer un but.
Sensuel : de l'agneau grillé avec de la sauce à la menthe et des pommes de terre nouvelles, écouter Leonard Cohen, l'odeur du café frais.
Évasion : se saouler bêtement, méditer, danser, acheter un billet de loterie.
Soigner : regarder un enfant dormir, faire du bénévolat, présenter un très bon livre à un ami.

3. Ce qu'il y a de merveilleux dans l'intimité et l'acte sexuel, c'est qu'ils fournissent l'un des rares forums qui puissent approvisionner en même temps tous les plaisirs précédemment décrits. Mais votre liste est-elle équilibrée ? Tous vos plaisirs peuvent-ils être rassemblés sous un ou deux grands titres ? Combien de plaisirs partagez-vous avec votre partenaire ?
4. En général, les couples en manque d'intimité ont perdu le sens de l'*irresponsabilité*, et même si les deux partenaires connaissent individuellement des moments d'*excitation* et de *tranquillité*, ils ne les éprouvent plus ensemble. Voici quelques idées qui sont autant de plaisirs à partager, mais loin de la chambre. Quelles autres idées avez-vous ?
Aboutissement : faire une promenade de quelques kilomètres ensemble, aménager le jardin.
Tranquillité : aller à la plage et faire des ricochets dans les vagues, trouver un endroit où jouer au Mikado.
Irresponsabilité : redécouvrir tous les plaisirs oubliés de l'enfance, comme se pousser à la balançoire du jardin public ou dévaler une colline en chantant une comptine.

Excitation : visiter un parc thématique et faire ensemble une attraction qui fait peur, aller aux courses.
Sensuel : aller à un concert, remplir la maison de fleurs odorantes.
Évasion : partir en week-end, apprendre ensemble à danser la salsa.
Soins : organiser un jour de sortie, cuisiner un plat de prédilection.

Qu'ai-je dans la main ?

Partager des plaisirs différents vous permet de rééquilibrer votre intimité en dehors du domaine du sexe. C'est le moment d'introduire l'amusement dans votre chambre. Le jeu suivant peut être aussi sexy que vous le voulez.

- Chaque partenaire trouve un objet usuel qui puisse devenir sensuel : un petit pinceau, une écharpe en soie, un pot de yaourt à la fraise, de la crème pour le corps ou un glaçon. Ne dites pas à l'autre ce que vous avez choisi. Vous pouvez d'ailleurs le taquiner sur ce que vous allez choisir l'un et l'autre car l'anticipation fait partie de l'amusement.
- Dans la chambre, chacun se met en sous-vêtements et vous tirez à pile ou face pour savoir qui commence.
- L'un des deux ferme les yeux tandis que l'autre prépare son objet secret.
- En douceur, celui qui a l'objet secret le promène sur la peau nue de l'autre.
- Celui qui a les yeux fermés prend quelques minutes pour s'habituer aux sensations. Pendant ce temps, l'autre trouve différentes manières de jouer avec. Faites vraiment le tour des possibilités et trouvez de nouveaux endroits et de nouvelles façons de toucher (la seule limite est le sadisme). Comment perturber l'autre ? Comment

lui donner du plaisir ? Évitez les zones érogènes trop évidentes à ce stade.
- Après cinq minutes au moins, celui qui a l'objet secret demande à l'autre : « Qu'ai-je dans la main ? » Celui qui est touché, s'il n'a pas deviné, peut poser des questions. « Est-ce que l'objet vient de la cuisine ? » Mais il n'a pas le droit d'ouvrir les yeux.
- Une fois qu'il ou elle a deviné, ou abandonné, il ou elle peut choisir s'il ou elle veut continuer à être la personne touchée ou s'il est temps d'inverser les rôles. Le jeu reprend.

Réparation de l'intimité

Quand faire l'amour est bon mais ressemble plus à une détente physique qu'à une connexion émotionnelle et charnelle, essayez de rester éveillé cinq minutes après avoir eu un orgasme. Je sais que c'est difficile pour les hommes : s'endormir après avoir fait l'amour est numéro un pour eux sur la liste des plaisirs. Malgré tout, parler sur l'oreiller offre une grande chance de rapprochement. Certains couples utilisent la sensation de chaleur et de sécurité qui suit l'acte amoureux pour se faire des compliments, d'autres ont des conversations qu'ils ne pourraient avoir à n'importe quel autre moment. Une de mes clientes avait été enfermée dans les toilettes étant enfant et souffrait de claustrophobie légère. Après l'amour, elle a dit à son mari que la position du missionnaire provoquait des flash-backs de son enfermement, en particulier quand il s'effondrait sur elle à la fin de leur rapport. Lui, bien sûr, n'en savait rien et a rapidement proposé d'essayer d'autres positions. À partir de là, leur vie intime s'est renforcée ; sans la proximité suivant l'acte sexuel, cette conversation n'aurait pas été possible.

Cinquième étape

Prendre ses responsabilités

« Si seulement tu cessais de me rabaisser.
– Que t'arrive-t-il ?
– Ne t'es-tu jamais dit que si tu étais un peu plus gentil, je pourrais l'être aussi ?
– Tu ne m'y encourages pas beaucoup.
– Pourquoi est-ce toujours ma faute ? »

Nous voyons plus facilement les défauts des autres, notamment ceux de notre partenaire. Même si son comportement a des conséquences énormes sur le nôtre, il nous est plus facile de le critiquer que d'accepter notre propre contribution aux difficultés que nous rencontrons. Cela nous enferme dans l'idée d'attendre que notre partenaire change au lieu de prendre nos propres responsabilités.

7

L'IDENTITÉ : EST-CE QUE T'AIMER M'EMPÊCHE D'ÊTRE MOI-MÊME ?

Avec le temps, les membres d'un couple se ressemblent de plus en plus. Il est naturel que les goûts de l'un influencent l'autre et que vivre ensemble modèle la personnalité des deux. L'adaptation réciproque permet en général de coexister paisiblement. Cependant, certaines personnes poussent le phénomène trop loin et deviennent trop semblables. En quoi est-ce un problème ? Tout d'abord, nous en avons parlé précédemment, la différence constitue l'étincelle qui maintient l'amour en vie. Ensuite, avoir trop de points communs peut devenir étouffant. En fait, beaucoup de partenaires évoluent de façon similaire et il est fréquent que l'un se plaigne d'avoir perdu son identité. Pour aller plus loin, ce n'est pas sain puisque l'un des deux va jusqu'à déclarer que l'autre bâillonne son identité et en vient à penser que la séparation est la seule solution. Cette réaction est terriblement injuste, car la situation est beaucoup plus complexe qu'elle en a l'air. Chacun des deux partenaires joue un rôle dans l'émergence des identités. C'est pour cela que l'étape visant à raviver la passion passe par l'acceptation de ses propres responsabilités.

Stacey est arrivée dans mon cabinet en larmes. Âgée de 25 ans, elle vivait avec son partenaire depuis l'âge de 18 ans.

Sa relation lui paraissait si oppressante qu'elle passait le plus de temps possible à l'extérieur. A alors surgi la fameuse incantation « Je l'aime mais je ne suis plus amoureuse de lui », suivie de : « Nous ne nous disputons jamais. » Elle avait pourtant mis le compte commun largement à découvert en utilisant la carte bancaire lors de ses nombreuses escapades. Elle se plaignait essentiellement que la relation avec son compagnon l'empêchait d'être elle-même : « Je ne sais pas qui je suis. Je me suis perdue, m'a-t-elle dit en se mettant à pleurer. C'est pour ça que je dois le quitter. » D'après les dires de Stacey, je m'attendais à ce que son partenaire soit un homme dominateur. Mais quand Carl s'est joint à nous à la séance suivante, j'ai découvert un homme extrêmement arrangeant. « T'ai-je reproché de sortir ? En fait, je ne t'interdis rien », lui a-t-il dit. Stacey n'a pas répondu mais elle a semblé se replier sur elle-même. Elle n'avait plus rien à voir avec la jeune femme que j'avais rencontrée la première fois. « Que veux-tu ? » a demandé Carl. Il y eut un long silence. Puis Stacey a fini par dire : « Je ne peux pas être celle que tu veux que je sois. » Carl devint silencieux à son tour. « Voilà, je l'ai blessé, a dit Stacey de nouveau en larmes. Je ne voulais pas faire ça. » Derrière toute cette souffrance, une question paraissait tue : « Est-ce que t'aimer m'empêche d'être moi-même ? »

Stacey n'est pas la seule à croire que sa vie de couple lui a volé son identité. « Chaque pièce de ma maison me semblait si pleine. Les animaux, les jouets des enfants, les dossiers que mon mari rapporte quand il travaille à la maison, m'a confié Barbara, 34 ans et mariée depuis quinze ans. Rien ne semble m'appartenir. Même la cuisine, qui est un peu mon espace, est constamment envahie par les enfants qui viennent se servir dans le réfrigérateur. Si je descends la rue à la nuit tombante et que je regarde chez les gens, je trouve que toutes les pièces ont l'air paisibles et spacieuses, comme des scènes éclairées dont les propriétaires auraient le contrôle et resteraient autonomes. Je me surprends à envier mes amis divorcés qui parlent du plaisir d'avoir retrouvé un endroit à eux. » Lucy, qui a moins de 30 ans et qui a une petite fille de 8 ans et un fils de 5 ans, comprendrait bien le sentiment de Barbara. Elle dit elle-même : « Il y a tellement de choses à faire. J'ai dû faire taire mes besoins pour m'occuper des enfants. Je n'ai pas le temps de lire, alors j'ai mis mes livres dans un coin ainsi que les prospectus de cours du soir. Mais j'ai eu beau faire de mon mieux – parce que j'aime mes enfants et mon mari –, mes besoins n'ont pas faibli. Cette partie de moi a envie de surgir et de tout détruire. »

Les partenaires de Barbara et de Lucy étaient tous deux prêts à les aider. Le mari de Barbara a promis de ne pas disperser ses affaires de travail et a envisagé d'agencer une pièce supplémentaire dans leur grenier. Le mari de Lucy a accepté d'emmener les enfants à la piscine tous les samedis après-midi afin que sa femme puisse lire tranquillement. Mais d'une certaine façon, toutes ces bonnes intentions ont été sabotées et rien n'a vraiment changé. Alors qu'est-ce qui bloque ces couples dans le même schéma ? Il a fallu aller voir au-delà les symptômes – manque d'espace pour Barbara et manque de temps pour Lucy. Les deux couples m'ont dit qu'ils s'entendaient bien et qu'ils aimaient les mêmes choses. Mais quand j'ai demandé des détails à Lucy, elle a évoqué les dîners à l'extérieur, le cinéma et leurs amis communs, et puis elle n'a plus rien eu à dire. Toutes ces activités étaient parfaites sauf qu'elles ne passionnaient pas Lucy. En réalité, Lucy et David n'étaient pas allés au cinéma depuis six mois. Quand je l'ai interrogée sur ses passions personnelles, elle m'a regardé d'un air absent. J'ai dû lui rappeler son goût pour la lecture, et j'ai finalement découvert que David avait l'habitude de jouer au golf mais qu'il avait arrêté à la naissance de leur fils. Barbara aimait la décoration d'intérieur mais n'avait pas l'impression qu'elle pouvait se faire plaisir puisqu'elle devait tenir compte des goûts de son partenaire. Le compromis est une bonne chose, c'est même une composante essentielle dans la construction d'un couple, mais il ne doit pas prendre toute la place dans une relation. Ces deux couples avaient été tellement désireux de vivre une relation heureuse qu'ils s'étaient perdus en tant qu'individus. Il n'est pas étonnant que j'aie eu des difficultés à faire ressortir leurs intérêts personnels qui peu à peu avaient été sacrifiés pour laisser la place aux goûts d'un couple informe aux partenaires indifférenciés. Mais pourquoi certains partenaires deviennent-ils trop similaires ?

Les six âges du couple revisités

L'une des clés de l'évolution progressive d'un couple concerne l'attitude de chaque partenaire envers la « différence ». Au début d'une histoire, ils recherchent les points communs et les centres d'intérêt à partager. L'un des deux va aller voir l'autre participer à un rallye de moto-cross sous une pluie battante. L'autre va assister aux essayages de costumes et à la performance de sa bien-aimée qui joue un opéra avec une troupe de chanteurs amateurs. Au premier stade, celui de la **fusion**, toutes les différences sont subsumées dans le devenir du couple. Pendant la phase d'**installation**, les divergences commencent à apparaître – par exemple au cours d'une discussion sur le choix de la couleur de la peinture. Et les partenaires ne font plus semblant d'adorer les passe-temps favoris de l'autre. Cependant, les points communs restent importants au cours de la période où le couple se construit un lieu de vie. Pendant la phase d'**affirmation de soi**, il est bon de commencer à se pencher sur les différences, parce que deux personnes ont forcément des goûts, des critères, des heures de lever et de coucher différents. La liste est sans fin. La plupart des couples se disputent et finissent par s'arranger de leurs différences. Malgré tout, certains – en particulier ceux qui finiront par développer le JTAM – évitent de s'affronter ouvertement et font comme si ces divergences n'existaient pas. L'un abandonnera un hobby – en prétextant le manque de temps –, tandis que l'autre cessera de voir tel ami que son partenaire n'apprécie pas. Il ne regrettera pas sa décision mais inventera une excuse pour se justifier en disant par exemple : « Je n'ai plus grand-chose en commun avec cet ami. » L'autre tactique permettant d'éviter les conflits dus à l'affirmation de soi est de mettre l'accent sur les points communs en concentrant toute son énergie sur les similitudes que l'on a avec son partenaire. Mais éviter d'affronter cette différence complique le passage à l'étape suivante, la **collaboration**, pendant laquelle chacun développe ses projets individuels et réinjecte une nouvelle énergie revigorante pour le couple. La cinquième étape, l'**adaptation**, est également très difficile à traverser si chacun a contraint l'autre à partager ses opinions et son approche face à la multitude de défis que la vie nous lance. L'étape finale, celle du **renouvellement**, est le miroir de la première. Une fois encore les partenaires sont tout l'un pour l'autre et la différence est moins problématique.

Le diagramme suivant montre ce qu'il advient des différences dès le premier rendez-vous, et comment elles peuvent mettre la relation en danger si elles ne sont pas correctement assimilées pendant la phase d'affirmation de soi :

Être conscient des points communs

Être conscient des différences

Ignorer les différences

Rejeter les différences

Attaquer et défendre les différences

Haïr les différences

Rupture du couple

Ignorer les différences

Définir son partenaire comme son « meilleur ami » peut avoir un effet néfaste sur le couple. Nous choisissons des amis qui nous ressemblent et avec lesquels nous avons des centres d'intérêt communs. Mais nous n'avons pas à vivre avec nos amis 24 heures sur 24, 7 jours sur 7, ce qui permet d'ignorer nos différences pour nous concentrer sur les points communs. De plus, nos amis changent selon les moments de notre vie, à mesure que nos centres d'intérêt et nos besoins évoluent. Avec nos amis de longue durée, nous traversons des cycles où nous sommes très proches et d'autres où nous nous voyons moins. Donc, au lieu d'opposer nos différences, il est facile de laisser la relation suivre le mouvement. La vie de couple n'a pas la même souplesse. Quand des partenaires se décrivent comme les meilleurs amis, il faut considérer cela comme un signal d'alarme indiquant qu'il est urgent de vérifier leur gestion de la différence.

Rejeter les différences

Les premiers avertissements des problèmes d'identité comme les problèmes de couple plus généraux surgissent au stade où les partenaires rejettent la différence. Un peu comme une fêlure sur le mur du salon, ils ne nécessitent pas une attention immédiate et ne deviennent pas forcément sérieux. D'un autre côté, la fêlure peut annoncer que la moitié de la maison va s'effondrer. Quels sont les signes qui révèlent un rejet de la différence ? Les éléments suivants devraient nous alerter : les petits projets ou décisions sont devenus des sujets de controverse. L'un des partenaires, ou les deux, garde(nt) dans un coin de sa (leur) tête la liste des disputes passées. Chacun tourne prudemment autour de l'autre. La meilleure façon de sortir de ce piège est de ne plus esquiver les problèmes et d'avoir une discussion franche. Se laisser aller à la colère libère les ressentiments contenus et les vrais problèmes peuvent enfin être affrontés. Ils sont souvent différents et moins effrayants que ceux que l'on avait imaginés.

Attaquer et défendre les différences

Nous voulons tous ce qu'il y a de mieux pour notre partenaire, n'est-ce pas ? Nous sommes heureux de le (la) voir évoluer et se réaliser. De son côté, notre partenaire est prêt(e) à tout pour soutenir nos ambitions. C'est l'image que donne nombre de couples, en particulier les JTAM qui s'entraident avec beaucoup d'ardeur. Pourtant, si l'on approfondit, les choses sont plus floues. Reprenons l'exemple du couple rencontré au début de ce chapitre. David a compris l'envie qu'avait Lucy de reprendre ses études à temps plein. Les deux jeunes gens s'étaient rencontrés à l'université, mais Lucy avait abandonné ses études quand elle avait été enceinte. Il était heureux de dire qu'il soutenait son envie de reprendre, « un jour ». Mais en réalité, il contestait le désir qu'elle nourrissait d'être plus qu'une épouse et une mère. Il a donc eu recours à une technique classique, à savoir les objections d'ordre pratique : « Je soutiens vraiment les ambitions de Lucy, mais comment allons-nous faire pour payer la garde des enfants ? Bien sûr, je peux l'aider, mais c'est plus compliqué que ça. Elle passera des heures à travailler sur son mémoire, et l'argent que rapporte son mi-temps n'est pas de trop. » Chaque fois que Lucy apportait une solution à un problème, il en avançait un autre. Mais le problème ne se résumait pas au frein posé par un mari à l'épanouissement de sa femme à l'extérieur du foyer. Si David essayait de combattre les tentatives que faisait Lucy pour être différente, celle-ci était trop occupée à défendre le *statu quo*. Lors des séances, il avait été dit que les samedis après-midi devaient permettre à Lucy de se plonger sérieusement dans ses livres pendant que David irait à la piscine avec les enfants. Mais semaine après semaine, Lucy trouvait toujours quelque chose à faire qui l'empêchait d'étudier pendant ce court laps de temps. En fait, tous deux avaient peur du changement ; il n'est donc pas surprenant qu'ils se soient retrouvés pris au piège. David craignait que des études, des nouveaux amis, des nouvelles qualifications et des nouvelles opportunités amènent Lucy à ne plus vouloir de lui. De son côté, Lucy redoutait de blesser David mais aussi de n'être peut-être pas prête à relever le défi de redevenir, à son âge, une étudiante. Malheureusement, parce que aucun des deux ne voulait faire de mal à l'autre, ils avaient dissimulé ou omis de se confier leurs sentiments profonds. Si Lucy n'était pas très heureuse, David n'attendait plus grand-chose de leur relation. Il était si occupé à défendre le *statu quo* qu'il n'avait aucune idée de ce qu'il souhaitait pour l'avenir. Étant incapables de gérer la notion de différence, ils voyaient leur relation bloquée dans la position « attaquer et défendre ». Les deux partenaires s'empêchaient d'atteindre le stade de la collaboration et de réaliser leurs rêves.

Le paradoxe de l'amour

Nous avons tous besoin d'être aimés. Plus nous aimons quelqu'un, plus l'amour de cette personne devient important, et plus nous avons peur de la perdre. Donc nous craignons d'être rejetés parce que nous n'avons pas suivi les désirs de notre partenaire. Mais que faire des différences de goûts, de critères et de comportements ? Tout couple affronte ce problème, en partie parce que deux êtres ne sont jamais identiques, mais surtout parce que nous sommes programmés pour choisir un partenaire qui possède les qualités dont nous manquons. Dans l'idéal, ces différences sont le catalyseur du développement plus que de la séparation. Mais la différence peut terroriser un couple au point qu'il emploiera des stratégies – souvent inconscientes – pour se protéger de la souffrance. Essayer de contrôler son partenaire, prétendre être indifférent à la différence, s'accorder à son partenaire en fondant sa personnalité dans la sienne font partie de ces stratégies d'évitement. Aucun des deux partenaires ne se présente comme un tyran ou une personne sans volonté, mais les deux ont simplement très peur. C'est là que se trouve le paradoxe central : presque tout ce que nous faisons a pour but de nous préserver de la douleur, alors que la plupart de nos maux proviennent précisément de ce comportement protecteur.

Chez les couples JTAM, ces stratégies de protection contre la différence se regroupent en trois combinaisons principales.

Contrôle/conciliation

L'un des partenaires prend tout en charge et l'autre se conforme à ses désirs. Dans les *sitcoms* traditionnels, on identifie immédiatement la femme dominatrice et le mari timide. Dans la vraie vie, c'est souvent plus complexe. Les partenaires changent de rôle selon le problème. Prenez Martin, routier âgé de 32 ans, partenaire de Jackie, directrice de bureau âgée de 29 ans. C'est Martin qui se chargeait de leur vie sociale. Il était au centre de leur groupe d'amis, décidait de l'heure à laquelle ils rentreraient, et avec qui ils passeraient leurs moments de loisir. Jackie suivait ses choix, mais contrôlait quant à elle presque tout ce qui concernait la maison : les budgets, où ranger chaque objet, les menus, quand et comment faire la vaisselle. Et Martin se pliait à ces diktats. Certains couples parviennent à s'arranger de l'étroitesse des démarcations pendant des années, jusqu'à ce que quelque chose vienne tout chambouler. Dans le cas de Martin et de Jackie, l'arrivée d'un bébé fut le facteur déclenchant. Jackie s'est alors retrouvée surchargée de travail à la maison et Martin n'a pas supporté les restrictions de leur vie sociale.

Contrôler signifie plus que donner des ordres ou intimider physiquement quelqu'un. Parfois, celui qui semble le plus faible de l'extérieur est en fait celui qui contrôle. Dans d'autres cas, les techniques de prise en charge qui ne disent pas leur nom incluent des larmes de colère, des larmes d'autoapitoiement, des accusations, des discours de morale, la maladie, le chantage au départ, et jusqu'à un langage corporel qui induit la culpabilité : soupirer, lever les sourcils, hausser les épaules. Bien que cette liste montre que le principe de contrôle/conciliation est épuisant, un tel comportement offre dans la plupart des cas une coexistence paisible en surface. Cependant, celui qui est conciliant sera plus détendu et spontané quand celui qui contrôle n'est pas là. Martin avait sûrement l'impression qu'il ne pouvait vraiment se détendre que quand Jackie était absente, tandis que Jackie se sentait elle-même dans les rares occasions où elle sortait avec ses amies.

Indifférence/indifférence

Ces relations sont apparemment calmes, et rarement ponctuées de hauts et de bas. La vie de chaque partenaire se déroule en parallèle, côte à côte, mais le couple a abandonné toute attente. Ce type de rapports était courant dans la première moitié du XXe siècle, quand l'accent était mis sur la survie du mariage et que le bonheur personnel était considéré comme secondaire. L'équivalent moderne de l'indifférence – qui supprime aussi bien les liens émotionnels physiques – existe dans les couples qui se tuent au travail. Dans ce cas, l'un des partenaires peut réclamer plus de temps pour le couple, mais il a toujours une excuse pour passer quelques heures supplémentaires sur l'ordinateur une fois rentré à la maison. Au lieu de protester, son partenaire continue à mener sa vie. Regarder la télévision, boire trop, suivre toutes les retransmissions sportives et s'enfermer dans un hobby éloignent également les deux partenaires.

Dans les cas d'indifférence/indifférence, les partenaires se parlent peu, la vie intime est limitée et l'ennui est très présent. Les membres de ce type de couples me disent : « Nous n'avons en commun que les enfants. » Peter et Nancy sont mariés depuis vingt ans mais Nancy confie : « J'ai l'impression de ne pas vraiment connaître Peter. Il a toujours l'air replié sur lui-même. » De son côté, Peter dit : « À quoi bon parler ? On ne parle que du travail et des autres. » En évitant le conflit, Peter et Nancy ne s'étaient jamais ouverts aux questions qui leur permettraient de s'explorer et de se comprendre mutuellement. Même si les deux partenaires « indifférents » ont des identités affirmées, il n'y a aucune identité de couple. Une fois que les enfants n'occupent plus la place centrale dans leur vie quotidienne, souvent l'un des partenaires trouve la solitude insupportable. Souvenez-vous que, dans le fond, personne n'est vraiment indifférent. Certains peuvent le prétendre, en afficher les manières, mais nous désirons tous être aimés.

Conciliation/conciliation

Ces relations sont celles qu'entretiennent les couples dont les deux membres veulent tellement rendre l'autre heureux qu'ils abandonnent leur identité au profit de celle du couple.

Kate et David non seulement travaillaient pour la même entreprise, mais ils déjeunaient aussi ensemble à la cantine. Quand je leur ai demandé s'ils avaient déjà pensé à prendre leurs repas avec leurs collègues respectifs pour changer, ils ont admis que leur arrangement actuel ne leur convenait plus. « Ce serait tellement sympa de discuter avec d'autres personnes. En plus j'aurais des choses à raconter à David le soir », a dit Kate. David a présenté les choses différemment mais en est arrivé aux mêmes conclusions. Alors pourquoi n'avait-il rien dit ? « Je pensais que c'était ce que Kate voulait », a expliqué David, et Kate a acquiescé.

La conciliation peut sembler être la meilleure façon de vivre à deux. Après tout, la capacité à faire des compromis est essentielle pour former un couple heureux. Mais les personnes qui adoptent un tel comportement ont si peur de la différence qu'elles sont sur la défensive et vont jusqu'à ignorer les sentiments douloureux. Pour d'autres couples, la douleur peut se transformer en colère et en conflit. Si Kate et David avaient discuté, l'un des deux aurait laissé échapper : « Ne m'oppresse pas pendant le déjeuner ! » Le comportement « conciliation/conciliation » finit par poser des questions d'identité majeures puisque aucun des partenaires n'obtient ce qu'il souhaite vraiment.

Il existe deux autres stratégies pour gérer la différence : contrôle/contrôle et contrôle/rébellion (elles sont cependant rares chez les couples JTAM). Avec la première, chacun veut changer l'autre et les problèmes les plus minimes déclenchent des querelles importantes. Avec la seconde, l'un des partenaires essaie courageusement de changer l'autre mais celui-ci résiste vaillamment. À petites doses, ces schémas ne sont pas mauvais pour gérer la différence. Il faut parfois que l'un prenne une décision et que l'autre s'y plie (contrôle/conciliation), ou qu'il y ait une dispute sur les questions capitales (contrôle/

contrôle). Dans les deux cas, il y aura des moments où aucun des deux n'aura ni l'énergie ni l'envie de se mettre en colère pour un sujet (indifférence/indifférence), et d'autres où se braquer sera plus efficace que s'affronter directement (rébellion/contrôle). Le problème surgit quand un couple est coincé dans un schéma précis ou, pire encore, quand chacun se replie vers des versions de plus en plus extrêmes de ces schémas. À long terme, ce comportement épuise tous les liens, la compréhension et, en fin de compte, l'amour qui unissait un couple. Et un jour, l'un des partenaires se réveillera, regardera celui qui est allongé à ses côtés et se dira : « Il m'empêche d'avancer » ; « C'est une étrangère pour moi. »

Gérer les problèmes d'identité

Les grands mouvements – aller vivre à l'étranger ou mettre fin à une histoire d'amour, par exemple – ne servent souvent qu'à transférer le comportement conciliant ou de contrôle vers un autre pays ou une autre histoire. L'identité résulte de l'accumulation de toute une série de petites victoires : se défendre, faire quelque chose que personne n'attendait, comprendre ses peurs et celles de son partenaire. Voici quelques indications pour y parvenir.

- ***Écoutez votre voix intérieure.*** Passez-vous plus de temps à essayer de deviner les réactions de votre partenaire qu'à examiner vos propres sentiments ? Avez-vous l'impression d'être en attente par rapport à votre partenaire et de redouter une réaction en cascade qui bouleverserait l'équilibre de votre couple au cas où vous changeriez de comportement ?
- ***Identifiez les schémas dans lesquels vous et votre partenaire retombez inutilement.*** Un comportement compris est à demi changé. Même si vous vous retrouvez

dans les vieux schémas, gardez un œil ouvert sur vous-même. Vous serez ainsi doublement conscient des écueils à éviter et moins enclin à retomber dans les mêmes pièges à la prochaine occasion.

- ***Prenez vos responsabilités.*** Ne vous posez pas en victime. Considérez votre contribution au schéma. Comme le veut la croyance populaire, on ne peut changer que soi-même.
- ***Essayez de comprendre au lieu de chercher à vous contrôler l'un l'autre.*** Sans compréhension, il est impossible de construire un bon compromis (reportez-vous au paragraphe : « Sortez du comportement de contrôle » dans la partie « Exercices »).
- ***Examinez les attentes qui sont à la base de votre vision du monde et de vous-même.*** D'où vient chaque attente ? Quelle partie de votre identité vient de vos parents ? Laquelle vient de vos amis ? Quelles parties sont issues de votre culture, de votre religion, des médias ? Qu'est-ce qui vous appartient ? (voir « Les attentes personnelles » dans la partie « Exercices »).
- ***Visez le compromis.*** Existe-t-il une solution médiane qui équilibrerait l'identité de l'individu et du couple ?

Le processus décrit ci-dessus a aidé Stacey et Carl à traverser la crise identitaire de Stacey. Son dialogue intérieur était plein de questions du genre : « Est-ce que mes sorties posent problème ? » ; « Carl m'en voudra-t-il si j'ai envie de sortir ? » Carl se posait des questions similaires : « Devrais-je dire quelque chose sur ses fréquentes sorties ? » ; « Que penserait-elle de moi si je lui demandais de rester à la maison ? » Dès le début de leur histoire, Carl et Stacey voulaient tellement se faire plaisir que leurs rapports étaient ceux de la conciliation/conciliation. Plus récemment, Stacey a dépensé beaucoup d'argent et Carl a essayé de limiter ses paiements par carte bancaire (comportement rébellion/contrôle). Ensuite, prenant conscience de ses responsabilités, Stacey a admis qu'elle dépensait avec l'inconscience d'une adolescente et que Carl s'était comporté comme un parent critique. Cela leur a permis d'avoir une discussion d'adulte à adulte et d'établir un vrai budget pour l'argent réservé aux loisirs. Pendant la phase de compréhension, Carl a appris que les soirées passées devant la télévision donnaient à Stacey l'impression d'être vieille avant l'âge. Stacey a appris que Carl pensait qu'ils devaient commencer à faire des économies pour fonder une famille. Grâce aux séances, nous avons finalement découvert les attentes non dites qui les avaient éloignés l'un de l'autre. D'où venaient ces attentes ? Les parents de Carl ont eu leurs enfants vers l'âge de 25 ans, et pour lui « ça semble être le bon moment ». La mère de Stacey, elle, regrettait d'avoir eu ses enfants trop jeune et avait toujours conseillé à sa fille de « voir le monde avant ». Le couple était enfin prêt à faire un compromis. Carl a commencé à sortir avec Stacey et ils ont mis de l'argent de côté pour faire un voyage aux États-Unis. Stacey a reconnu qu'elle aimerait avoir des enfants avant l'âge de 30 ans.

Quant à Lucy et David, ils avaient simplement besoin d'avoir une conversation franche sur leurs peurs respectives. Lucy était capable de rassurer David sur le fait qu'elle n'avait pas décidé de le quitter et il a alors pu lui offrir plus de soutien. Lucy a décidé de commencer à développer sa propre identité en prenant des cours supplémentaires à temps partiel au centre local de formation pour adultes. « Je voulais vérifier si la maternité n'avait pas détruit tous mes neurones, mais aussi m'assurer que c'était vraiment ce que je voulais avant de faire des folies financières. » David était heureux de garder les enfants pendant les soirées de cours.

En résumé

- Trop de compromis est aussi mauvais que trop peu.
- Essayez de trouver l'équilibre entre être la moitié d'un couple et être vous-même.
- N'ignorez pas les souffrances en rapport avec votre identité. Elles cachent en général un problème plus profond.
- Des partenaires rassurés s'encouragent réciproquement à avoir leur propre identité parce qu'ils savent qu'elle ne mettra pas leur relation en danger.
- Faire ce que l'on veut, ce dont on a besoin pour soi-même tout en continuant à se soucier profondément de son partenaire n'est pas chose facile. Cependant, c'est possible si on cherche à comprendre les différences de l'autre au lieu de les ignorer ou de s'en protéger.

EXERCICES

C'est moi qui m'en charge/c'est toi qui t'en charges

Faire des compromis à l'infini et essayer d'anticiper ce que votre partenaire apprécierait peut finir par lasser. Un ami a eu une idée originale pour les vacances : il serait responsable d'une journée et sa partenaire d'une autre. « J'avais vraiment hâte. Cela me donnait l'occasion de mieux connaître Sherrell. Je pouvais le reconnaître à travers ses choix », a dit Jamie. Les enfants aussi se verraient allouer une journée, « même si certains moments étaient plutôt horribles ». Le reste des vacances reposait sur l'habituel compromis familial. Les règles sont les suivantes :

1. Pendant votre journée, vous choisissez toutes les activités. Tous les choix dépendent de vous (à l'exception

d'activités qui terrifieraient votre partenaire). Suivez les envies dictées par votre cœur.

2. La journée commence au petit déjeuner et se termine au coucher. Que manger, où manger, que visiter ou choisir de flâner tranquillement, c'est vous qui décidez.
3. Votre partenaire accepte d'adopter l'esprit de la journée et d'essayer, de bon cœur, d'apprécier vos choix autant que possible.
4. Un autre jour, vous échangez les rôles et c'est à votre partenaire de tout programmer.
5. Après coup, parlez de ce que vous avez appris sur vous-même et sur l'autre. Demandez-vous ce que vous pourriez incorporer à votre vie quotidienne.
6. Avant d'accepter cet exercice, je vous conseille d'aborder la question des détails et des éventuelles règles personnelles à ajouter. Voici quelques points à aborder : la personne en charge a-t-elle le droit de réclamer un acte sexuel ? Y a-t-il quelque chose de totalement inacceptable pour l'un comme pour l'autre ?

Cet exercice peut aussi se faire à la maison, en alternance, chaque partenaire se chargeant d'un jour du week-end ou d'un week-end entier en appliquant les règles décrites ci-dessus. La seule condition est que la journée soit consacrée au plaisir – un mini-break à la maison – et non aux tâches ménagères en retard ni au bricolage.

Sortez du comportement de contrôle

Le but de cet exercice est de comprendre le comportement de votre partenaire ainsi que le vôtre. Prenez un sujet qui cause beaucoup de tension entre vous deux, qui a provoqué des disputes fréquentes dans le passé ou à propos duquel vous avez besoin de discuter.

1. Le partenaire qui vit une crise d'identité ou qui a envie de changements est celui qui commence. Si vous êtes tous les deux dans ce cas, tirez à pile ou face. Il ou elle parle de sa façon de voir le problème, de ce qu'il ou elle veut et ressent. L'autre écoute.
2. Celui qui écoute peut seulement demander à l'autre de développer ou de clarifier sa pensée. La défense, la réponse, l'affrontement ou les tentatives de se rassurer sont à proscrire. Il faut seulement écouter et comprendre.
3. Si la personne qui écoute est tentée de parler, elle doit d'abord se demander : « Est-ce que j'essaie de convaincre ou de défendre ? » Si tel est le cas, qu'elle se taise. Si le but de la question est d'éclaircir les propos ou de les creuser, qu'elle se sente libre de parler.
4. Quand la conversation ralentit, vérifiez que vous avez bien compris votre partenaire : « Tu veux dire que… » ; « Tu te sens… ai-je bien compris ? »
5. Si vous commencez à vous disputer, arrêtez tout et considérez les schémas de protection : contrôle/conciliation, contrôle/contrôle, indifférence/indifférence et contrôle/rébellion. Êtes-vous tombés dans l'un de ces pièges ? Sinon quelles sont les attentes que vous avez transformées en diktats (voir plus loin, l'exercice « Les attentes personnelles »).
6. Le but de cet exercice n'est pas de trouver une solution à la différence mais de se comprendre.
7. En de multiples occasions, les problèmes disparaissent sans plan d'action. En effet, comprendre les raisons cachées derrière le comportement controversé de notre partenaire rend ce comportement plus tolérable. Notre tolérance adoucit souvent le comportement de

notre partenaire qui en retour augmente notre propre tolérance, initiant un mouvement positif.

Si vous effectuez seul(e) les exercices de ce livre, mettez-vous à la place de celui qui écoute. Demandez à votre partenaire pourquoi il ou elle se sent si sûr de tel détail de la dispute et poursuivez l'exercice en partant de là. Si votre partenaire refuse – en vous disant : « Tu le sais déjà » –, expliquez que vous voulez vous assurer que vous avez bien compris. Cela le convaincra d'abandonner son système de défense. Quand vous avez tout écouté et vraiment compris l'ensemble de ses points de vue, demandez-lui : « Pourrais-je m'expliquer à mon tour ? » Si votre partenaire se sent compris, il sera ouvert à l'idée de vous rendre la politesse. Mais s'il refuse d'écouter, continuez d'essayer de comprendre avant de chercher à être compris.

Les attentes personnelles

1. Vous trouverez ci-après une liste de sujets de conflits potentiels. Notez à côté de chacun des points ce qu'il signifie pour vous ou quelle est, à votre avis, la bonne approche à adopter. Par exemple, à côté de « dettes » vous pourriez écrire : un mal nécessaire, une honte, un échec personnel, une bonne gestion du budget, un fait de la vie.
2. Faites toute la liste aussi vite que possible afin d'enregistrer la réponse qui vous vient en premier.
3. Ensuite, reprenez tout en vous demandant d'où viennent ces attentes : de votre mère ? de votre père ? des amis ? des médias ? de la religion ? de la culture ? de la politique ?
4. En quoi ces attentes nourrissent-elles vos disputes ? Certaines de vos attentes ne sont-elles plus valables ?

Avez-vous besoin d'en changer certaines ? Lesquelles sont particulièrement importantes dans votre identité ?

Le sexe, l'argent, le dimanche matin, les dettes, la télévision, le rôle d'un homme dans un couple, le rôle d'une femme dans un couple, les fleurs, être en retard, régler les factures, jouer, Noël, les crédits, les expériences au lit, la santé, le mariage, que faire de son temps libre, le samedi soir, les amis en dehors du couple, l'affection, s'amuser à la maison, le passé, la communication, les loisirs, l'éducation des enfants, l'ordre, l'heure des repas, l'argent du ménage, le goût pour les vêtements, le travail, l'alcool, discipliner les enfants, la ponctualité, les anniversaires, l'intérêt, les cadeaux, le comportement en société, le sport, la salle de bains, les câlins, la culture.

Envie de changer sans y parvenir ?

Se forger une nouvelle identité n'est pas chose facile. Voici le parcours à suivre, que nous avons découpé en six parties, plus faciles à négocier :

1. *Demandez-vous si vous en avez vraiment envie.* Parfois nous essayons de changer quelque chose – vouloir maigrir, arrêter de fumer ou prendre des cours du soir – parce que nous pensons devoir le faire, parce que quelqu'un nous pousse dans ce sens, parce que la société le demande, ou parce que nous aimons l'image de nous dans telle situation. Malgré tout, au fond de nous, il se peut que nous ne le désirions pas vraiment.
2. *Quels avantages tirez-vous à rester au même point ?* Si vous restez bloqué(e) à un certain point, il doit y avoir des avantages cachés à l'immobilité. Une fois que vous aurez vraiment compris les obstacles au

changement, vous serez en meilleure position pour les surmonter.

3. *Réduisez le changement à plusieurs petites parties.* Aller d'aujourd'hui à l'avenir peut vous apparaître comme un très long voyage. Par exemple, déménager implique un million de choix et une foule d'occasions de produire une catastrophe. Mais une fois ramené à plusieurs petites parties – chercher une école dans un autre quartier ou trouver un agent immobilier –, le changement paraît plus réalisable. Une fois le premier pas effectué, vous pouvez passer au suivant pour bientôt parvenir à votre destination finale.
4. *Vantez les avantages du changement à votre partenaire.* Si nous pensons que notre partenaire doutera d'un projet, nous avons tendance à dire : « J'imagine que tu ne vas pas aimer, mais… » Si on lui présente ainsi la chose, notre partenaire a tout de suite envie de répondre par la négative. Il nous arrive même de fournir des munitions au camp adverse : « Je sais que nous manquons de temps, mais… » Pire encore, nous pouvons minimiser l'importance d'un projet, de sorte que notre partenaire ne comprend pas les conséquences de son refus. Donc, considérez tous les avantages pour vous, pour votre famille et pour votre partenaire. Qu'est-ce qui pourrait lui donner envie de soutenir ce projet ? Enfin, trouvez autant de détails que possible et préparez-vous à répondre à des questions. Tout le monde a peur de l'inconnu, donc plus vous aurez d'informations, moins le changement semblera bouleversant.
5. *Comment pouvez-vous faire le premier pas ?* Il est très facile de reporter le changement au lendemain, puis au jour suivant et à jamais. Choisissez un petit travail qui vous permette de poursuivre aujourd'hui.

6. *Continuez à avancer.* Des revers peuvent toujours compromettre un projet, mais souvenez-vous que rien ne dure toujours et que ces moments difficiles passeront aussi. Même les êtres les plus talentueux se retrouvent dans des impasses et des échecs occasionnels. Ce qui les rend différents de la majorité des gens, c'est qu'ils ne se laissent pas décourager.

Peur du changement ?

Si votre partenaire est en quête d'une nouvelle identité, les changements peuvent sembler effrayants. Si c'est vous qui souhaitez un changement mais que vous craignez sa réaction, cette situation peut aussi sembler terrifiante. D'une façon ou d'une autre, voici les trois points clés qui vous aideront à faire face au changement :

1. *Essayez de comprendre.* Parce que vous avez peur du changement vous le voyez comme quelque chose de négatif. Pourtant le changement n'est jamais intrinsèquement ni bon ni mauvais. Tout dépend de votre façon de l'aborder. Par exemple, nous pouvons considérer la pluie comme négative, mais dans le désert elle est un bienfait du ciel. Tout dépend de l'environnement, et c'est lui qui doit déterminer notre attitude. Donc le premier pas consiste à chercher le côté positif de chaque nouveauté. Si vous ne parvenez pas à en trouver un dans l'immédiat, essayez de voir un peu plus loin dans l'avenir. À quoi cette situation pourra-t-elle ressembler dans trois mois, dans un an, dans deux ans ? Quel est l'inconvénient à rester là où vous êtes ?
2. *Détendez-vous.* Les scientifiques ont découvert que dans les moments de stress – les périodes de changement, par exemple – nos cerveaux fonctionnent différemment.

Quand notre survie est menacée, nous utilisons les parties les moins sophistiquées de notre cerveau héritées de nos ancêtres reptiles. C'est pourtant le moment où nous avons vraiment besoin de réfléchir au lieu d'agir instinctivement ! Donc, la prochaine fois que vous serez stressé par un changement, trouvez un moyen de vous détendre et de vous calmer. Respirez profondément, faites une longue promenade, jardinez ou faites le nettoyage de printemps. Repensez aux nombreux moments où vous avez réussi à bien gérer le changement. Tous ces exemples vous montreront que vous savez mieux vous en sortir que vous le croyez. Regardez ce qui a réussi la dernière fois et quelles compétences peuvent vous servir aujourd'hui.

3. *Nommez vos peurs.* Une fois détendu(e), fermez les yeux et imaginez le futur proposé. Où se placera-t-il ? À quoi ressemblera-t-il ? Que fera votre partenaire ? Ajoutez à votre visualisation autant de détails que possible. À présent, essayez d'analyser tout ce qui est particulièrement inquiétant. Faites une phrase pour chacune de ces peurs. Retournez à votre image et essayez d'imaginer d'autres éléments déstabilisants à vos yeux. Notez-les aussi. Il vaut mieux avoir une liste de peurs sur une seule feuille de papier – quelle que soit sa longueur – qu'une énorme terreur informe dans la tête. Reprenez la liste et barrez tout ce qui, après réflexion, est plus une taupinière qu'une montagne. Enfin, parlez de vos peurs avec votre partenaire. Il ou elle pourra peut-être vous rassurer ou vous fournir des informations qui apaiseront vos angoisses. Même si certaines peurs persistent, vous aurez une meilleure maîtrise des problèmes les plus importants.

8

C'EST NOUS OU C'EST AUTRE CHOSE ?

La vie est compliquée mais nous aimons que nos problèmes restent aussi simples que possible. Nous craignons de nous retrouver complètement submergés à force de déballer nos malheurs. Par conséquent, un seul problème semble plus maîtrisable que toute une pile. Cependant, dans notre désir de simplifier les choses, il peut nous arriver de nous attaquer à la mauvaise raison ou d'incriminer à tort notre partenaire. Comment faire pour savoir quels problèmes appartiennent au couple et quels problèmes relèvent d'un autre domaine ?

Dans la plupart des cas, le tourment n'a fait que se déplacer d'une partie de la vie d'un individu sur son couple. Paul se sentait malheureux au travail : « J'ai trouvé la ville de plus en plus stressante, je détestais les longs trajets. » Il avait très envie d'écrire des thrillers. « Je peux me réfugier dans mon monde et le temps s'envole. Mais j'ai une famille et un train de vie à maintenir. Comment trouver le temps d'écrire ? » Paul a commencé à en vouloir à sa partenaire, Debbie, mais sans lui en parler. Après l'aveu de JTAM, ils ont eu une discussion générale pendant laquelle Paul s'est rendu compte qu'il avait fait des suppositions. Il s'est aperçu que Debbie préférait avoir un mari heureux plutôt qu'une nouvelle voiture et des vacances exotiques. Ils ont donc reconstruit leur vie et Paul a opté pour un mi-temps. Malgré tout, son roman n'avançait pas. Lors des séances, il a découvert qu'il avait peur d'échouer dans sa nouvelle carrière. Il avait été plus facile d'accuser Debbie de le freiner que de prendre ses responsabilités.

Il y a d'autres cas de JTAM où les problèmes qui semblent appartenir au couple sont en fait ceux d'un seul des partenaires, issus de l'enfance et non résolus. Prenons l'exemple de George, 45 ans, employé dans une grosse compagnie d'assurances. « Au fond de moi, je me sens incompris de tout le monde. Je parle jusqu'à l'épuisement et personne ne remarque rien. Je m'enferme dans mon bureau mais ma femme s'évertue à frapper à la porte. » Les rapports entre George et sa femme Tracy, une mère au foyer, n'ont fait que se détériorer et George se demandait s'il l'aimait toujours. « Je n'arrive pas à le comprendre. J'écoute vraiment. En fait j'en ai tellement entendu sur son bureau adoré que s'il tombait malade je pourrais le remplacer. Mais il continue de dire que je... » et elle mime des guillemets « ... n'écoute rien ». Mon instinct m'a poussé à voir George comme un adolescent boudeur, et d'ailleurs il a un fils de 14 ans. Je savais que les parents de George avaient divorcé quand il était jeune – il avait 14 ans au moment des faits. « Comment l'avez-vous vécu ? » lui ai-je demandé. « Personne n'écoutait ce que je pensais ou voulais », a répondu George. Que son fils atteigne l'âge qu'il avait pendant le traumatisant divorce de ses parents avait réveillé des émotions enfouies depuis longtemps. Ce problème était le sien et non pas celui du couple. Sachant cela, Tracy a cessé de croire qu'elle était personnellement l'objet des humeurs de George. Ils en ont parlé et ont pu éviter une crise JTAM.

Il y a d'autres cas où le sentiment général d'insatisfaction et de malheur peut être une forme de dépression légère. Malheureusement, la dépression est difficile à diagnostiquer parce que chacun de nous a le cafard de temps à autre. Répondre oui à cinq ou plus des questions suivantes peut indiquer une dépression sérieuse :

- Mangez-vous trop ou pas assez ?
- Avez-vous du mal à dormir ou dormez-vous trop ?
- Vous sentez-vous tout le temps fatigué(e) ou manquez-vous globalement d'énergie ?
- Avez-vous le sentiment de ne pas être à votre place ?
- Êtes-vous moins productif à la maison ou au travail ?
- Avez-vous du mal à vous concentrer ou à prendre des décisions ?
- Avez-vous tendance à ruminer, en vous apitoyant sur vous-même ou à être pessimiste sur l'avenir ?
- Le monde vous semble-t-il gris ?
- Vous énervez-vous facilement ?
- Appréciez-vous vraiment ou avez-vous un quelconque intérêt pour des activités agréables ?
- Avez-vous facilement envie de pleurer ?

Si vous reconnaissez deux symptômes ou plus, vous devriez consulter un médecin, en particulier si les symptômes existent de façon plus ou moins constante, avec moins de deux mois de répit, depuis deux ans ou plus. Vous pouvez traiter la dépression par d'autres biais, par exemple consulter un nutritionniste pour vérifier votre régime alimentaire, arrêter de consommer de l'alcool, faire plus de sport (l'organisme produit des endorphines, l'hormone naturelle qui aide à se sentir bien quand on pratique des exercices de type aérobic).

Parfois, « l'autre chose » derrière le JTAM peut être quelqu'un d'autre. Bien que les couples JTAM arrivent rarement dans mon cabinet en se plaignant d'une liaison, je me suis aperçu que leurs problèmes de longue durée avaient atteint un sommet parce que l'un des partenaires avait un(e) ami(e) « inapproprié(e) ». Ces amitiés commencent plutôt innocemment, car il est rare que l'on parte en quête d'une aventure. Il y a d'abord la petite excitation d'avoir des conversations anodines avec quelqu'un. Viennent ensuite les longues discussions pendant lesquelles chacun s'ouvre d'abord sur ce qu'il pense vraiment de son travail ou de ses collègues, puis sur la vie en général et parfois sur son couple. Ces « bavardages amicaux » deviennent de longs déjeuners – prétendument liés au travail. Arrive le premier contact physique, souvent innocent (les deux personnes tendent en même temps la main vers l'addition) – et les deux « amis » ressentent une décharge électrique. L'« amitié » devient de plus en plus importante. Il sait écouter, elle sait vraiment bien ouvrir son cœur. Il se dit : « Elle m'aide vraiment à me détendre. » Elle pense : « Pourquoi n'aurais-je pas d'amis ? » Les « amis » partagent alors leurs sentiments intimes et se disent qu'ils ne devraient pas être si proches. Ils commencent à se téléphoner longuement et en cachette, à échanger des propos sexuels et des mails intimes. Quiconque épiant ou lisant leurs messages reconnaîtrait immédiatement qu'ils sont en train de flirter. Pour les « amis », cette relation prend de plus en plus de poids et participe à leur bonheur au jour le jour. Ils peuvent même être d'accord pour ne plus s'appeler, mais leur résolution faiblira au bout de quelques jours. C'est à ce moment-là que l'« amitié » peut se muer en une liaison plus claire, avec soit des baisers prolongés soit des rapports sexuels. L'amitié a pu aussi se transformer en liaison amoureuse – avec tous ses aspects mais sans être nommée – depuis un certain temps. Le problème des « amitiés inappropriées » est qu'elles prennent de l'importance sans qu'on s'en rende compte. Pris individuellement, aucun des pas effectués sur ce chemin n'est vraiment pernicieux, mais leur enchaînement conduit rapidement à la trahison pure et simple de son partenaire.

Les amitiés inappropriées mènent aux aventures extraconjugales, et à toute la douleur qui en résulte, mais elles empêchent aussi de travailler sur la relation centrale parce que toute l'énergie émotionnelle est déviée vers la relation seconde. Oliver et Tina, mariés depuis vingt ans, présentaient tous les signes classiques d'un couple JTAM. Aucun n'exprimait ses vrais sentiments de peur d'ébranler la relation. L'un comme l'autre avaient perdu ses parents dans les deux dernières années. La politesse d'Oliver et de Tina cachait une colère à peine dissimulée. Il n'a fallu que quelques questions simples pour qu'Oliver soulève le sujet de l'amitié que Tina entretenait avec un collègue de bureau. « Oui, nous sommes amis. Qu'y a-t-il de mal à ça ? » a-t-elle rétorqué. Mais Oliver était décidé à ne pas laisser sa colère exploser. Aussi calmement que possible, il a sorti une facture de téléphone attestant de sept appels vers le même numéro, totalisant trois heures et demie de communication dans la même journée. Tina était furieuse mais elle a réussi à contrôler ses émotions. « Il m'écoute, lui », a-t-elle finalement dit. « Je t'écouterais moi aussi mais si je faisais le total de toutes nos conversations depuis un mois, et même de ces trois derniers mois, ça m'étonnerait qu'on arrive à trois heures et demie. » La vérité ayant finalement éclaté au grand jour, nous pouvions commencer à travailler sur leur couple. Fort heureusement pour eux, l'amitié inappropriée de Tina n'avait pas viré à la « limerence » – ce qui est toujours le danger – puisqu'elle était toujours capable de concentrer son énergie sur son mariage. Quand peut-on dire d'une amitié qu'elle est inappropriée ? Je ne dis pas que les membres du sexe opposé (ou du même sexe pour les homosexuels hommes et femmes) ne peuvent pas être amis. Le test décisif est d'évaluer ce que les amis disent à leur partenaire et ce qui est omis. La vraie amitié est ouverte au regard de tous, tandis que l'amitié inappropriée est cachée.

Depuis le début de ce chapitre, je n'ai parlé que des causes les plus évidentes du JTAM : le fait de se détourner de l'autre, les histoires récurrentes du passé, la dépression, l'infidélité émotionnelle. Celles du groupe suivant sont plus difficiles à déterminer, étant ensevelies plus profondément dans la relation.

L'une des perspectives les plus utiles ne vient pas de la psychologie mais d'un gourou du marketing américain, Abraham Maslow, qui en fait état dans son livre *Motivation and Personality*[1] (HarperCollins, 1954). Sa « hiérarchie des besoins » montre que quand l'homme est satisfait, il peut passer à des aspirations supérieures. Par exemple, une fois qu'il a l'estomac plein, il peut s'occuper de trouver un endroit où vivre tranquillement, avant de pouvoir rencontrer quelqu'un qui l'aimera. Maslow pense que dans les années 1950 le consommateur moyen voyait ses besoins physiologiques satisfaits à 80 %, ses besoins liés à la sécurité et à la protection à 70 %, ses besoins d'amour et d'appartenance à 50 % et son estime de soi/prestige/statut social à 40 %. En revanche, sa nécessité d'« autoaccomplissement » n'était satisfaite qu'à 10 %. Cette dernière est pourtant le besoin le plus élevé des êtres humains, renvoyant au désir de se réaliser soi-même à travers une œuvre ou un engagement.

Observez les publicités actuelles : les produits comme les boissons sans alcool ne sont plus destinés à apaiser la soif, besoin physiologique de base, mais à offrir l'illusion qu'elles satisfont des aspirations plus élevées, comme l'identité. Le

1. *Motivation et personnalité.*

mariage semble avoir suivi la même réévaluation. Nos grands-parents accordaient plus d'importance au fait de subvenir aux besoins de la famille et à la bonne gestion du foyer qu'au sentiment amoureux. Il y a vingt ans, quand j'ai rencontré mes premiers couples à titre professionnel, ils réclamaient plus d'amour et de compagnie. Aujourd'hui, les partenaires des couples JTAM, s'interrogent sur la satisfaction du besoin le plus élevé : « Aide-moi à être le meilleur possible. » Bien que beaucoup de commentateurs sociaux se plaignent que nous attendions trop du couple, je crois que cela ne pose problème que lorsque cette interrogation se heurte à un autre phénomène du XXIe siècle : le refus de vieillir.

L'âge moyen auquel les Anglais divorcent, selon le Bureau national des statistiques, est à présent de 42,3 ans pour les hommes et de 39,8 ans pour les femmes. La crise du milieu de vie donne lieu à des blagues : « Comment un homme peut-il cacher qu'il perd ses cheveux ? » Réponse : « Avec une Porsche. » Nous sommes pratiquement encouragés à nous moquer des hommes qui rentrent leurs bedaines et essaient de revivre leurs jours de gloire en achetant des motos ou des voitures de course ou en sortant avec des femmes beaucoup plus jeunes qu'eux.

Pour une raison ou pour une autre, il n'existe pas de stéréotype concernant les femmes mûres, et pourtant j'en reçois beaucoup qui font face à des problèmes de la quarantaine similaires à ceux des hommes. En fait, un tiers de mes patients – à la fois hommes et femmes – et peut-être 90 % des cas de JTAM vivent quelque chose que l'on peut assimiler à la crise de la quarantaine. Tous se sont réveillés un jour en pensant : la vie est trop courte pour… Chacun finit sa phrase différemment, mais tous sont confrontés au temps qui passe.

Je n'emploie pas l'expression « crise de la quarantaine » pendant mes séances, car les hommes s'en dissocient rapidement tandis que les femmes semblent l'accepter. Souvent, quand je leur demande à quelle période leurs problèmes ont commencé, question banale de mon estimation standard, il ou elle proteste immédiatement en disant : « Cela n'a rien à voir avec le fait d'avoir 40 ans. » La deuxième raison pour laquelle j'évite ces termes est que les troubles peuvent surgir n'importe quand. D'ailleurs, des livres ont même été écrits sur « la crise du quart de vie » : celle-ci frappe des personnes de 25 ans qui ont l'impression que le temps presse. Ma dernière objection à « la crise de la quarantaine » est qu'il n'est pas nécessaire d'aller jusqu'à la crise avec tout le drame que cela implique pour ressentir des perturbations à cette période de la vie.

Donc que se passe-t-il et pourquoi cela a-t-il autant d'impact sur le couple ? Pardonnez-moi d'énoncer une évidence : nous ne sommes pas éternels. Même si tout le monde le sait, cela n'empêche personne de se croire immortel. Pour certains hommes, le réveil sonne quand ils constatent que leurs cheveux tombent ou que leurs performances sexuelles diminuent. À 20 ans, ils parviennent à trois orgasmes par nuit et à présent ils peinent à en obtenir un. Pour certaines femmes, constater que les hommes les regardent moins dans la rue est un choc. Elles commencent à se comparer négativement à des femmes plus jeunes, leur enviant leur minceur, leur énergie et la simplicité apparente de leur vie.

La mort d'un être aimé, souvent un parent, peut aussi jouer le rôle d'une sonnette d'alarme. On ne trouve pas de preuve plus concrète de notre condition de mortel qu'en s'asseyant au chevet d'un parent à l'hôpital ou dans une maison de retraite, pour être le témoin de son déclin. Encore plus effrayante est la mort d'un contemporain, à cause d'un accident de voiture ou d'une maladie. L'illusion que la mort ne concerne que la génération précédente est alors violemment balayée. Un jour ou l'autre, nous devons affronter la vérité, à savoir que notre temps sur la terre est limité. Certaines personnes se demandent alors quel est le sens de la vie. D'autres décident que la vie est trop courte pour être malheureux, ou pour l'être en couple, et cherchent des remèdes. Mais il y a hélas une troisième réaction : le déni. Celui-ci pousse à se réfugier loin de l'implacable réalité en buvant trop, en se jetant à corps perdu dans le travail, en ayant des aventures extraconjugales ou en subissant des opérations de chirurgie esthétique à répétition. Les personnes appartenant à cette troisième catégorie risquent de transformer en crise une réaction naturelle de réajustement quand arrive le vieillissement.

À l'époque de ces questionnements existentiels, beaucoup de gens recherchent l'autoaccomplissement, le plus haut niveau de la « hiérarchie des besoins » de Maslow. Selon lui, « le mécontentement et l'instabilité ne tardent pas à se développer, sauf si l'individu accomplit ce pour quoi il est fait. Un musicien doit faire de la musique, un artiste doit peindre et un poète doit écrire pour être complètement lui-même. Ce qu'un homme peut être, il doit l'être. » À première vue, cela semble être un but réalisable sauf que la plupart des professions ne sont pas aussi clairement définies que celles de musicien, d'artiste ou de poète.

On peut se demander si cette théorie peut s'appliquer à ceux dont les métiers impliquent de maîtriser des centaines de tâches différentes et à ceux qui n'aiment pas spécialement ce qu'ils font et qui n'ont aucune envie d'être le meilleur employé de banque. Maslow a essayé d'étudier à quoi ressemblerait l'autoaccomplissement pour ce genre d'individu, mais il a eu beaucoup de mal à trouver des sujets correspondant à ses critères. Au final, il n'a appuyé sa conclusion que sur l'étude de quarante-cinq personnes : une étrange combinaison d'amis personnels et de connaissances, d'étudiants semblant se développer vers l'autoaffirmation et de personnages historiques ou contemporains. Même là, il n'a pu trouver que deux personnages historiques « assez sûrs » : Thomas Jefferson et Lincoln (en considérant seulement les dernières années de sa vie). Il a trouvé six « personnages historiques et publics hautement probables » et sept « qui tournent court mais qui peuvent servir à l'étude ».

Maslow a détaillé la santé psychologique de ses sujets mais il a eu du mal à réconcilier leur forte personnalité avec leur capacité à aimer ou à être aimé : « On ne peut pas dire que ces gens aient besoin de leur partenaire comme des amoureux ordinaires, pas dans le sens usuel du terme. Ils peuvent être extrêmement proches et à la fois s'éloigner très facilement. Ils ne s'accrochent pas l'un à l'autre, n'ont pas d'attaches ni d'ancres d'aucune sorte. On a le sentiment qu'ils s'apprécient énormément mais qu'ils prendraient avec philosophie une longue séparation ou même la mort de l'autre. Tout au long de l'histoire d'amour la plus intense et la plus extatique, ces gens restent finalement maîtres d'eux-mêmes, en vivant selon leurs principes même s'ils s'apprécient intensément. » À mon avis, ces autoaccomplis ont l'air plutôt froid.

Se réaliser au maximum semble comporter le risque de détruire des êtres en chemin. Une lecture rapide de biographies de gens célèbres montre que, même si on apprécie leur musique, leurs livres, leurs films, etc., nul ne souhaiterait être leur partenaire. Même Maslow prévient que la route de l'autoaccomplissement peut être une voie sans issue : « Les besoins les plus élevés sont moins perceptibles, moins nets, plus faciles à confondre avec d'autres besoins par suggestion, imitation, en mélangeant les croyances ou les habitudes. » Rappelons que Maslow a écrit son ouvrage dans les années 1950, avant que la publicité, le marketing et les relations publiques deviennent aussi efficaces et aussi envahissants.

Nous devons être très vigilants sous peine de nous retrouver en vacances sur une île grecque, avec une bouteille de bière ou une nouvelle voiture sans avoir vraiment pu découvrir qui nous sommes.

Malheureusement, ce mécontentement et cette amertume – dus à la peur de vieillir et à notre désir d'autoaccomplissement – finissent par se retourner contre notre couple. Ce processus transforme alors quelque chose de parfaitement utilisable (notre couple) en quelque chose de cassé. L'une des raisons qui font que le couple endosse cette charge est expliquée par le facteur « au moins on fait quelque chose ». Aussi douloureux et perturbant que puisse être un divorce, il donne l'impression aux partenaires qui se séparent qu'ils sortent d'une situation pour se diriger vers un autre scénario. Quand on en vient aux grandes questions – « Quel est le sens de la vie ? » ; « Comment pourrais-je retomber amoureuse de mon partenaire ? » –, la tentation est de faire quelque chose, n'importe quoi. Les feuilletons à l'eau de rose renforcent cette idée. Les bons drames ont besoin d'action et les personnages ont tendance à agir dans l'immédiat pour ne réfléchir qu'ensuite. Afin de maintenir le suspens, des secrets sont sans cesse révélés et les personnages optent toujours pour les choix les plus dramatiques. Cependant, ce qui est bon pour un feuilleton à l'eau de rose ne l'est pas toujours pour un couple réel. Bouger pour bouger peut paraître tentant, mais ce n'est pas toujours le meilleur moyen de progresser.

La spiritualité

En fin de compte, la soi-disant crise de la quarantaine et la lutte pour l'autoaccomplissement cachent probablement une quête de spiritualité : donner un sens au monde au-delà de l'individualisme et du matérialisme de nos sociétés. Pour certaines personnes, cette crise peut inclure la quête d'un pouvoir supérieur, mystique ou religieux. Cependant, en écoutant mes patients JTAM – en particulier ceux qui veulent rompre – parler de leur avenir (de la joie, de l'épanouissement, du contentement et même de complétude qu'ils attendent), l'idée de quête spirituelle m'est souvent rappelée.

Martin, vendeur de 38 ans, témoigne de ces interrogations : « Certains matins, tandis que je suis sur le quai à attendre le train de 7 h 50, je me demande quel sens a tout cela. Je suis sûr qu'il y a quelque chose d'autre que les rapports et les cibles du jour. Je veux que chaque moment compte au lieu de n'être qu'une succession d'heures à remplir jusqu'au lendemain. Et je suis là à regarder les mêmes feuilles de journaux que le vent emporte sur les rails. Si je recommençais tout, ma vie ne comprendrait pas seulement de l'espace et du temps pour réfléchir, mais aussi la possibilité de rencontrer quelqu'un avec qui chaque seconde compterait. » Pour Martin, l'amour était devenu le passeport lui permettant de sortir de cette existence banale pour aller vers un lendemain meilleur. Même si la « limerence » a temporairement le pouvoir de transformer, elle ne peut durer éternellement. Et si l'attachement amoureux peut durer toute une vie, il ne peut suffire à donner un sens à une vie trop vide.

Alors, si l'amour ne suffit pas, comment donner plus de sens à nos vies ? Pourquoi sommes-nous là ? Quel est le sens de la vie ? Comment remplir ce vide qui est au cœur de la vie ? Ces questions sont profondes, mais tous les livres et leurs réponses potentielles sont hélas d'une grande platitude. Lorsque nous les refermons, nous pensons : « Oui, et alors ? » En fait chacun doit trouver sa propre réponse : quelque chose qui corresponde à sa vision du monde, qui tienne compte des problèmes liés à son enfance et permette de faire face à ses doutes intimes, à ses questions et à sa personnalité.

Au risque d'ajouter à la liste des platitudes, je me propose de partager avec vous ma définition d'une vie épanouissante dans l'espoir qu'elle vous donne un coup de pouce :

- *Créez au lieu de simplement consommer.* Au lieu de regarder le sport à la télévision, sortez pour pratiquer. Au lieu d'acheter un plat tout prêt, prenez le temps de cuisiner un repas de bout en bout. Ou prenez des cours de poterie, de musique ou de création littéraire. La liste est sans fin. Il est triste que nous vivions dans une époque qui n'accorde de la valeur qu'à ce qui rapporte de l'argent. Ne laissez pas cette fausse idée si courante vous arrêter. Si une activité vous donne du plaisir, ne vous en privez pas.
- *Le voyage est plus important que la destination.* Voyager l'esprit et le cœur ouverts est plus important qu'arriver vraiment. Avec cette attitude, le voyage de nos contemporains devient vite moins important et le risque de jalousie inutile diminue. Si la vie est une course, ce dont je doute, concevez-la au moins comme un marathon plus que comme un sprint.
- *Embrassez la mort comme un compagnon de voyage permanent.* Après avoir subi un deuil majeur à la trentaine, j'ai compris que la mort pouvait être une amie plus qu'une ennemie. À chaque décision majeure ou carrefour sur ma route, je reste conscient de la durée limitée de la vie et de l'amour. Mon mot d'ordre est de profiter au maximum de ce qui me revient. Richard Holloway, ancien évêque d'Édimbourg, l'a formulé avec plus de poésie dans son livre *Looking in the Distance : the Human Search for Meaning*[1] (Canongate, 2004). Il conclut : « Notre brève finitude n'est qu'une belle étincelle dans

1. *Voir plus loin : la quête du sens.*

la vaste obscurité de l'espace. Nous devrions donc vivre le jour qui passe avec passion et, quand la nuit vient, nous en éloigner avec grâce. »

Rares sont les pensées originales puisque nous passons probablement l'intégralité de notre vie à redéfinir nos propres grandes questions, à tester nos réponses et, à la lumière d'une nouvelle expérience, à tout recommencer. Si vous ne savez pas avec certitude comment commencer votre quête du sens, essayez de rééquilibrer votre vie. Les gens pour qui la carrière est essentielle devraient passer plus de temps en famille. Ceux qui se sont concentrés sur les enfants et la maison ont probablement besoin de trouver des centres d'intérêt à l'extérieur. Comme lors du réajustement de la quarantaine, il est utile de se retourner vers la première moitié de notre vie pour voir ce qui manque et ce qui pourrait compléter le tableau avant d'entreprendre la deuxième moitié.

La crise « Je t'aime mais » et le lien à l'enfance

À première vue, il semble cruel que nos histoires d'amour agissent comme un aimant attirant un éventail de problèmes extérieurs. Mais vingt ans d'expérience en conseil conjugal m'ont montré qu'une bonne relation de couple peut soigner des problèmes personnels profondément installés. Peut-être qu'une part cachée, intuitive de notre cerveau comprend ce pouvoir et est donc résolue à déposer une série de problèmes personnels disparates devant la porte du couple, même si ce n'est pas du tout sa place.

Pour expliquer cette idée j'ai besoin d'évoquer le principe de base de la psychanalyse : notre première relation, avec notre mère ou avec la première personne qui s'est occupée de nous, va structurer toutes nos relations à venir. Le « bon parent » va apporter au bébé la nourriture et le réconfort quand il pleure. Les psychanalystes pensent que ces enfants deviennent des adultes qui savent faire confiance, qui sont ouverts et capables d'avoir de bonnes relations. Si la personne qui s'occupe du bébé est enfermée dans ses propres problèmes, elle risque de le laisser pleurer ou de le nourrir irrégulièrement. Les psychanalystes pensent que les enfants qui ont eu ce type de mère ou de nourrice auront du mal à faire confiance et à former un couple en grandissant. Ils risquent même de développer des maladies mentales sévères. La plupart des expériences humaines se situent entre ces deux extrêmes, aussi les psychanalystes préfèrent-ils le terme « suffisamment bonne » pour décrire l'attitude des parents qui nous ont élevés.

L'influence de l'éducation sur la personnalité a été étudiée par le psychanalyste John Bowlby, ancien directeur du service pédiatrique de la Tavistock Clinic. Ses travaux, menés dans les années 1950, font partie des meilleurs en la matière. Un groupe de bébés singes a été partagé en trois, les premiers ont été élevés normalement par leur mère, les deuxièmes n'ont reçu que de la nourriture et de l'eau, et les troisièmes ont eu un substitut affectif (un tissu doux autour d'un cadre). John Bowlby a constaté sans surprise, que ceux qui n'avaient reçu aucun soin étaient devenus des singes délinquants et que ceux qui avaient été élevés par leur mère étaient bien adaptés. Les bébés singes ayant eu un substitut se portaient moins bien que les bébés élevés par leur mère, mais beaucoup mieux que ceux qui n'avaient eu que de la nourriture et de l'eau. Bowlby a expliqué que notre sentiment de sécurité comme nos angoisses trouvaient leur origine dans la relation à la personne nous ayant fourni les premiers soins. Son travail a abouti à une théorie appelée « l'angoisse de la séparation ». Dans leur étude, Ainsworth,

Blehar, Waters et Wall – *Patterns of Attachment*[1] (Erlbaum, 1978) – ont défini trois catégories d'individus : ceux qui ont eu une enfance « assez bonne » et qui n'ont pas de problème à s'attacher (attachement sécure) constituent 56 % de la population ; ceux qui ont eu de mauvaises expériences et ont du mal à faire confiance (attachement évitant) représentent 25 % de la population ; ceux enfin dont les besoins n'ont jamais été satisfaits étant enfants et qui sont devenus incapables d'obtenir assez d'amour. Ces derniers trouvent que les autres rechignent à s'attacher comme ils le voudraient (attachement angoissé ou ambivalent) et représentent 19 % de la population.

Il est assez déprimant de penser que nos histoires d'adulte sont si fortement commandées par nos expériences de bébé. Après tout, on ne peut pas redevenir un nouveau-né pour réparer le mal, enfin pas sans se déguiser et faire jaser les voisins. Cependant, une relation adulte aimante et sexuée donne vraiment une seconde chance d'apprendre l'attachement. Ce lien est presque aussi intime que celui de la mère à l'enfant, et d'ailleurs beaucoup d'amoureux emploient des mots d'enfants en signe d'affection. Comment cela fonctionne-t-il en pratique ? En écoutant l'histoire de l'enfance de mes patients, je suis souvent étonné de constater que beaucoup ont souffert d'abus et sont pourtant devenus des adultes équilibrés et normaux. De temps à autre, grâce à un bon partenaire et avec beaucoup de travail, ces enfants traumatisés ont forgé en grandissant un couple qui non seulement réduit leur souffrance passée mais leur donne la force de ne pas transmettre les problèmes qu'ils ont subis à leurs enfants. Je pourrais donner un exemple extrême mais je pense que l'histoire suivante, plus dans la norme, sera plus riche.

---

1. *Les Différents Types de liens affectifs.*

Angela a 40 ans et est mariée depuis vingt-sept ans. « Mon père est parti et est revenu plusieurs fois pendant mon enfance. Je ne sais donc pas exactement quel âge j'avais, peut-être dans les 8 ans, quand il est parti définitivement. Même si les disputes entre mes parents étaient terribles et que je détestais entendre mon père battre ma mère, le pire est survenu après son départ. En effet, nous n'avons jamais parlé de ce qui s'est passé, pas un mot. Si mes amis m'interrogeaient sur mon père, j'avais ordre de dire qu'il était au travail. C'était terrible de garder ce secret, terrible. Même à l'âge adulte, quand j'ai essayé de parler de lui, ma mère s'est figée. » La mère d'Angela gardait un bâton près de la porte avec lequel elle battrait furieusement sa fille si celle-ci lui désobéissait. Il n'est pas surprenant qu'Angela ait eu du mal à construire un couple. « Mais j'ai trouvé un homme merveilleux. J'ai eu du mal à lui faire confiance mais j'ai réussi. Je n'ai jamais été aussi fière que le jour du mariage de notre fille, où j'étais main dans la main avec mon mari. Avec elle, nous rions beaucoup et parlons de tout, nos rapports sont complètement opposés à ceux que j'avais avec ma mère. Ce jour-là je me suis dit que j'avais réussi à ne pas lui transmettre cet héritage. Mais je n'aurais pas pu y parvenir sans le soutien et les interventions de mon mari. »

La personne qui nous aime fait la promesse « Je prendrai soin de toi » de façon implicite ou énoncée. Elle est identique à celle qui soutient le lien non dit entre une bonne (ou, comme dirait un psychanalyste, une « suffisamment bonne ») mère et son bébé. Il n'est pas étonnant que lorsque notre partenaire ne nous aime plus, nous le vivions comme une trahison extrême. La réaction dépasse les limites du rationnel car elle touche cette partie de notre personnalité qui a été formée quand nous étions bébé et donc incapable de penser logiquement.

Une relation adulte sexuée peut offrir une occasion de faire marche arrière et de travailler les points les plus difficiles : la confiance, l'attachement, la séparation et, bien sûr, l'amour. Cependant, ce n'est pas une baguette magique. Je choisis le mot « occasion » avec prudence, parce qu'un couple a besoin de courage, de détermination et de persévérance. Hélas, beaucoup de couples laissent tomber trop tôt, refroidis par les disputes et la souffrance. Pourtant, ce qui est souvent confondu avec une relation détériorée de façon irrémédiable peut simplement indiquer que deux personnes se battent avec des questions difficiles, ancrées depuis l'enfance, et donc que tout espoir n'est pas perdu. Nous choisissons des partenaires qui sont comme nous ou qui complètent notre histoire passée d'une façon ou d'une autre. Je n'entends pas par là les influences raciales, religieuses ou socio-économiques, même si elles jouent un rôle, mais les excentricités ou névroses familiales. R.D. Laing, l'un des pères de la psychiatrie moderne, a écrit au sujet de la famille : « Nous jouons des rôles dans une pièce de théâtre que nous n'avons jamais lue ni vue, dont nous ne connaissons pas l'intrigue, dont nous n'avons qu'un aperçu de l'existence, mais dont le début et la fin vont au-delà de notre imagination et de notre conception. » Le scénario de la famille de chacun influence non seulement sa personnalité mais aussi le choix de son partenaire. Un exemple expliquant pourquoi nous « connectons » mieux avec certaines personnes peut être trouvé dans l'exercice des « systèmes familiaux », souvent employé dans la formation des conseillers. Quand le cours commence, les stagiaires ne se connaissent pas. On leur demande de faire le tour de la pièce et, sans se parler, de s'associer à quelqu'un. Ensuite, les deux personnes qui se sont choisies comparent leurs parcours respectifs, et il est toujours surprenant de constater que leurs familles sont proches. Parfois les deux personnes ont eu du mal à exprimer leurs émotions ou à se mettre en colère, ou ont connu un divorce. Quel que soit le lien, il semblerait que nous ayons tous une pièce de théâtre interne qui attend d'être jouée. Nous recherchons les personnes qui représenteront les problèmes que nous n'avons pas pu résoudre dans notre enfance. Notre partenaire doit parler la même langue et souhaiter jouer les mêmes scènes que nous, sinon la connexion n'a tout simplement pas lieu.

Belinda et Thierry sont mariés depuis dix ans, mais lors de leur première rencontre, ils ont été surpris par la similitude de leurs familles, malgré leurs énormes différences culturelles. « Papa a quitté maman quand j'avais 8 ans, et il n'était pas vraiment un bon père. Thierry a grandi avec sa mère et sa grand-mère. Nous venons tous les deux d'un foyer sans père », a dit Belinda. L'une de leurs tâches communes était d'apprendre à former un couple. Thierry a expliqué : « C'était très troublant. Nous savions ce qu'était une mère – les nôtres ont été fantastiques –, mais nous n'avions aucune idée de ce que signifiait être mari et femme. À quoi ces créatures doivent-elles ressembler ? Que font-elles ? » Belinda aurait eu plus de mal si elle avait été attirée par un homme issu d'une famille très traditionnelle et doté d'un scénario où l'homme est responsable du foyer. Ce genre d'homme aurait été moins prêt à négocier que Thierry. De son côté, Thierry serait resté perplexe face aux demandes d'une femme issue d'une famille patriarcale. Trouver quelqu'un avec qui travailler sur des problèmes inconscients liés au passé peut guérir, mais non sans tension. Pour cette raison, les JTAM peuvent être optimistes : leur partenaire ne veut plus se cacher derrière une façade de gentillesse et est prêt(e) à plonger dans la complexité de leur passé en quête d'une relation plus épanouissante.

En résumé

- Le malheur est comme le cancer, il se répand dans l'existence en infectant chaque domaine : le couple, le travail, la spiritualité et l'amitié. Cependant, l'endroit où la souffrance est ressentie pour la première fois n'est pas forcément la source originelle du mal.
- Même si certains couples viennent spontanément me trouver après un deuil, quand je demande à mes patients de dater les premiers problèmes de leur couple, je découvre souvent que l'un des premiers déclencheurs est la mort d'un ami ou d'un membre de la famille.
- Quelqu'un qui se pose des questions d'ordre spirituel, avec lesquelles notre société n'est pas très à l'aise, aura tendance à détourner ses problèmes pour les exprimer ailleurs, par exemple dans le couple. Si c'est le cas, se séparer de son partenaire ne permet pas de se débarrasser du cancer mais n'exorcise que les infections secondaires. Le malheur d'origine est laissé à l'abandon et va causer des ravages ailleurs.
- Les gens attendent beaucoup de leurs relations amoureuses et pensent que « l'amour est plus fort que tout ». Si l'amour a des pouvoirs de guérison incroyables, un couple doit aussi investir de l'énergie et de la volonté.
- Pour une personne JTAM, le principal message de ce chapitre est de voir plus grand sans mettre toute la faute sur le couple. Si votre partenaire est JTAM, le message est d'essayer de ne pas vous sentir complètement démoralisé ni d'abandonner tout espoir trop tôt.
- Les deux partenaires devraient porter un regard neuf sur leur relation, en prenant chacun ses responsabilités, et rien de plus.

EXERCICES

Autodiagnostic : qu'y a-t-il d'autre derrière votre JTAM ?

Le questionnaire suivant est conçu pour aider une personne JTAM à faire le point. Certaines questions vous sembleront peut-être étranges, mais poursuivez votre lecture malgré tout. Ne cherchez pas à trop analyser, écrivez seulement vos réponses les plus spontanées. Il est inutile de rédiger une thèse : quelques remarques et mots clés suffisent. Cependant, il est possible que vous souhaitiez développer vos pensées, surtout si elles semblent prises dans un piège et tournent en rond. C'est à vous de choisir. Dans la partie « Réponses », vous trouverez une explication pour chaque question, comment interpréter vos réponses et comment élargir vos horizons.

1. Depuis combien de temps vous sentez-vous malheureux(-euse) ?
2. Pouvez-vous donner une date précise ?
3. Quel âge aviez-vous à ce moment-là ?
4. Repensez à vos 18 ans. À cet âge, comment imaginiez-vous que vous seriez à votre âge actuel ? Que pensiez-vous que vous auriez fait ou accompli ?
5. Quel âge avaient vos enfants quand vous avez commencé à vous sentir malheureux(-euse) ?
6. Que se passait-il dans votre vie en général quand vous avez commencé à vous sentir malheureux(-euse) ? Essayez de donner le plus de détails possible.
7. Que se passait-il dans la vie de votre partenaire ?
8. Que se passait-il dans la vie de vos meilleurs amis ?
9. Que se passait-il dans la vie de vos enfants ?
10. Que se passait-il au travail ?
11. Quand vous avez eu des problèmes au travail, comment les avez-vous traités ?

12. À votre avis, quel est votre problème principal au travail aujourd'hui ?
13. Que se passait-il dans la vie de vos parents quand vous avez commencé à vous sentir malheureux(-euse) ?
14. Pensez à la vie de vos parents. Comment ont-ils vécu l'adversité ? Ont-ils connu des problèmes de santé mentale, comme la dépression, l'angoisse ou l'inquiétude extrême ?
15. Concentrez-vous sur votre actuel sentiment de malheur. Si vous deviez faire un seul choix, qu'est-ce qui vous perturbe le plus aujourd'hui ?
16. Vous étiez-vous déjà senti(e) ainsi ?
17. Quelles conséquences ce problème a-t-il sur votre vie de couple ?
18. Dans le passé, quand vous avez connu des moments difficiles avec votre partenaire, comment vous en êtes-vous sorti(e) ?
19. Avez-vous connu le même type de problèmes avec quelqu'un d'autre ? Comment les avez-vous gérés ?
20. Quels sont les trois points forts de votre couple ?
21. Si vous le pouviez, que changeriez-vous chez votre partenaire ? Soyez aussi précis que possible.
22. Comment décririez-vous vos rapports sexuels ?
23. Qu'aimeriez-vous qu'il se passe tout de suite ?
24. Comment aimeriez-vous que votre vie soit à l'avenir ? Détaillez le plus possible votre réponse. Où vivriez-vous ? Que feriez-vous ? À quoi ressemblerait votre maison ? Qui y a-t-il d'autre ?
25. Que pouvez-vous faire pour y parvenir ?

Interprétez vos réponses :

1. Cette question permet de vérifier si vous avez un passé favorisant la souffrance morale.

2. Dater le début du problème actuel peut aider. Ce n'est pas le jour exact qui est utile mais donner une date avec une fourchette de trois à six mois permet de faire des rapprochements. Par exemple, atteindre l'âge auquel est mort un parent peut être le déclencheur d'un épisode dépressif ou d'un malheur général.
3. Repensez au stade que vous aviez atteint à cet âge-là et aux problèmes que les gens affrontent à cet âge.
4. Nous oublions souvent les opinions préconçues avec lesquelles nous vivons. Cette question est faite pour vous aider à vous voir vous-même à travers le regard que vous aviez à cet âge-là pour faire une réévaluation.
5. Repensez à ce qui se passait dans votre vie à l'âge qu'avaient vos enfants quand vous avez commencé à vous sentir malheureux(-euse). Il est étonnant de constater à quel point les événements qui se produisent dans la vie de vos enfants peuvent réveiller les problèmes de votre propre enfance. Le cas le plus classique est le départ de l'un de vos parents quand vous aviez cet âge. Nous pensons avoir tout réglé mais les problèmes reviennent nous hanter.
6. Plus l'image est détaillée et plus il est facile de trouver les éléments déclencheurs. Essayez donc d'ajouter des détails. Peut-être avez-vous des photos de cette époque pour réveiller votre mémoire ?
7. Les liens du couple sont si intimes que ce qui se passe dans la vie de l'autre va forcément vous influencer.
8. Ce que font vos amis peut provoquer un état d'esprit qui affectera également votre vie. Souvent le divorce d'un couple a un effet d'entraînement dans son entourage.
9. Nous nous identifions tellement à nos enfants que leurs revers trouveront toujours écho dans notre vie. Par exemple, des mauvais traitements subis dans la cour de

récréation nous rappelleront les mauvais traitements vécus au travail ou nos propres malheurs d'enfant.

10. Nous passons tellement de temps au travail, ou à y penser, que nous fondons souvent notre identité sur notre vie professionnelle. En quoi cela peut-il éclairer vos problèmes ?
11. Cette question va de pair avec la question 18. Opposez les façons de résoudre les problèmes au travail et celles de les résoudre à la maison. Ces deux manières de procéder se renforcent-elles ou s'opposent-elles ?
12. Les problèmes professionnels sont-ils différents ou identiques à ceux rencontrés à la maison ? Si les deux sont diamétralement opposés, il est tentant de nier les rapprochements, mais ils ne sont souvent que les deux faces d'un seul problème.
13. Vous devez considérer les héritages reçus de la vie de vos parents mais aussi tous leurs échos indirects en partant de questions comme : « Comment vous sentiez-vous avec eux lorsque vous étiez enfant ? » Avez-vous l'impression qu'ils veulent toujours vous contrôler ? Sont-ils toujours distants ? ou exaspérants ?
14. Cette question a pour but de mettre le doigt sur les questions de santé mentale dont vous avez pu hériter. En vieillissant, nous ressemblons de plus en plus à nos parents.
15. De quel domaine de votre vie cela provient-il ?
16. Quels sont les schémas ?
17. Votre couple vous renvoie-t-il le reflet de vos problèmes ou en est-il la source ?
18. Cette question va de pair avec la question 11. Les hommes ont souvent tendance à aborder les problèmes professionnels et domestiques très différemment. S'il y a une différence, qu'en pensez-vous ? Qu'est-ce qui vous semble vous refléter le mieux ?

19. Y a-t-il quelque chose chez votre partenaire qui vous force à agir dans votre couple différemment que dans les autres domaines de votre vie ? Est-ce une bonne ou une mauvaise chose ?
20. Parfois nous perdons de vue les bonnes choses et il est bon de se les remémorer.
21. Si vous avez une réponse générale – par exemple, j'aimerais qu'il soit plus patient –, précisez-la en ajoutant un exemple : j'aimerais qu'il soit plus patient quand je suis en retard. Pour une fois, vous aurez un but concret.
22. Si quelqu'un avait une pilule magique pour résoudre tous les problèmes sexuels entre vous et votre partenaire, qu'en penseriez-vous ? Qu'est-ce que cela dit de votre couple ?
23. Cette question vise à définir des buts précis.
24. Comme pour les détails de la vie inventée, je suis toujours intéressé quand quelqu'un parvient à dater le moment où ses rêves se réaliseront : dans un an, dans cinq ans ou dans dix ans ? Souvent, plus une personne est en crise, plus elle a de mal à dater le futur fictif. Si vous n'avez pas grand-chose à répondre, réessayez. Ne vous censurez pas. Ce n'est qu'un jeu imaginaire, et dans la fiction on a tous les droits.
25. Une fois que vous avez une image claire du point que vous souhaitez atteindre, le secret pour réaliser un changement est de définir clairement la route allant d'aujourd'hui au futur imaginé. Cette étape est souvent la plus difficile ; partagez-la en degrés plus petits, plus faciles à concrétiser. Qu'est-ce qui viendra ensuite ?

Il vous faudra sûrement quelques jours pour répondre à toutes ces questions. Accordez-vous du temps avant de revenir à vos notes. Prenez une nouvelle feuille et divisez-la en trois colonnes intitulées « personnel », « couple » et « ni l'un ni l'autre ». Reprenez vos réponses et placez chaque question dans la bonne colonne. Y a-t-il quelque chose que vous aimeriez ajouter ? La réponse se trouve souvent dans la colonne qui a le plus d'éléments, mais parfois un seul élément peut suffire à bouleverser tous les autres.

Les problèmes viennent-ils du passé ou d'aujourd'hui ?

Si le premier exercice est conçu pour les personnes JTAM, celui que je vous propose maintenant s'adresse aussi à leurs partenaires, car parfois celui qui est toujours amoureux a également des problèmes liés au passé.

Passez une soirée à regarder les albums de vos vieilles photos et des films de famille.

1. Regardez les photos de vos parents et imaginez que votre partenaire ne connaît pas leur histoire. Quel genre d'homme était votre père ? Comment décririez-vous votre mère en trois mots ?
2. Concentrez-vous sur ce que vous éprouviez en présence de vos parents et faites des rapprochements entre hier et aujourd'hui.
3. Regardez les photos de vous et de votre partenaire à l'âge qu'ont vos enfants aujourd'hui. Que se passait-il à ce moment-là ?
4. Prenez une photo récente de vos enfants. Votre propre passé se reflète-t-il sur ce qui se passe actuellement dans la vie de vos enfants ?
5. Enfin, cherchez s'il y a un lien entre une de ces photos ou histoires et le présent. Si oui, ce lien éclaire-t-il différemment vos problèmes actuels ? Y a-t-il quelque chose que vous avez fait ensemble dans le passé qui pourrait être repris pour aider votre couple aujourd'hui ?

Sixième étape

Donner

« J'ai vraiment apprécié ce que tu as fait pour moi hier.
– Ce n'est rien.
– Cela me donne envie de faire quelque chose pour toi.
– Tu n'y es pas obligé(e).
– Mais ça me ferait plaisir. »

Parfois le moindre geste, en particulier quand il vient du cœur, peut faire toute la différence. C'est d'autant plus vrai quand vous êtes face à des problèmes bouleversants, comme l'annonce que votre partenaire n'est plus amoureux(-euse) de vous. Si c'est vous qui avez cessé d'aimer, les cinq étapes précédentes vous auront aidé(e) à faire le point et à trouver assez de bonne volonté pour que votre partenaire sente que vous voulez donner.

9

La théorie des « bons trucs »

Les couples en crise pensent généralement qu'ils ont besoin de faire beaucoup d'efforts pour obtenir des résultats importants. Ils font souvent le serment d'en faire plus et d'être différents : plus attentionnés, plus ouverts, plus actifs à la maison. Vous pouvez ajouter vos propres points faibles à la liste. Pendant les premiers jours, les deux partenaires ont un comportement exemplaire, mais bien sûr, cela ne dure pas. Et le retour aux anciennes habitudes entraîne plus d'amertume, voire un sentiment dépressif.

Une nouvelle perspective aidant à effectuer un changement dans une situation apparemment impossible nous est proposée dans un récent livre de *business*, *The Tipping Point*[1] (Little, Brown, 2000). Malcolm Gladwell y écrit : « Nous rejetons instinctivement les solutions simples. Il y a quelque chose en chacun de nous qui sent que les vraies réponses doivent être complexes et que s'appliquer à l'effort avec ténacité et sans discernement est vertueux. » Il poursuit en faisant les louanges de la « solution pansement » (pour désigner des interventions précisément ciblées) : « Les critiques l'emploient comme un terme désobligeant. Mais dans leur histoire, les pansements ont probablement permis à des millions de gens

1. *Les Bons Trucs.*

de continuer à travailler ou à jouer dans des moments où ils auraient probablement été contraints d'arrêter. »

Quand une relation amoureuse n'est plus satisfaisante, la réponse n'est pas de faire plus d'efforts mais de penser avec plus de finesse. À ce stade, il est important de comprendre les lois du changement. Malcolm Gladwell examine de quelle façon les idées deviennent populaires et décrit le moment où quelque chose qui était réservé à un petit nombre passe à la masse comme un « bon truc ». Par exemple, dans le deuxième semestre de l'année 1996, posséder une adresse mail s'est largement généralisé. Suivant le principe des dominos, un petit coup de pouce peut avoir des conséquences énormes. Gladwell affirme « qu'une seule personne imaginative mettant un coup de levier bien placé peut changer le monde ». Je me suis dit que la théorie des « bons trucs » expliquait également de quelle façon une relation amoureuse pouvait passer en l'espace d'une nuit de « bonne » à « malheureuse ».

Lors de mes premiers entretiens avec mes patients, je leur demande quand leurs difficultés ont commencé. Ils évoquent généralement les classiques changements de vie qui mettent un couple en danger : avoir un enfant, les deuils, déménager, un licenciement, un nouvel emploi, etc. Mais si ces événements importants poussent à faire le point, ils sont rarement présentés comme la vraie cause des problèmes de couple. Le « petit truc négatif » – ce qui fait passer la relation de satisfaisante à malheureuse – semble venir plus tard, bien que peu de couples puissent définir précisément le moment clé. Et pourtant, si je demande les raisons pour lesquelles les unions précédentes ont échoué, la plupart des patients offrent ces changements de vie comme réponses. Serait-ce parce que nous relions rétrospectivement les grandes questions aux ruptures pour donner un sens aux grands changements ? Après tout, qui serait prêt à admettre que nous avons demandé le divorce parce que l'autre laissait ses serviettes mouillées sur le lit ou ne sortait jamais la poubelle ?

Toutefois, la théorie des « bons trucs » semble suggérer que l'accumulation de ce que mes patients appellent « des choses bêtes » provoquerait la rupture. Souvenez-vous de l'idée principale selon laquelle les petites choses peuvent faire toute la différence. Dans son livre, Malcolm Gladwell donne comme exemple le nettoyage des graffitis dans le métro new-yorkais. Comme le métro était plus propre, de plus en plus de gens se mirent à l'utiliser. Or, plus il y avait de monde et moins il y avait d'agressions et de délits. Un cercle vertueux était donc lancé. Mes patients, d'un autre côté, semblaient pris dans une spirale infernale où « oublier de vider le lave-vaisselle » pouvait mener au divorce. Donc, au lieu de me concentrer sur les grands sujets, j'ai décidé de tourner mon attention sur les petits détails.

Julia et Graham ont tous deux la trentaine et leur principal sujet de dispute est le nettoyage des chaussures de leurs jeunes enfants. Julia harcelait Graham à ce sujet et celui-ci ne comprenait pas pourquoi elle en faisait toute une histoire. Sous ces disputes apparemment triviales, nous avons trouvé deux couches plus profondes. Le père de Julia avait toujours nettoyé ses chaussures et elle pensait donc que c'est le rôle d'un bon père. Mais Graham, lui, avait été élevé avec l'idée que c'était à lui de cirer ses propres chaussures. De plus, les chaussures étaient symboliques de leurs différences dans leur conception de l'éducation des enfants. Elle voulait les dorloter tandis qu'il souhaitait leur apprendre l'indépendance. Une fois que nous avons compris cela, les chaussures n'ont plus été un sujet de conflit et les rapports de Julia et Graham se sont radicalement améliorés. Au lieu d'être sur la défensive, ils ont commencé à s'exprimer, et les explications ont entraîné une meilleure communication qui, en retour leur a permis de mieux se comprendre. Nous avions lancé le démarrage d'un cercle vertueux.

Gladwell a identifié les deux points essentiels permettant d'atteindre un « bon truc » positif : la loi du plus petit et le facteur accrocheur. Le premier ébranle un vieux mythe lié au couple, selon lequel les deux partenaires doivent avoir envie de changer. Vous vous souvenez de ma règle des 80/ 20 pour les disputes ? Eh bien, pour les économistes, ce principe s'applique au marché, au lieu de travail et à l'ensemble de la société. Ils pensent que dans toutes les situations, à peine 80 % du travail est effectué par 20 % des participants. Par conséquent, 80 % des crimes sont commis par 20 % des criminels et 80 % des accidents de la route sont causés par 20 % des automobilistes.

En d'autres termes, quelques personnes ont un effet disproportionné sur tout ce qui se passe. Le même principe s'applique aux relations amoureuses. Nous aimons croire qu'il y a une égalité dans un couple, mais souvent l'un des deux partenaires s'implique plus dans l'histoire. Beaucoup de couples demandent des conseils parce que leur partenaire, qui avait toujours été celui qui fournissait 80 % du liant du couple, a abandonné. Paula, consultante en recrutement de 37 ans, est représentative de ce type de comportement : « Pourquoi devrais-je faire tous les efforts ? C'est moi qui entretiens la conversation pendant les repas. C'est même moi qui garde le contact avec sa mère. Et Jake ne fait rien pour répondre à mes besoins. Je me suis sentie seule et j'ai pris mes distances. » Jake et Paula étaient coincés, en colère, et chacun attendait que l'autre fît le premier pas. Je les trouvais sympathiques tous les deux et comprenais que chacun, pour des raisons différentes, ne se sentait pas apprécié à sa juste valeur. Au bout de quelques semaines, je leur ai demandé : « Préférez-vous avoir raison ou être heureux ? »

La semaine suivante, ils sont arrivés en souriant : Paula a moins critiqué Jake qui, de son côté, a davantage aidé Paula à la maison. Ils avaient atteint un « bon truc » positif, mais qui avait demandé à Paula (la loi du plus petit) de prendre l'initiative. Paula était si heureuse qu'avoir fait 80 % de l'effort initial ne la dérangeait plus, puisqu'ils contribuaient désormais tous deux de façon plus ou moins égale.

Pourquoi certains messages sont-ils entendus alors que d'autres tombent dans l'oreille d'un sourd ? La réponse se trouve dans la deuxième loi : le facteur accrocheur. Malcolm Gladwell évoque des programmes de santé ayant pour but de vacciner des étudiants contre le tétanos. L'université de Yale a essayé de convaincre les étudiants avec diverses brochures, certaines strictement informatives et d'autres montrant des images plus choquantes, mais les demandes restaient désespérément faibles. Pourtant, un petit changement a convaincu 28 % des étudiants : un plan indiquant l'emplacement du centre médical et les horaires de vaccination a été ajouté sur les brochures. Retoucher un message peut souvent le rendre plus accrocheur. Quand quelqu'un ne nous écoute pas, nous trouvons des façons de plus en plus dramatiques d'obtenir son attention – nous crions, nous piquons une colère, nous menaçons, nous partons –, alors qu'un petit changement peut souvent être plus efficace.

Dans le cas de Paula et de Jake, Paula a appris que grâce à l'humour elle pourrait demander quelque chose sans avoir l'air de critiquer. Depuis que j'ai découvert les « bons trucs », j'ai passé plus de temps à inciter mes patients à trouver de nouvelles manières de communiquer plutôt que de répéter le même message ou le même comportement de plus en plus fort.

Quand, à la fin d'une thérapie de couple, je considère le chemin parcouru par mes patients, je suis souvent stupéfait par tout ce qui a pu être changé grâce à des petites choses. Robin et Tamara, deux enseignants d'une quarantaine d'années, en sont un bon exemple. « Au lieu de trépigner, j'ai appris à m'imposer verbalement », a dit Robin. Tamara a appris l'opposé : « Je croyais que j'écoutais mais s'il dit quelque chose que je n'ai pas envie d'entendre, je l'interromps et je le fais taire. » Ces changements, petits mais efficaces, leur permettent de mieux gérer les questions importantes, comme la santé de la mère de Tamara dont l'état ne cesse de s'aggraver, sans même avoir à en discuter pendant leurs séances de thérapie hebdomadaires. Ils ont amélioré de façon conséquente leur capacité à communiquer grâce à une toute petite intervention, qui était la clé de tout.

Trouver des astuces pour aider un patient à penser positivement est plus facile que ce que les couples imaginent. Mais à chaque occasion, au moins l'un des deux partenaires, si ce n'est les deux, doit décider d'être généreux et de donner pour lancer le processus de guérison.

QU'EST-CE QUI EMPÊCHE LES COUPLES DE TROUVER LEUR « BON TRUC » POSITIF ?

Notre comportement en couple est étayé par toute une série de suppositions si fondamentales que nous les prenons pour argent comptant sans vraiment vérifier leur véracité. En voici quatre qui pourraient être celles qui vous empêchent de transformer le négatif en positif.

Ce que je dis ou fais n'a aucune conséquence

Mes patients qui viennent consulter seuls, parce que leur partenaire n'a pas pu venir, désespèrent souvent de réussir à influencer l'autre. Ils se sentent totalement impuissants. Melanie, 29 ans, était convaincue que son partenaire lui gâchait ses journées : « Il critique ma façon de conduire – "un tank aurait pu se garer là" – ou il n'appelle pas pour dire qu'il sera en retard et je l'attends sans savoir qu'il va arriver. Il le fait exprès parce qu'il sait ce qui m'énerve. » En l'encourageant un peu, Melanie a admis qu'elle savait aussi comment s'y prendre. « À côté de chaque plat, il met un peu de sel dans lequel il trempe sa nourriture. Si je dis que c'est mauvais pour la santé, il s'emporte, ce qui n'est pas non plus très bon pour sa pression sanguine », a-t-elle expliqué. Si elle savait quoi faire pour obtenir une réaction négative, elle devait certainement savoir comment obtenir sa coopération, non ? « Il adore qu'on lui fasse des compliments », a-t-elle avoué en acceptant d'essayer cette stratégie. Michael a mis un certain temps avant de réagir. Il était peut-être en colère ou supposait que cette soudaine amabilité cachait une raison, mais j'ai encouragé Melanie à ne pas abandonner et à poursuivre ses louanges. Les résultats étaient impressionnants et leurs rapports ont commencé à s'arranger.

Même si les deux parties doivent s'impliquer pour améliorer leurs rapports, il suffit qu'un seul entame le voyage. Provoquer le positif au lieu du négatif produira en fin de compte assez de bonne volonté pour pousser le deuxième à se joindre au mouvement. Michael a commencé à appeler Melanie, non seulement pour la prévenir de ses retards mais aussi pour simplement discuter.

Petit truc pour inverser le mouvement : afin de vous mettre dans l'humeur qui vous donnera envie d'agir de façon positive, repensez à l'époque où vous flirtiez et à ce que votre partenaire aimait. Y a-t-il quelque chose que vous pourriez répéter aujourd'hui ?

Moi, moi, moi

Ce blocage pousse les gens à se concentrer sur ce qui a un effet sur eux, mais ils en oublient d'imaginer les effets sur leur partenaire. Par exemple, Melanie avait du mal à accepter les compliments de Michael. Quand il lui a dit que sa nouvelle coupe de cheveux lui allait bien, elle l'a repoussé avec une blague : « Au moins, ça m'amincit. » Michael a fini par cesser de lui faire des compliments et Melanie a commencé à se plaindre qu'il ne faisait plus attention à elle. La question est : Pourquoi Melanie a-t-elle eu du mal à accepter les compliments ? « Je me sens toute gênée, comme si j'étais trop consciente de jouer les “moi, moi” », me répondit-elle. Je lui demandai alors si elle avait pensé à ce que ressentait Michael ? Après avoir réfléchi, elle me dit calmement : « Quand je tourne ses phrases en dérision, il doit se sentir déprécié. »

Petit truc pour inverser le mouvement : la prochaine fois que quelque chose vous vexe, prenez conscience de cet effet, de préférence en l'exprimant verbalement, et demandez ensuite à votre partenaire comment il se sent dans cette situation.

Aller jusqu'au bout d'une idée fixe

Ce blocage est causé quand nous persistons à suivre une idée, quels que soient les résultats obtenus, parce que nous sommes persuadés qu'elle sauvera notre couple. Quand Gavin et Mary ont commencé à me consulter, je les ai vus individuellement pendant une séance. Incapables de se sortir des conflits, ils avaient simplement cessé de se parler, de peur que leurs conversations tournent en bagarre, ce qui a fini par entraîner une accumulation de malentendus. La situation était tendue et Gavin croyait peu en leur avenir : « J'ai tout fait pour créer un pont : j'ai économisé de l'argent pour lui acheter un cadeau pour ses 50 ans et j'ai organisé une soirée avec tous ses collègues, ses amis et sa famille, mais elle m'a quasiment ignoré. Quand j'ai touché un héritage, j'ai déposé tout l'argent sur notre compte commun pour rembourser le découvert. Elle m'a remercié mais cela n'a rien changé. Je ne sais plus quoi faire. » Lors de la première séance commune, Gavin était décidé à régler leurs problèmes financiers. Il a donc apporté les factures et les relevés de compte. Même s'ils étaient de nouveau dans le rouge, Mary a évité les questions d'argent et la séance a tourné en rond. Gavin ne voulait pas provoquer une dispute et il n'a donc rien dit. Il a préféré me jeter des regards noirs. « Vous voyez, j'ai tout essayé », semblait-il me dire. Beaucoup de couples à ce stade abandonnent et pensent que le divorce est la seule issue. Sauf que Gavin n'avait pas tout essayé : il était simplement allé jusqu'au bout de la même route.

Les « bons trucs » de Malcolm Gladwell regorgent d'histoires d'individus qui apportent un gros changement à leur communauté ou qui font d'une petite affaire une entreprise multimillionnaire, en lançant ce qu'il appelle une « épidémie sociale ». Il écrit : « Le monde, tel que nous le voulons, ne s'accorde pas à nos intuitions. Ceux qui réussissent à créer des épidémies sociales ne se contentent pas de faire ce qu'ils pensent être juste. » Il poursuit en décrivant de quelle façon ces brillants innovateurs essaient d'autres chemins, même ceux que tout le monde pense paradoxaux, voire stupides. Gavin avait intuitivement compris que l'argent était au cœur de leurs problèmes de couple. Il est vrai qu'ils avaient des dettes et qu'il avait tout essayé pour arranger leur situation financière. Mais il n'avait pas tout tenté pour sauver leur mariage. En quelques séances, il s'est révélé que Mary désirait que Gavin l'entretînt, non pas d'argent mais de leurs propres points de vue et des petites histoires qui font le quotidien d'un couple heureux. Une fois que Gavin a commencé à faire la conversation à Mary, au lieu de s'entêter sur la voie des questions d'argent, leurs rapports sont devenus à nouveau positifs.

Petit truc pour inverser le mouvement : si vous avez l'impression d'avoir tout essayé, faites une liste de ce « tout ». Rayez ensuite tous les éléments qui vous ont renvoyé sur la même vieille route. Enfin, prenez les choses à l'inverse en vous demandant : « Qu'est-ce que je n'ai pas encore essayé ? »

Plus on vieillit, moins on change

Ce blocage part de l'idée que non seulement notre partenaire ne changera pas mais qu'en outre il ne serait pas bon de le lui demander. Pourtant Gladwell écrit : « En fin de compte, ce qui doit sous-tendre les épidémies à succès est de croire dur comme fer que le changement est possible, que les gens peuvent transformer leur comportement ou leurs convictions de façon radicale au nom d'une impulsion de bon aloi. » Il poursuit en ajoutant : « Nous aimons nous croire autonomes et individualistes, et penser que ce que nous sommes et comment nous agissons est en permanence commandé par nos gènes et notre tempérament. Nous sommes en fait fortement influencés par notre environnement, par notre contexte immédiat et par la personnalité de ceux qui nous entourent. »

Dans mon cabinet, je rencontre régulièrement des gens inquiets à l'idée que leur partenaire ne change pas et d'autres qui se plaignent en disant : « Elle veut que je sois quelqu'un d'autre » ; « Il savait que j'étais comme ça quand il m'a épousée. » Et pourtant, au fil des semaines, je vois que des arrangements mineurs, plus que des revirements complets de caractère, peuvent satisfaire les besoins de l'autre et conduire à une relation plus épanouissante.

Revenons à Mary et Gavin, le couple ayant des problèmes d'argent. Mary avait peur que Gavin voulût la faire changer. Elle se disait : « Je travaille dur et j'ai le droit de me faire plaisir. » (Il est vrai que son travail lui imposait de longs trajets et que ce qu'elle faisait était assez ennuyeux.) Mary était convaincue que Gavin voulait qu'elle cessât d'être dépensière pour devenir économe. En réalité, Gavin s'inquiétait de tout l'argent qu'ils dépensaient au restaurant. « Nous gâchons notre argent en restaurants », s'est-il plaint. Mary a rétorqué : « Je mérite d'être chouchoutée et bien traitée. »

Nous avons finalement trouvé un compromis : Gavin allait acheter d'excellents morceaux de viande et tous les ingrédients d'un bon repas et ce serait lui qui cuisinerait. « J'ai même mis mon plus beau costume pour jouer au maître d'hôtel. Vous auriez dû voir la tête de Mary quand je lui ai montré la table de notre salle à manger que j'avais dressée avec la plus belle nappe, l'argenterie et des fleurs du jardin. » Mary s'est sentie gâtée et Gavin était ravi d'avoir économisé de l'argent. Ont-ils changé ? Oui. Ils ont cessé d'aller dans des grands restaurants (sauf pour les anniversaires et les grandes occasions). Étaient-ils plus heureux ? Très certainement. L'un des partenaires avait-il transformé la personnalité de l'autre ? Non. Et cette question n'avait plus d'importance parce que les modifications mineures qu'ils avaient réalisées étaient largement récompensées.

Petit truc pour inverser le mouvement : écrivez tout ce que vous aimeriez changer chez votre partenaire. Reprenez ensuite tous les points liés au tempérament ou à la personnalité, qui sont difficiles à changer, et transformez-les en types de comportement précis qui sont plus faciles à modifier. Par exemple, au lieu de « être plus attentionné », mettez « m'inviter à sortir pour la Saint-Valentin ».

Trouvez votre « bon truc »

Un changement majeur peut naître d'une petite modification interne chez l'un ou l'autre partenaire. Voici quatre suggestions qui vous aideront à réaliser la sixième étape pour remettre de la passion dans votre couple : donner.

- Soyez conscient des obstacles intérieurs que vous vous imposez. Chaque partenaire attend souvent de l'autre qu'il s'engage à améliorer leurs rapports, souvent en le soumettant à des petits tests : « S'il m'aimait, il me remarquerait plus » ; « Si elle m'aimait, elle serait plus démonstrative. » Sauf qu'aucun des partenaires ne le dit à l'autre et que les tests restent secrets. Soyez plus généreux, jetez vos tests à la poubelle et engagez-vous à changer.
- En vous réveillant demandez-vous : « Que pourrais-je faire aujourd'hui, même un tout petit geste, pour améliorer nos rapports ? »
- La prochaine fois que vous vous querellerez, essayez de tomber d'accord – non pas pour avoir la paix, mais avec amour et respect. Il s'agit d'essayer de vraiment comprendre pourquoi votre partenaire s'en tient à une position apparemment contraire. Donnez-lui le bénéfice du doute. Après tout, vous le respectez et son point de vue ne peut pas être si mauvais s'il y tient.
- Le JTAM survient quand les couples optent pour la vie tranquille ou pour la facilité. Adoptez donc un nouveau mot d'ordre : « Je n'irai plus vers la facilité. » Quand vous vous retrouverez face à deux options, prenez toujours celle qui offre le plus de défis. Plus vous investirez dans votre couple et plus vous obtiendrez de résultats.

Si vous recherchez des « bons trucs » plus audacieux ou si votre couple est en crise et a besoin de quelque chose de plus intense, reportez-vous à la partie « Exercices » ci-après. En fait, j'irai même plus loin : les exercices de ce chapitre sont les deux exercices les plus utiles de tout le livre, alors lisez-les de toute façon !

Et si nous sommes déjà séparés, est-ce trop tard pour essayer les « bons trucs » ?

Après une séparation, on est tenté soit de se replier en position neutre, soit de s'abandonner à la colère en tombant dans le négatif. Pourtant, avec le JTAM, la plupart des gens ont une attitude ambivalente face à l'idée de la rupture. En secret, ils recherchent des raisons de rester plutôt que des raisons de partir. De toute évidence, il faudra faire preuve de beaucoup d'actions positives pour retourner la situation, mais tenez-vous-y et surveillez votre penchant pour le négatif. Pour chaque changement négatif, je recommande un minimum de trois changements positifs afin d'en contrebalancer les conséquences.

En résumé

- Les petits changements peuvent initier un cycle positif et avoir en fin de compte un énorme impact sur le couple. Au lieu de faire plus d'efforts, essayez de mieux réfléchir.
- Quand des suppositions fortement ancrées ne sont pas remises en question, le couple risque non seulement de s'enfoncer sur la même vieille route mais aussi d'oublier toute alternative.
- Il n'est jamais trop tard pour changer.
- Ne sous-estimez jamais l'effet d'un geste simple mais qui vient du cœur.

Exercices

Renforcement positif

Le but des « bons trucs » est de trouver de nouvelles façons de regarder les choses. Avec un nouveau regard, les petits changements peuvent en engendrer de plus grands.

Voici un exemple personnel tiré du dressage canin. Il peut sembler bizarre mais suivez-moi.

Les chiots sont épuisants. On doit les surveiller en permanence si l'on ne veut pas qu'ils mordillent les pieds de la table du salon qui a appartenu à votre arrière-arrière-grand-mère. Même si un chiot a envie de faire plaisir, il ne comprend pas le sens des mots et n'a aucune idée de ce qui est bien ou mal. J'ai passé tellement de temps à dire « non » à mon jeune chien qu'il a dû croire que c'était son nom. Quand j'ai conduit Flash aux cours collectifs de dressage, l'entraîneur nous a demandé : « Que faites-vous quand votre chiot est couché tranquillement ? » J'ai levé la main en déclarant : « Je soupire de soulagement. » Un autre participant a ajouté : « Je m'occupe de la maison. » Aucune de ces réponses n'était la bonne. L'entraîneur a dit : « C'est ce que répondent la plupart des gens, mais c'est la dernière des choses à faire. Comment un chiot peut-il savoir qu'il se comporte bien si vous l'ignorez complètement dans ces moments-là ? Que se passe-t-il quand il fait des bêtises ? » Nous avons tous souri sans avoir besoin de répondre : le chiot obtient alors toute notre attention. « Vous renforcez son envie de faire des bêtises en lui offrant de l'attention négative et en omettant de le récompenser quand il se comporte bien. »

À partir de ce jour, quand Flash faisait la sieste au soleil, j'allais lui gratter le ventre en le félicitant. Quand il s'agitait et se mettait à courir autour de la maison, je l'ignorais. Au début, je devais rester concentré pour ne pas oublier de le récompenser quand il se tenait bien. Mais au bout de quelques jours, Flash a commencé à se calmer et j'ai vite compris que ce petit effort supplémentaire en valait largement la peine. Je gagnais du temps en n'ayant plus à lui courir après autour de la maison !

Voici quelques conseils pour utiliser le principe de renforcement positif dans le « dressage » de votre partenaire.

1. Repensez à ces dernières vingt-quatre heures. Combien de fois avez-vous critiqué le comportement ou les mauvaises habitudes de votre partenaire ? Combien de fois l'avez-vous félicité(e) ? Qu'est-ce qui l'emporte : le positif ou le négatif ?
2. Cessez de lui porter une attention négative. Au lieu de vous plaindre quand, par exemple, il regarde trop le foot ou qu'elle passe trop de soirées avec ses copines, attendez une situation que vous souhaitez encourager. Si votre but est de passer plus de temps avec votre partenaire, renforcez ce moment positif la prochaine fois que vous sortirez ensemble en lui disant : « J'apprécie beaucoup de partager ce moment avec toi. »
3. Le renforcement positif est construit sur la gratitude et les compliments. Ne laissez passer aucune occasion de les exprimer – on n'en reçoit jamais trop.
4. Rien ne va de soi. Jeff avait emménagé chez Martina mais il avait du mal à se sentir chez lui. Martina a accepté de tout changer afin qu'il puisse trouver ses marques. Quand tout fut terminé, Jeff lui a dit : « Je sais que ça n'a pas été facile pour toi, surtout parce qu'il a fallu emprunter beaucoup d'argent et que tu n'aimes pas ça. Alors je voulais simplement que tu saches que ça m'a fait très plaisir. » Martina le savait, mais se l'entendre dire et être reconnue était très important. Pensez à quelque chose que vous aimez chez votre partenaire mais qui entre toujours dans la case « cela va sans dire ». Et cette fois, dites-lui à voix haute, en précisant le compliment le plus possible. Qu'est-ce qui vous semble plus sincère : « Merci pour tout ce que tu fais » ou « Merci d'avoir emmené ma

voiture au garage aujourd'hui, tu m'as vraiment rendu service » ?

La technique de l'inversion

Quand nous sommes stressés, nos réactions sont plus limitées. Par exemple, nous pouvons crier, piquer une crise ou nous taire. Si ça ne marche pas, nous augmentons la mise en hurlant ou en boudant pendant des jours, voire en retournant la maison. Nous nous retrouvons rapidement pris dans une spirale et notre comportement s'enfonce dans les extrêmes. Cela vous rappelle quelque chose ? Voici un exercice simple qui vous en fera sortir :

1. La prochaine fois que vous serez sur le point de réagir comme d'habitude, arrêtez-vous et réfléchissez en vous demandant : « Que puis-je faire autrement ? »
2. Peu importe quoi. Franchement, n'importe qu'elle réaction est préférable à votre réaction habituelle : nous savons qu'elle ne sert à rien.
3. Essayez de réagir différemment et observez votre partenaire. Il va sûrement se poser des questions à son tour et évitera ainsi de tomber dans sa réaction habituelle.
4. Pensez à un comportement opposé à votre comportement habituel et utilisez-le comme une alternative. Au lieu de garder le silence, parlez. Au lieu de lancer les bibelots, redressez-les. Vous serez surpris de voir à quel point vous améliorerez la communication en adoptant le comportement opposé.
5. N'oubliez pas : cessez d'employer toujours la même technique et inversez votre réaction !

SEPTIÈME ÉTAPE

APPRENDRE

« On dirait que ça va mieux.
– Je suis d'accord.
– Parfois je crains que ça ne soit trop beau pour durer.
– Mais c'est du passé.
– Que se passerait-il si nous retournions doucement à la situation d'avant ? »

Toute entreprise florissante a appris que ne pas évoluer est mauvais. Il faut savoir s'améliorer en permanence. Il en va de même pour les couples, et le meilleur moyen d'éviter la stagnation est de s'engager à continuer d'apprendre.

10

Les six qualités des couples heureux

Dans les dernières séances de la thérapie, beaucoup de couples atteignent un moment de félicité où leur dur travail commence à porter ses fruits. L'attachement amoureux éclôt et une étincelle de « limerence » se ranime, ce qui les aide à penser qu'ensemble ils peuvent de nouveau escalader des montagnes et vaincre l'adversité. Pourtant, ce moment de magie passe. Ils se souviennent vite comme il est facile de retomber des sommets de la « limerence », avec les tensions du quotidien et les exigences permanentes de notre civilisation. La félicité se transforme alors en peur. Mais comment protéger son couple ?

Les relations de couple ne sont pas les seules à subir des pressions : une série de mauvaises publicités peut mettre en péril l'avenir de magasins de proximité renommés et les institutions publiques peuvent facilement se retrouver accusées d'être dépassées. Fournir le même service de qualité n'est plus suffisant : les concurrents ne sont jamais loin. Les clients sont de plus en plus exigeants. Aussi la plupart des as du commerce suivent-ils un principe, né dans des entreprises comme Toyota, qui s'appelle la « culture de l'amélioration permanente ». Beaucoup d'écoles l'ont également adopté. Cette idée suggère que tout ce qui n'est pas amélioré dégénère. C'est ainsi que des dirigeants et des chefs d'établissements scolaires ne se contentent pas d'être bons, ni assez bons, mais se battent pour être meilleurs. Nos rapports amoureux doivent être tenus à l'abri de ces principes de marché, mais rien n'interdit d'adapter ceux qui sont les plus utiles.

Apprendre permet à un couple de rester frais. Cette attitude l'assure que rien n'est considéré comme acquis et ouvre la voie vers un attachement amoureux plus profond. Mais comment savoir ce qui apporte le bonheur et l'épanouissement à son couple ? C'est difficile pour les couples JTAM, surtout qu'ils sont souvent perçus par leurs amis comme les couples les moins exposés aux problèmes. De plus, les professionnels n'offrent souvent que des indices éparpillés – la plupart des psychologues se sont en effet concentrés sur l'étude des échecs sentimentaux. J'ai donc décidé de faire des recherches dans les revues scientifiques et dans mes propres dossiers pour découvrir les secrets d'un couple heureux. J'ai appris que les couples qui fonctionnent bien avaient tendance à cultiver, souvent inconsciemment, six habitudes. Celles-ci peuvent constituer des buts pour aider la relation entière à s'améliorer constamment. J'ai commencé par l'habitude la plus facile à adopter, mais elles sont toutes solidaires. Comme pour « Les sept étapes… », intégrer une habitude à votre couple facilitera le pas suivant.

LES SIX BONNES HABITUDES DES COUPLES HEUREUX

S'investir : se garder du temps en commun

Quand les choses tournent mal, les deux partenaires passent moins de temps ensemble, ce qui accroît les malentendus. Pour une semaine normale, une fois déduit le temps consacré au travail, aux transports, au sommeil et à la télévision, le couple moyen passe très peu de temps ensemble.

Selon le Bureau national des statistiques, il reste trois heures et demie par semaine (ou vingt-quatre minutes par jour) pour la vie sociale, le sport et les loisirs. Même un tout petit supplément de temps passé à deux peut porter ses fruits : le professeur John Gottman, de l'université de Washington, qui a étudié sur plusieurs années le comportement de plusieurs centaines de couples mariés, a proposé un investissement de cinq heures par semaine pour faire une vraie différence.

Nick et Anna ont essayé l'investissement de temps comme élément de tout un programme visant à améliorer leurs rapports. Leur vie sociale tournait autour d'un groupe d'amis. Ils se sont donc gardé une soirée par semaine en tête à tête et, malgré les invitations attirantes de leurs proches, ont maintenu leur rendez-vous à deux. Quand leur soirée coïncidait avec une représentation de Shakespeare au théâtre local, pour laquelle leur meilleur ami avait déjà pris des billets, ils avaient une solution de secours. Cette semaine-là, ils se réservaient quinze minutes par jour pour discuter. Grâce à ces petites discussions, Nick et Anna continuaient à se donner des rendez-vous pendant lesquels les questions importantes pouvaient jaillir naturellement. « C'est bien mieux que quand Nick annonçait : “Il faut qu'on parle.” Cela me faisait paniquer et me mettait sur la défensive », a dit Anna. En donnant la priorité à leurs moments à eux, les couples heureux se prouvent au quotidien qu'ils font passer leur relation avant tout.

Rire ensemble : en partageant des blagues et des plaisanteries récurrentes

Pour beaucoup de couples heureux, le rire est l'instrument qui adoucit une dure journée. « Le rire aide vraiment », m'a dit Elizabeth, laborantine de 54 ans, mariée depuis vingt ans à Derek, directeur du marketing. « Nous rions de nous, de nos familles, des habitudes bizarres des voisins et des vieux films qui passent à la télévision. Parfois, c'est la seule chose qui nous relie. » Derek a poursuivi : « Nous avons des phrases qui n'ont de sens que pour nous. Par exemple je la taquine en lui disant qu'elle ne jouera jamais avec l'équipe de hockey de Leicester et elle me répond que je ne mérite même pas l'équarrissage. » L'institut allemand pour le développement humain Max Planck a remarqué que les couples mariés heureux savaient prendre du recul pendant une dispute afin de réparer leurs petits faux pas. Le moyen le plus commun de disperser des tensions est d'en rire. L'autodérision est particulièrement efficace.

Accorder les gestes aux paroles

Nous attendons de nos partenaires qu'ils fassent plus confiance à nos paroles qu'à notre comportement, mais les psychologues sociaux sont convaincus que 10 % de la communication est verbale. Dans la course du quotidien, il est facile d'emballer notre partenaire avec un « Évidemment que je t'aime » au lieu de prendre le temps de le lui montrer ou de faire preuve d'attention. Parmi mes patients, nombreux sont ceux qui se plaignent que leur partenaire ne fait plus attention à eux. Lorsque leur partenaire l'apprend, il est souvent stupéfait. « Mais tu sais que c'est faux » est la défense la plus commune. En général, le partenaire qui se plaint rétorque : « Et comment le saurais-je ? » La conversation est bloquée. En revanche, les couples heureux démontrent leur amour et leur gratitude avec des petits gestes attentionnés – le ciment des couples qui durent – au lieu de simplement prétendre qu'ils aiment leur partenaire.

Beaucoup de mes patients reculent devant l'idée de montrer consciemment leur amour de peur de paraître artificiels. Certains pensent que dire « merci » tout le temps est idiot. D'autres vont plus loin : « Pourquoi devrais-je remercier mon mari quand il fait la vaisselle ? Ce n'est pas comme s'il n'y avait que mon assiette à laver. » Ces patients s'inquiètent de se sentir dévalorisés en se laissant aller aux compliments. Ils redoutent aussi que les petites attentions – il lui repasse un chemisier et elle va le chercher à la gare – ne soient considérées comme un dû et qu'ils soient contraints de les répéter. Mais est-ce nécessairement le cas ? Les couples heureux montrent que les compliments puissants, les mercis ou les petites attentions sont spontanés. Les compliments ou remerciements occasionnels – du genre : « T'ai-je déjà dit que tu avais de beaux yeux ? » ou « Ça m'a fait plaisir que tu me réconfortes quand ma mère était malade » – ne sont pas près d'être oubliés. Le pouvoir des petits gestes attentionnés repose sur le fait qu'ils sont uniques. Dans le cas du JTAM, montrer son affection est plus efficace que l'exprimer verbalement.

L'art du compromis

Dans un couple heureux, il n'y a pas un gagnant et un perdant ni des relations de pouvoir mais un équilibre. Par exemple, le partage des tâches ménagères se fait en fonction du temps libre de chacun. Une répartition rigide engendre souvent des chicaneries. Le compromis est différent de la conciliation (où l'un des partenaires abandonne simplement son opinion) en cela que les partenaires vont affirmer fortement leurs points de vue et peut-être se battre pour les défendre. Cependant, au lieu d'insister sans jamais rien céder, les couples heureux vont chercher un point de rencontre. Cela est corroboré par les découvertes du professeur Gottman. Pour prédire quels couples parmi ceux qu'il étudie dans son laboratoire resteront mariés, il s'est appuyé sur leur façon de se disputer et de régler leurs divergences. Il a découvert que ces compétences sont plus importantes que le sujet de la dispute ou sa gravité.

David et Simone, deux enseignants qui sont ensemble depuis cinq ans, ont appris à faire des compromis, mais seulement à partir du moment où la séparation paraissait inéluctable. Même s'ils se disputaient peu, chacun avait des positions bien tranchées. David aimait faire du deltaplane mais Simone trouvait qu'il s'en allait trop souvent et que ce loisir laissait peu de temps pour le couple. En général, David partait faire du deltaplane une fois par mois, et Simone veillait à ce que ce rythme soit respecté pour éviter que le deltaplane grignote trop de week-ends. Quand le club de David a proposé un long week-end sportif, Simone s'y est opposée et ils ont traversé une série de méchantes querelles. « David n'a pas beaucoup de congés et nous aimons les garder pour de vraies vacances », a expliqué Simone. Mais elle a ensuite choisi de faire preuve de générosité : « J'ai décidé de ne plus l'embêter avec le deltaplane parce que ça formait une ombre permanente sur nos vies. Il sait ce que j'en pense et le lui répéter à l'infini ne sert à rien. » Simone a fini par avoir une bonne surprise : « David part moins souvent faire du deltaplane, juste pour les occasions spéciales, et ça ne pose plus de problème. » David a ajouté : « L'ambiance est meilleure à la maison et je quitte plus tôt mon bureau pour passer plus de temps avec Simone. C'est marrant de s'apercevoir que je me suis battu pour protéger mon temps à moi alors que ce n'était pas nécessaire. » Simone et David se sont tous deux rendu compte qu'ils s'étaient bagarré de façon arbitraire. Leur nouveau compromis fonctionnait mieux, chacun était plus détendu et leur couple a pu s'épanouir.

Prendre des risques

Quand nous tombons amoureux, la « limerence » jette un voile de toute-puissance qui nous empêche de voir les risques que nous prenons en nous lançant dans une nouvelle histoire d'amour. Pourtant, une fois que la « limerence » s'efface, chaque partenaire commence à se défendre et à dresser des barrières. Les couples heureux continuent de prendre de petits risques (contrarier son partenaire) et de plus gros (se faire de nouveaux amis en dehors du couple). Par contraste, les couples JTAM choisissent la sécurité. Quand ils décident de prendre des risques, c'est presque un signe que leur couple est en voie de guérison. Rita a cessé d'aimer Joe après dix-neuf ans de vie commune et trois enfants. Depuis que sa femme lui avait avoué ses sentiments profonds, Joe avait encore moins envie de jouer les trouble-fête. « Ma politique est d'insister sur le positif », m'a-t-il dit lors de notre première séance de thérapie. Cependant, à mesure que nous progressions dans les sept étapes, il a pris de l'assurance. « Nous étions en train de faire des courses et, soudainement, elle m'a pris la main alors que ça faisait des mois que nous ne nous touchions plus. J'ai voulu savoir pourquoi. En temps normal, je n'aurais rien dit de peur d'entendre quelque chose de déplaisant ou qu'elle enlève sa main », a expliqué Joe. Cette fois-ci, Joe a pris un risque en disant à Rita qu'il aimait beaucoup ce contact. « Je lui ai répondu que c'était le bon moment pour lui prendre la main. Et plus tard nous avons longuement parlé devant un café. En lui prenant la main, je ne pensais pas faire un grand geste, mais en parlant, j'ai compris que ce mouvement impulsif avait eu de l'importance », a dit Rita.

Un autre exemple de prise de risques est celui d'Amy, professeur de chant de 26 ans, a qui on a proposé d'aller travailler en France. Sa première réponse a été de décliner l'offre. « Accepter impliquait de passer quatre mois à Paris et, même si je m'imaginais très bien assise à la terrasse d'un café de Saint-Germain-des-Prés, cela voulait dire m'éloigner d'Allan », a-t-elle expliqué. L'idée d'être coincé à la maison pendant que sa partenaire vivrait une aventure n'enchantait pas Allan. « Pour être sincère, j'imaginais qu'elle allait tomber amoureuse d'un Parisien élégant », a-t-il admis. Pourtant, Allan a décidé qu'il valait mieux donner sa bénédiction à Amy, qui a accepté le travail. Grâce à l'Eurostar, ils ont pu passer la moitié de leurs week-ends ensemble, à Paris. Allan y est allé pendant les vacances et il a appris le français. « Je me suis vite adapté au mode de vie parisien, comme acheter des croissants et des pains au chocolat pour le petit déjeuner. La qualité des aliments m'a également ouvert les yeux sur le plaisir de cuisiner », a-t-il ajouté. Paris est devenu une aventure commune et le contrat d'Amy une occasion de grandir ensemble au lieu d'être une menace. Tout comme tomber amoureux, maintenir l'amour implique de prendre des risques sans lesquels on apprend peu et on ne grandit pas.

S'accorder de l'indépendance

Les couples heureux se laissent la liberté d'évoluer, même si cela implique de faire des choses séparément. Inversement, il y a des couples où les partenaires s'appuient l'un sur l'autre au point d'avoir peur de s'écrouler quand ils ne sont pas ensemble. La plupart des couples se situent entre ces deux extrêmes. Pendant les périodes plus délicates, la plupart d'entre nous ont tendance à vouloir tout contrôler ou à devenir collant.

L'importance du degré d'indépendance a été soulignée dans une étude menée sur les couples lesbiens. Les femmes ont la réputation d'avoir besoin de leur intimité et d'être douées pour ça. Donc, en théorie, les couples lesbiens devraient être extrêmement stables. En 1983, les sociologues américains Philip Blumstein et Pepper Schwartz ont interrogé 4 314 couples hétérosexuels (mariés ou en concubinage), 1 875 couples homosexuels et 1 723 couples lesbiens. Dix-huit mois plus tard, ils les ont retrouvés et ont conclu que les couples qui avaient le moins de risques de se séparer étaient les hétérosexuels mariés (14 % avaient rompu), suivis par les hétérosexuels qui cohabitaient (29 %) et les couples gays (36 %). Les plus exposées à la séparation étaient les lesbiennes, avec un incroyable taux de 48 %.

Pourquoi les couples de femmes ont-ils moins de chances de rester unis ? C'est la question que s'est posée Susan Johnson, de l'université du Wisconsin, dans son livre *Long-term Lesbian Couples*[1] (Naiad Press, 1990). Elle a proposé des questionnaires à 108 couples de lesbiennes vivant dans 21 États américains, et qui étaient ensemble depuis dix ans et plus. Elle a ensuite fait préciser les réponses pendant des entretiens. Au début, elle pensait que le fort taux de rupture pouvait être dû à la pression sociale et au manque de soutien général, même si les couples d'hommes affrontent les mêmes problèmes. Sa deuxième théorie était que les partenaires lesbiennes se considéraient trop rapidement comme un couple établi, ce qu'exprime la vieille blague : Qu'apporte une lesbienne au deuxième rendez-vous ? Réponse : un camion de déménagement. Cependant, en poussant ses recherches, elle a conclu que dans les couples lesbiens heureux, chaque partenaire autorisait l'autre à être différente. « Vous pensez peut-être que vous vivez la relation de la même façon mais c'est faux, écrit Susan Johnson sur son propre couple. Ma partenaire dit que la nôtre est la plus facile qu'elle a vécue. Alors que pour moi c'est la plus difficile. Nous avons passé du temps à nous disputer pour savoir qui avait raison. Il nous a fallu plusieurs années pour comprendre que nous ne vivions pas la même histoire. Avec moi elle vit une expérience, et moi j'en vis une autre avec elle, très différente. »

---

1. *Les Couples lesbiens qui durent.*

Pourquoi les couples gays durent-ils plus longtemps que les couples lesbiens ? Une réponse possible, qui renforce l'importance d'accorder de l'indépendance à l'autre, est l'attitude des homosexuels envers la fidélité. McWirther et Mattison, qui suivent l'évolution des couples gays, ont noté qu'au bout de cinq ans aucun des partenaires n'était sexuellement exclusif. « Il y a des règles qui fixent l'inacceptable, comme draguer en présence de son partenaire et amener des hommes à la maison, a dit Scott, qui est en couple depuis sept ans. Nous avons également fait un pacte pour nous raconter toutes nos aventures. Nos amis hétérosexuels trouvent que notre arrangement est extraordinaire ; je pense que c'est mieux et plus honnête que les aventures extraconjugales que les hétérosexuels de ma connaissance ont en cachette. » Les homosexuels sont donc moins enclins à attendre de leur amoureux qu'il satisfasse tous leurs besoins.

Tous les couples aiment l'idée que leur partenaire leur soit semblable. Vivre les mêmes expériences, interpréter la réalité de la même façon, arriver aux mêmes conclusions en fait rêver plus d'un. Non seulement c'est impossible, mais sans doute ce n'est pas souhaitable. Il est bon d'avoir des points communs, mais être conscient des différences est tout aussi important pour que chaque partenaire puisse créer son propre espace individuel à l'intérieur du couple. C'est pour cela que l'indépendance a tellement d'importance, à la fois dans le sens d'un éloignement physique ponctuel et dans le sens intellectuel – chacun s'autorise à penser différemment pour aboutir à ses propres conclusions.

Les couples lesbiens reçus par Susan Johnson ont brillamment résumé l'un des grands thèmes du JTAM et offrent de l'espoir à tous les couples qui sont ensemble depuis longtemps. Une femme a dit : « Il n'y a rien de pire qu'une vie de couple sans conflit. Il faut accepter le fait que ça n'existe pas. Changer de partenaire n'est pas la solution. Vous ne trouverez pas la perfection ailleurs. » Presque tous les couples que l'auteur cite dans son ouvrage ont traversé des crises qui auraient pu les conduire à la séparation. May, mariée depuis dix-huit ans, est représentative de ce type de couple : « Parfois je me dis – ça peut sembler idiot mais je crois que c'est vrai – que les gens ne s'attardent pas assez longtemps pour comprendre qu'on peut survivre (à une crise). Les grosses blessures n'éloignent pas forcément. Elles peuvent guérir. Les gens ne sont pas assez patients. »

J'ai commencé ce chapitre en expliquant que les couples heureux de longue durée avaient sans le vouloir développé six habitudes positives. Je vous offre un bonus. La citation de May souligne qu'en atteignant ce stade vous avez déjà développé la qualité qui est à l'origine de tout : la patience. C'est la base vitale des « Sept étapes » : ça demande beaucoup de travail mais vous serez largement récompensé.

En résumé

- Tandis que les couples malheureux échouent pour de multiples raisons, les couples heureux réussissent tous pour la même raison : ils ont cultivé six qualités spéciales.
- S'investir encourage un couple à rire ensemble. Accorder les mots aux gestes produit une bonne volonté nécessaire à l'art du compromis, qui à son tour facilite la prise de risques. S'accorder de l'indépendance devient alors possible.
- Apprendre vient compléter « les sept étapes pour relancer la passion dans votre couple ». S'engager à apprendre continuellement renouvelle votre couple tout en lui permettant de poursuivre sa route.

Exercices

Construire de nouvelles habitudes

Beaucoup de couples ont de bonnes intentions de départ, mais au bout de quelques semaines tout commence à déraper. L'avantage des habitudes sur les bonnes intentions est qu'elles construisent trois facteurs clés du changement durable : *les événements simples*, qui se produisent *régulièrement* et peuvent être *facilement mesurables.*

Prenez la première habitude – « passer plus de temps ensemble » – comme exemple. On est tout de suite tenté d'organiser un grand geste, comme une croisière ou une sortie nocturne coûteuse. Pourtant, ces gestes ne se transforment pas en habitudes puisqu'ils ne peuvent se reproduire régulièrement et que les bénéfices s'estompent vite. En revanche, dîner ensemble peut devenir une habitude. Ce geste *simple* peut se produire *régulièrement,* voire la plupart des jours de la semaine, et est *facilement mesurable.* À la fin du mois, un couple peut faire un bilan de la fréquence des repas pris ensemble. Si cette idée vous semble séduisante, voici quelques conseils pratiques qui vous permettront de récolter les fruits de cette habitude.

1. N'allumez pas la télévision et empêchez tout ce qui peut perturber le dialogue.
2. Si l'un de vous deux rentre beaucoup plus tôt à la maison, qu'il prenne un en-cas pour patienter.
3. Sinon, organisez un repas commun pendant le week-end, comme un long petit déjeuner le dimanche matin, et intégrez-le à votre routine.

- Quelles nouvelles habitudes aimeriez-vous introduire dans votre couple ? Comment pourriez-vous en faire un geste *simple, possible à répéter* et *mesurable* ?

- Faites le tour d'une nouvelle habitude et, comme je l'ai fait avec les repas à deux, essayez de prévoir tout ce qui peut faire entrave à sa réalisation.

Rire ensemble

La plupart des activités sociales sont très sérieuses, et les couples partagent surtout des loisirs d'adultes comme manger à l'extérieur. Si vous et votre partenaire avez peu d'occasions de rire ensemble, voici quelques idées :

1. Allez dans un café-théâtre.
2. Allez voir une comédie au cinéma ou au théâtre.
3. Essayez ensemble une activité difficile, comme le patinage.
4. Faites quelque chose de fantaisiste pour une association, comme une course en sac.
5. Chatouillez-vous.
6. Montrez-vous des photos quand vous étiez bébé.
7. Allez à la plage pour construire un château de sable.
8. Visitez un zoo ou une ferme pour enfants.
9. Partagez une activité que vous n'avez pas faite depuis votre enfance.
10. Peignez un tableau ensemble.

Si votre couple est en crise

11

Dire ou entendre « Je t'aime mais »

J'usqu'à présent, j'ai essayé de m'adresser à la fois à une personne qui a cessé d'aimer et à son partenaire. Cependant, c'est à ce stade que les deux membres d'un couple JTAM risquent de se retrouver dans deux camps opposés : l'un a besoin de parler et de dire tout ce qu'il a sur le cœur, tandis que l'autre est sous le choc. J'ai donc divisé le chapitre en deux parties, en commençant par le passage à l'aveu pour ensuite décrire la meilleure réaction à avoir.

Dire le JTAM

« Dimanche midi, j'étais à table avec ma famille. Mon corps était là mais j'aurais préféré être ailleurs, a expliqué Grant, directeur d'une entreprise de construction âgé de 45 ans. Ma femme riait avec les enfants et ils parlaient tous en même temps. Tout aurait dû être parfait. J'adore mes enfants, et Jill et moi nous entendons très bien, mais je me sens si seul. Parfois, elle me surprend à un moment où je suis perdu dans mes pensées (elle appelle cela "ma tête lointaine") et me dit : "Qu'y a-t-il ?" et je lui réponds : "Rien chérie." Comment lui dire qu'au fond de moi je suis en train de mourir ? »

La plupart des gens JTAM se taisent. Ils savent d'instinct qu'apprendre qu'on ne vous aime plus est particulièrement dévastateur. Et pourtant, garder ces sentiments en soi est tout aussi douloureux.

Alors que faire ? La plupart des gens qui souffrent de JTAM espèrent secrètement qu'un événement changera tout : « Ça ira mieux après les grandes vacances/Noël/le déménagement… » Ajoutez votre propre exemple à la liste. Mais ce genre d'arrangement ne produit en général qu'un soulagement temporaire. Dans certains cas, il peut y avoir un laps de temps de dix ans entre les premiers doutes et l'aveu final. La marge se situe normalement entre trois et cinq ans.

Comment savoir que c'est le moment de parler ? Un des signes certains est la tension grandissante entre les sentiments négatifs retenus et un comportement superficiellement agréable. Une fois que quelqu'un a atteint ce stade, il commence à être hargneux et son partenaire a l'impression de marcher sur des œufs. Grant regrette de ne pas avoir tout dit avant que son mariage s'enlise dans la mesquinerie : « Je me détestais parce que je me plaignais tout le temps et pour tout : du bruit qu'elle faisait le matin dans la salle de bains, de sa façon de chanter sous la douche, de sa façon de vider son sac en cherchant un bonbon. Des centaines de choses qui ne m'avaient jamais ennuyé auparavant me rendaient furibond. J'étais comme un ours ayant la migraine et je savais que si je continuais à ne rien dire nous ne pourrions même plus être amis. » Le JTAM est un état suffisamment pénible sans qu'il y ait besoin d'alourdir la situation avec des animosités inutiles.

Pour certaines personnes, être fortement attiré par quelqu'un au travail ou développer une amitié qui risque de dépasser les limites est le catalyseur de l'aveu de JTAM. Daniel, manager dans la sécurité âgé de 48 ans, s'est senti attiré par une collègue. « Les week-ends à la maison me semblaient ternes et sans fin. Quand, un lundi matin, mon cœur s'est mis à battre la chamade alors que je choisissais mes vêtements en fonction des goûts de ma collègue, j'ai su qu'il était temps de faire quelque chose. » Daniel souffrait de JTAM depuis trois ans mais il n'avait rien dit de peur de blesser sa femme. « Je savais qu'une aventure était presque inévitable. Si je ne trompais pas ma femme aujourd'hui, je le ferais dans quelques années. Qu'est-ce qui lui ferait le plus de mal : lui dire ce que je ressentais ou la tromper ? » Même quand « rien ne s'est passé », il vaut mieux tout confier à son partenaire en expliquant que le problème est devenu sérieux.

Une fois que vous avez décidé de tout avouer, il n'y a pas de bonne ni de mauvaise manière de passer à l'acte. Certains préfèrent fixer un rendez-vous, ce qui a l'avantage de favoriser la discussion des deux côtés mais risque d'inquiéter celui qui ne connaît pas la vraie nature de la conversation. Une autre solution est d'orchestrer la confidence : en s'assurant que les enfants sont sortis et que rien ne pourra vous interrompre avant de lancer la discussion. Cela empêche l'autre de se faire du souci à l'avance et de faire apparaître comme par magie un mal très grave. Mais de cette façon, vous prendrez aussi le risque qu'il ou elle vous interrompe, en évoquant des soucis professionnels ou en demandant de reporter la discussion. Une troisième possibilité est d'attendre le moment opportun comme la prochaine fois qu'il ou elle vous demandera ce qui ne va pas. Le sujet arrive alors naturellement, mais cette option peut facilement devenir une excuse pour repousser la confidence à l'infini. Pour cette raison je recommande de poser une limite de temps dans l'attente d'une ouverture.

Quelques mots d'avertissement : ne présentez pas le JTAM avec colère, après quelques verres ou pendant une dispute. Évitez Noël, les anniversaires et les dates de célébration (sinon ces jours-là vous rappelleront toujours l'aveu). Même si les endroits neutres, comme les restaurants, peuvent fournir un bon espace de parole, évitez vos lieux favoris qui risquent d'assombrir le souvenir des bons moments que vous y avez vécus. Quel que soit votre choix, gardez beaucoup de temps pour parler : votre partenaire aura envie de revenir plusieurs fois sur chaque point. Dans la plupart des cas, la confidence sera le début d'une série de conversations.

L'élément le plus important pour l'après-discussion est d'être honnête à 100 %. Certaines personnes JTAM essaient d'épargner leur partenaire en libérant la mauvaise nouvelle par petits bouts. Cette stratégie détruit la confiance et augmente la douleur. Frank, manager travaillant dans le tertiaire, âgé de 58 ans, n'a pas tout de suite posé toutes ses cartes sur la table. Il avait rencontré Christina relativement tard et, n'ayant pas d'enfants, ils avaient pu s'accorder beaucoup de temps pour partager leurs loisirs communs : concerts de musique classique, théâtre et marche.

Frank savait que Christina serait dévastée à la seule idée de divorcer. Il lui a donc laissé croire que leur mariage pourrait être sauvé. Elle a commencé à découper des articles indiquant comment sauver son couple mais il ne les lisait pas. Elle a fini par questionner Frank directement et il lui a dit la vérité. « Je ne suis pas une petite fille à qui on a promis un poney. C'était tellement humiliant et pour la première fois depuis que nous étions mariés je n'arrivais pas à croire ce qu'il me disait », me rapporta-t-elle.

D'autres personnes JTAM n'insistent pas sur ce qui, à leur avis, ne marche plus entre eux. « J'ai cru que c'était plus gentil de ma part de ne pas lui dire à quel point j'allais mal. Pourquoi l'alourdir avec tout ça ? » a expliqué Sheila, aide-soignante âgée de 44 ans. « Est-ce que ça aurait servi à quelque chose qu'il sache que je pensais qu'il ne faisait pas sa part de travail ? C'est moi qui gagnais l'essentiel de l'argent. Et que je le trouvais égoïste au lit et à quel point je m'ennuyais avec lui par moments ? » Rien de tout cela n'est facile à entendre, mais garder ces reproches pour soi prive le partenaire de toute possibilité de changer. Comme nous en avons déjà parlé, évitez de maudire le caractère de votre partenaire par le biais de vos critiques et concentrez-vous plutôt sur votre façon de vivre un comportement particulièrement indésirable. Par exemple, Sheila pourrait dire « J'ai besoin de plus de préliminaires » au lieu de : « Tu es fainéant au lit. » Même mal dite, la vérité est toujours préférable aux mensonges pleins de bonnes intentions.

Dans d'autres cas, la personne JTAM essaie d'être simple et directe, mais son partenaire tente de minimiser les confidences, soit en les rejetant d'emblée soit en leur injectant une bonne dose d'optimisme. En de telles circonstances, je recommande de trouver un autre moyen de délivrer le message, par exemple en écrivant une lettre ou un mail. (Pour plus de conseils sur la façon la plus claire et la plus gentille d'exprimer des sentiments délicats, reportez-vous à « la déclaration en trois parties » au chapitre 5.)

Et s'il y a quelqu'un d'autre en jeu ? Un amant ou une maîtresse complique grandement l'aveu de JTAM. Cette aventure a-t-elle ébranlé votre relation de couple ? Les problèmes de votre couple ont-ils provoqué l'aventure ? C'est l'histoire de l'œuf et de la poule : c'est très difficile à démêler même des années après, et c'est impossible à faire dans les moments de tension. Quelle que soit sa contribution au JTAM, le partenaire « innocent » s'arrêtera d'abord sur la trahison. Il est donc préférable d'avouer l'aventure en premier et de n'évoquer le JTAM qu'une fois le choc initial passé. Quand votre partenaire sera prêt, il voudra connaître la cause de l'aventure et ce sera le moment de parler du JTAM.

Que se passe-t-il après l'aveu ? Votre premier sentiment sera sûrement le soulagement : votre secret est enfin révélé et vous n'avez plus à faire semblant. Cependant, une fois que votre partenaire ne sera plus sous le choc, préparez-vous à sa colère, à sa tristesse ou à être accablé(e) de tous les torts. Les jours suivants seront remplis de drame et à plusieurs reprises l'opinion que vous avez de l'autre sera remise en question. La situation sera difficile mais elle peut être l'occasion d'évoluer ensemble. Sheila s'attendait à ce que son partenaire, Robert, se détourne et s'enferme dans le silence : « J'étais choquée de voir tout son mécontentement ressortir d'un coup : il a commencé à critiquer ma façon de me servir de ma supériorité financière pour faire la loi. Il m'a dit que j'étais devenue trop exigeante, que je ne l'écoutais jamais. Il a été plus dur que je le pensais et, même si ce qu'il a dit m'a mise en colère, vous savez quoi ? J'ai recommencé à l'admirer. »

Parfois, l'aveu de JTAM peut être un prélude à la réconciliation, en particulier quand l'un des partenaires a l'impression que ses précédentes tentatives pour sauver son couple ont été ignorées. Jennifer était malheureuse depuis des années avec Bob, un ouvrier du bâtiment. Elle avait l'impression d'élever seule leurs deux fils. « À chaque fois que j'essayais de parler, il se fermait. C'était comme s'il avait placé une barrière invisible devant ses yeux. J'ai cru que je pourrais continuer pour le bien des enfants, mais un matin j'ai craqué. » À l'inverse de la plupart des couples JTAM, Jennifer, après son aveu, dut supporter des insultes et parfois Bob tapait dans le mur. « J'ai dû expliquer à Bob qu'il m'était cher mais que je ne l'aimais plus. Je crois qu'il aurait préféré m'entendre dire que je le détestais », a-t-elle dit. Pourtant, cette nouvelle a poussé Bob à agir. En une semaine, il avait pris rendez-vous pour commencer une thérapie de couple. « Je n'aime pas non plus la personne que je suis devenu », m'a-t-il confié. Jennifer ne savait pas quoi faire. Pouvait-elle vraiment faire confiance à Bob pour qu'il change ? Le premier mois a été le plus pénible, mais une fois que la vérité a éclaté, Jennifer et Bob se sont aperçus qu'ils pouvaient se parler sincèrement pour commencer à négocier.

Vous envisagez une séparation temporaire ?

Je n'y suis pas particulièrement favorable, surtout dans les semaines suivant l'aveu où l'on a beaucoup à se dire. Cependant, certaines personnes préfèrent réfléchir loin de la pression familiale et, en outre, de nombreux patients se disent : « Peut-être qu'en m'éloignant, il ou elle va me manquer. » L'espace permet certainement à chacun de démêler les problèmes qui lui sont personnels et ceux qui reviennent au couple.

- Votre partenaire s'opposera probablement à une séparation temporaire de peur qu'il s'agisse d'un premier pas vers une séparation définitive. Même si vous ne savez pas précisément de combien de temps vous avez besoin, essayez de donner une estimation. Une séparation clairement définie, avec des buts précis, est moins effrayante qu'une séparation vague. L'un de mes patients est parti pendant un long week-end alors qu'un autre a préféré quitter le domicile conjugal pendant six mois. La plupart des couples se donnent entre un et trois mois.
- Et les enfants ? Tout dépend bien sûr de leur âge et de la durée de la séparation. D'un côté, si la réconciliation est envisageable, il semble cruel de les inquiéter pour rien. Mais d'un autre côté, les études portant sur les effets du divorce montrent que les enfants souffrent moins quand la séparation n'arrive pas de nulle part. En général, ils ressentent l'ambiance qui règne dans la maison, et ne pas savoir ce qui se passe les inquiète plus que les faits.
- Il vaut mieux annoncer ensemble aux enfants la séparation temporaire. Être côte à côte souligne l'idée que vous allez continuer à coopérer en tant que parents, quel que soit l'avenir. Les enfants transforment souvent leurs troubles émotionnels en questions pratiques. Ils

demandent par exemple : « Est-ce que papa sera là pour mon anniversaire ? » Avant d'annoncer la séparation aux enfants, réfléchissez bien à tout ce qu'elle implique et à son impact sur eux. De cette façon, vous aurez déjà un accord commun. La plupart des enfants ont besoin de temps pour digérer l'information, donc attendez-vous à avoir une série de conversations avec eux.

- Quand doit commencer la séparation temporaire ? Regardez vos agendas et négociez les événements sociaux communs du mois à venir. Devez-vous les annuler ? Devez-vous y aller ensemble, même si vous êtes temporairement séparés ? L'un de vous doit-il y aller seul ? Ou devez-vous attendre que tel événement soit passé pour initier votre période de séparation ?
- Commencez à discuter des détails pratiques du quotidien. Où habiterez-vous ? Quels contacts allez-vous entretenir pendant votre période de séparation ? Il est important que vous programmiez du temps ensemble pour parler et faire le point. Donnez-vous éventuellement un rendez-vous à l'extérieur. De cette façon, vous vous garderez la possibilité de flirter de nouveau.

Entendre l'aveu de JTAM

« C'était comme si j'étais en train de me balader dans une rue calme un après-midi ensoleillé : je me promenais dans un joli quartier avec des jardins bien entretenus où des enfants jouaient et des hommes lavaient leur voiture. Soudain, une voiture a surgi de nulle part et est montée sur le trottoir pour me renverser violemment. J'ai fait un vol plané, et avant que mon visage cogne le goudron, j'ai vu que c'était mon mari qui tenait le volant. Pourquoi m'avait-il fait ça ? » C'est ainsi que Margaret, mariée depuis dix-sept ans, m'a décrit ce qu'elle avait ressenti en entendant son époux lui confier : « Je t'aime mais je ne suis plus amoureux de toi. » Comme après un accident de voiture, elle était sous le choc et se sentait perdue et terrifiée. Elle se répétait sans cesse : « Il doit y avoir une erreur » ; et encore : « Qu'est-ce que je fais maintenant ? » Mais, contrairement à un accident de la route, il n'y avait pas d'ambulance et personne n'était là pour lui offrir une tasse de thé.

Bien que la situation semble sinistre, on peut tirer un énorme point positif de l'aveu de JTAM : tous les problèmes du couple sont révélés au grand jour. Le travail permettant le retour à l'attachement amoureux peut alors commencer. Mais il faut d'abord se remettre des retombées de l'aveu de JTAM. Après une collision, la première chose à faire est d'inspecter le véhicule pour constater les dégâts. Il en va de même quand votre partenaire vous apprend qu'il n'est plus amoureux de vous. Tout d'abord, est-ce la vérité ? Quand un couple ne se connaît que depuis quelques mois, l'un des deux partenaires peut avoir recours au JTAM pour annoncer qu'il veut rompre. Celui-ci espère ainsi adoucir le coup, en partie parce qu'il ne veut pas blesser l'autre, mais aussi pour atténuer son propre sentiment de culpabilité. Pour parler brutalement, je me demande si ces gens-là savent ce qu'est l'amour et je pense que toutes leurs précédentes déclarations doivent être prises avec prudence.

Le JTAM peut aussi servir de couverture quand l'un des partenaires a une liaison. Il pense alors qu'une mauvaise nouvelle passera mieux si elle est découpée en diverses étapes. « J'ai pensé qu'il serait moins en colère si je taisais mon aventure pendant quelques jours supplémentaires, a expliqué Jill, professeur de gym âgé de 38 ans, parce que mon amant n'était pas la cause de nos problèmes, mais juste un symptôme. » Souvent, quand un couple connu se sépare, il nie l'existence d'une tierce personne mais quelques jours plus tard, un photographe surprend le nouveau couple d'amoureux au téléobjectif. Le partenaire abandonné est doublement trahi, d'abord par la tromperie puis par le mensonge. Parfois, il n'y a pas d'aventure, mais le partenaire est impliqué dans une « amitié inappropriée », soit sur Internet soit avec un(e) collègue en chair et en os. Voici quelques questions qui vous aideront à déterminer si une amitié est inappropriée :

- Avez-vous des discussions d'ordre privé avec quelqu'un d'autre ?
- Y a-t-il quelqu'un que vous appelez ou avec qui vous correspondez par mail juste pour bavarder ?
- Avez-vous déjeuné ou pris un verre après le travail avec quelqu'un ?
- Y a-t-il quelqu'un qui est en train de devenir plus qu'un ami ?
- Avez-vous eu des contacts physiques intimes avec quelqu'un ?

Après avoir découvert tout ce que vous vouliez savoir sur ce qui se cache derrière le JTAM, votre prochain travail est de trouver une aide de première urgence. Parlez à un membre de votre famille ou à un ami de longue date qui saura vous écouter avec sympathie sans chercher à agir. Certains partenaires ayant entendu le JTAM se sentent déloyaux en allant se confier aux autres. Mais sachez que pour revenir à une relation saine, la route est longue et ardue, et qu'un soutien extérieur sera vital pour vous.

Souvent, dans le but de reprendre le contrôle d'une situation qui lui échappe, celui qui est délaissé va exagérer ses points faibles en promettant de changer pendant la nuit. Quand Tony a dit le JTAM à Maria, il lui a également confié que leur vie sexuelle ne le satisfaisait pas. Elle s'est raccrochée à ce fragment d'information, a lu une multitude de livres et lui a promis un avenir meilleur au lit. Maria en a trop fait, submergeant Tony d'amour dans l'espoir de le retrouver. De peur d'embarrasser Tony devant leurs amis, Maria n'a rien dit à personne. Bien qu'elle soit délicate, cette décision est contre-productive. Ses amies l'auraient empêchée d'endosser toutes les responsabilités et de s'humilier. Souvenez-vous de la première de mes « Trois lois d'une dispute » (voir le chapitre 3). Dans toute querelle, « personne n'est ni tout blanc ni tout noir ». Tony devait d'une part admettre qu'il avait eu tort de ne pas lui parler plus tôt, et d'autre part accepter d'être en partie responsable de leurs rapports sexuels insatisfaisants.

Après avoir évalué les dégâts et obtenu du soutien, la troisième chose à faire pour se remettre d'un aveu de JTAM est de pousser une colère. Après un bref éclat de fureur, la plupart des gens qui ont été abandonnés deviennent larmoyants, ou trop gentils, ou pardonnent trop facilement, et beaucoup tentent de minimiser la nouvelle. Même si le choc et le déni sont des réactions naturelles à toute catastrophe – et c'est encore plus fort quand le couple et la famille sont en danger –, ces attitudes empêchent de bien formuler un problème. La colère au contraire fera remonter à la surface les grandes questions et les désirs profonds. Elle montre aussi votre attachement, que vous prenez le problème à cœur et que vous avez envie de travailler sur votre relation. Sans la colère, l'instinct premier est de se rassurer – en se disant : « Tout va bien se passer », ou « Je vais faire des efforts ». C'est ce type de réaction gentille mais dénuée de passion qui, au départ, élimine l'amour d'un couple. Si vous avez du mal à accéder à votre colère, vous pouvez soit en parler à un ami ou à un membre de la famille proche, soit vous reporter à la partie « Exercices » en fin de chapitre, intitulée « Vous ne parvenez pas à vous mettre en colère ? ».

Il vous reste ensuite à réfléchir aux changements que vous souhaitez. Cela surprend souvent mes patients qui préféreraient continuer à se concentrer sur leur partenaire. Maria rechignait à parler de ses problèmes : « Si je lui en parle, il va croire que la situation est sans espoir. Non, il faut que je me concentre sur le positif. » On comprend aisément qu'elle nie la crise ou, pire encore, qu'elle n'écoute pas vraiment. Mais grâce à quelques déclencheurs, Maria a fini par réfléchir à ses propres besoins. « Tony reste secret. La moitié du temps je ne sais pas ce qu'il pense. Quand il ne me fait pas part de ses sentiments je n'ai pas envie de partager mon corps avec lui. » Finalement, Maria et Tony avaient chacun un but qui leur permettrait de renforcer leur attachement amoureux. Leurs rapports ont alors commencé à prendre un autre visage. Tony racontait sa journée en rentrant du travail tandis que Maria essayait de mettre en pratique l'un des conseils lus dans un magazine, par exemple garder un contact visuel en faisant l'amour (au lieu de fermer les yeux et de tourner la tête). La semaine suivante, ils sont arrivés tout souriants. Il lui avait parlé et elle l'avait regardé, et ils se sentaient plus proches qu'ils ne l'avaient été depuis des années.

Ce plan a fonctionné pour Tony et Maria parce qu'il a répondu à trois nécessités de base :

- *Les besoins doivent être exprimés de façon positive.* Quand, par exemple, vous dites à votre partenaire : « Tu ne me parles pas », peu importe que vous le disiez gentiment, il ou elle le prendra comme une critique. Les réactions naturelles à la critique sont la défense et l'attaque. Alors qu'une demande positive – « J'aimerais vraiment en savoir plus sur ton travail » – invite à une attitude positive.
- *Les demandes doivent être concrètes.* Certaines demandes, bien qu'elles soient positives, n'aboutissent pas parce que l'autre partenaire ne sait pas par où commencer. Par

exemple, c'est bien de dire : « J'aimerais que nous passions plus de temps ensemble » ; mais cette phrase ne dit ni combien de temps, ni à quelle fréquence, ni ce que vous allez faire de ces moments-là. Comparez-la à la proposition : « J'aimerais que l'on promène le chien ensemble le samedi matin. »

- *Les propositions doivent être simples et faciles à réaliser.* Au lieu de proposer quelque chose d'ambitieux – essayer une nouvelle position au lit ou revêtir de la lingerie sexy –, Maria a accepté quelque chose qu'elle pouvait réaliser : garder les yeux ouverts pendant leurs rapports sexuels. Au lieu d'avoir des discussions intimes sur l'amour ou l'avenir de leur histoire, Tony a accepté de parler d'un sujet plus neutre : le travail.

Pour en savoir plus sur la façon de se fixer des buts positifs, reportez-vous au paragraphe « Accentuer le positif » dans la partie « Exercices ».

Et si mon partenaire demande une séparation temporaire ?

- De toute évidence, il est plus facile de travailler sur le couple si les deux partenaires vivent sous le même toit. Assurez-vous donc que votre partenaire est bien décidé à partir et qu'il ne s'agit pas d'une simple idée en l'air.
- Quand quelqu'un est décidé à partir, il est malheureusement impossible de le retenir. Empêcher l'inévitable n'apporterait rien de bon. Au lieu d'être centrée sur le partenaire JTAM, l'attention est focalisée sur votre « attitude déraisonnable ».
- Je sais que c'est difficile, mais accepter la séparation temporaire vous met dans une meilleure position pour négocier que de voir votre partenaire partir excédé. Donnez

donc votre accord pour faire un break, mais auparavant accordez-vous un mois ensemble pour absorber la nouvelle et avancer dans « les sept étapes... ». Christina a raconté : « Quand Frank m'a parlé pour la première fois de séparation temporaire, j'ai eu le cœur brisé. Je dois avouer que j'ai tout fait pour l'en empêcher. J'ai même eu recours au chantage affectif. Je ne parvenais pas à le faire changer d'avis. C'est vrai qu'il est resté, mais il allait très mal et cela n'allait sûrement pas le mettre dans de meilleures dispositions à mon égard. Si je l'aimais, et je l'aime de tout mon cœur, je devais le laisser faire. » Cet acte de générosité a aidé Frank et Christina à trouver un compromis : ils se sépareraient temporairement mais se verraient souvent pendant cette séparation.

- Penchez-vous sur les détails pratiques : où ira votre partenaire ? Quelles solutions sont acceptables ? Lesquelles sont inacceptables ? Vous verrez-vous souvent ? Je conseille un minimum d'une rencontre par semaine. J'entends par là quelques heures hebdomadaires passées à faire quelque chose d'agréable, rien que vous deux. Si vous avez des enfants, trouvez des occasions de vous retrouver en famille. À quelle fréquence vous téléphonerez-vous et dans quelles circonstances ? N'attendez pas la fin de votre mois commun pour parler des détails pratiques, en particulier de l'autre lieu de vie, car cela aidera votre partenaire à se rendre compte que votre « bénédiction » est sincère.
- Détaillez toutes les « règles » de votre engagement afin de ne laisser aucune place au malentendu. J'ai conseillé des couples où l'un des partenaires pensait qu'ils étaient toujours en train de travailler sur leur relation. Si les deux parties comprennent clairement les tenants et les aboutissants de la séparation temporaire, toute amertume peut être évitée.

- Combien de temps doit durer la séparation temporaire ? Il n'y a pas de règles précises, mais vous vivrez mieux l'éloignement si vous en connaissez la durée. Votre partenaire ne sera sûrement pas capable d'évaluer le temps nécessaire. Dans ce cas, je suggère d'avancer une proposition, par exemple trois mois. Beaucoup de gens répondent soit « Aussi longtemps ? » soit « Je vais avoir besoin de plus de temps ». Discutez jusqu'à ce que vous trouviez la bonne estimation. Votre partenaire peut continuer à résister à l'idée d'une période définie, et il est vrai qu'il est difficile de prédire comment l'un et l'autre se sentiront. Considérez donc la fin de la séparation temporaire comme un rendez-vous pour avoir une discussion en profondeur, et non comme le moment de prendre une décision définitive. Les JTAM ont besoin de temps et il vaut toujours mieux renégocier une période plus longue que de forcer le résultat en le hâtant.

Et si mon partenaire est déjà parti ?

- Tout n'est pas perdu. Les idées contenues dans ce livre peuvent servir à chaque contact, en particulier le chapitre 9, « La théorie des “bons trucs” ».
- Gardez les moyens de communication ouverts. Je vous conseille d'agir de façon différente afin de rafraîchir la situation. Si vous avez toujours discuté à la maison, sortez prendre un café. Si vous aviez l'habitude de vous parler au restaurant, prenez des plats à emporter. Faites tout ce qui peut permettre de changer votre ancien rythme.
- Il est important de ne pas dépasser les limites en acculant votre partenaire. Lisez les conseils donnés dans le chapitre suivant (« S'en sortir au quotidien ») avant toute tentative de sauvetage.

En résumé

L'aveu de JTAM

- Plus vous attendrez et plus ce sera dur pour votre partenaire.
- Soyez le plus honnête possible. Toute tentative de dissimulation ne fera que blesser davantage votre partenaire.
- Attendez-vous à l'inattendu, mais préparez-vous à parler, sûrement plus que lors de toutes vos conversations depuis vos cinq dernières années communes.
- Si vous avez besoin d'une séparation temporaire ou d'un « endroit » pour réfléchir, donnez à votre partenaire une image claire et précise de ce dont vous avez besoin.

Après avoir entendu l'aveu de JTAM

- Chacun réagit différemment face aux mauvaises nouvelles. Il n'y a pas de bonne ni de mauvaise réaction.
- Au lieu de tout concentrer sur l'insatisfaction de votre partenaire et de vous polariser sur ses changements d'humeur, commencez à vous demander ce qu'il ou elle devrait faire pour vous récupérer. Ce changement d'attitude vous empêchera de sombrer dans la dépression et donnera une direction à votre vie.
- Bien qu'il soit très douloureux, l'aveu de JTAM peut être le début d'une relation plus ouverte et plus satisfaisante.

Exercices

Vous envisagez de passer à l'aveu ?

Repensez aux situations où vous avez dû annoncer ou entendre des mauvaises nouvelles. Vous avez peut-être dit à un employé qu'il était licencié ? Ou vous avez déjà reçu ce genre de nouvelle ? Vos parents se sont-ils séparés quand vous étiez enfant ou vous ont-ils annoncé la mort d'un proche ? Si vous êtes homosexuel(le) comment l'annonce de votre homosexualité à vos parents s'est-elle passée ? Notez tout ce qui a facilité la communication de la nouvelle inattendue. Pensez ensuite à tout ce qui a rendu l'expérience plus douloureuse. Cela vous permettra d'établir une liste de choses à faire et à ne pas faire, et même si personne ne peut prédire précisément ce qui va se passer pendant votre aveu, cet exercice peut vous aider à vous préparer.

Accentuez le positif

Il est généralement plus facile de dire ce qu'on ne veut pas plutôt que de demander ce que l'on veut. C'est pour cela que, en essayant d'arranger les choses avec notre partenaire, nous finissons par nous plaindre ou par simplement décrire le problème.

1. Pouvez-vous transformer les plaintes classiques suivantes en formulations positives ? Trouvez ensuite une requête moindre mais concrète. (Vous trouverez quelques idées de réponses en annexe.)

- Pourquoi est-ce toujours moi qui range ?
- Vas-tu arrêter de me tripoter ?
- Tu ne prends jamais d'initiative au lit.
- Tu passes tout ton temps avec tes amis.
- Je déteste que tu m'évites.
- Tu es beaucoup trop critique.
- Ne pourrais-tu pas être plus souple ?
- Pourquoi ne m'as-tu pas appelé(e) ?
- Tu ne t'occupes jamais des enfants.
- Il serait temps que tu répares la lumière de l'entrée, non ?

2. Pensez à toutes les plaintes que vous adressez à votre partenaire, notez les trois premières et transformez-les en demandes positives : en posant ce que vous voulez et non pas ce que vous ne voulez pas. Si vous ne parvenez pas à trouver un but concret, demandez-vous quand vous saurez si ce but est atteint.

Exemples

Plainte : *Tu boudes pour obtenir ce que tu veux.*

Demande positive : *Quand tu n'es pas d'accord, j'aimerais que tu me le dises clairement.*

Quand saurai-je si ce but est atteint ? *Quand nous pourrons aller faire des courses ensemble dans la bonne humeur.*

But concret : *Et si nous choisissions ensemble les nouveaux robinets pour la cuisine ?*

Plainte : *C'est toujours moi qui prends les décisions.*

Demande positive : *Et si tu décidais avec moi ?*

Quand saurai-je si ce but est atteint ? *Quand mon partenaire organisera une sortie.*

But concret : *Programmer de façon pratique des vacances ensemble.*

Vous ne parvenez pas à vous mettre en colère ?

Si vous trouvez que vous êtes « trop gentil(le) » avec celui ou celle qui vous a dit le JTAM, voici la liste de mes sept invites à la colère. Notez celles qui s'appliquent à vous et gardez-les sous la main en permanence. La prochaine fois que vous aurez envie de pleurer ou que vous vous sentirez déprimé(e), cette liste vous fournira une dose de colère utile pour avancer.

1. Il ou elle m'a dit qu'il ou elle ne m'aime plus.
2. Il ou elle a gardé ce secret depuis une éternité.

3. Il ou elle a mis notre couple en danger.
4. Quel effet cela va-t-il avoir sur nos enfants, nos amis et notre famille ?
5. J'ai l'impression de faire plus d'efforts que lui ou elle pour sauver notre couple.
6. Qu'est-ce qui lui donne le droit de me rejeter ?
7. Il ou elle aura peut-être envie de voir d'autres gens. Comment vais-je le vivre ?

Pouvez-vous trouver trois invites à la colère supplémentaires ? Même si c'est quelque chose qui vous semble insignifiant : « Alors que je lui ai acheté une voiture avec l'héritage de ma mère » ; « Après toutes ces soirées entre filles où j'ai dû aller la chercher à trois heures du matin. » N'essayez pas de rationaliser vos sentiments. Notez-les simplement à la suite de votre liste.

12

S'EN SORTIR AU QUOTIDIEN

Une fois que le premier choc du JTAM s'estompe, les couples se retrouvent submergés par un million de questions : « Que va-t-il se passer ? » « Et si... ? » « Comment allons-nous faire pour nous en sortir ? » Il n'y a pas de réponse simple. Les discussions sur l'avenir tournent en rond et la douleur ne faiblit pas. Alors que faire ? La première partie de ce livre fournit une stratégie à long terme pour sauver un couple, mais que se passe-t-il entre-temps ? Ce chapitre contient des informations moins pertinentes pour celui qui a cessé d'aimer, mais il donne un aperçu de l'état d'esprit du partenaire qui n'est plus aimé. Le chapitre suivant est consacré à la culpabilité qui touche la plupart des personnes ressentant le JTAM dans les semaines ou les mois suivant leur aveu. Que vous soyez d'un côté ou de l'autre du JTAM, soyez gentil avec votre partenaire. Ce moment est difficile pour celui qui pose les questions comme pour celui qui n'a pas les réponses.

La plus grande peur de celui qui a entendu le JTAM est la rupture. Cette crainte est telle qu'elle repousse chaque question qui se cache derrière les autres. Ce problème est multiplié par cent quand l'un des partenaires demande une séparation temporaire. Gary, instituteur, s'est laissé aller à la dérive quand sa partenaire depuis cinq ans, Nicola, est partie vivre chez sa mère : « J'ai eu peur qu'elle la dresse contre moi. J'ai eu peur de ce qu'allaient penser nos amis. Je me suis demandé si j'allais être capable de payer seul le loyer. J'ai eu peur ne plus jamais manger sa polenta et sa salade au fromage de chèvre. » Pour empirer les choses, les pensées de Gary oscillaient entre les souvenirs de l'âge doré, la difficulté à s'en sortir, et le vide laissé par la perte de leurs anciens projets d'avenir. Au travail, Gary avait toujours été doué pour gérer les urgences, mais pendant cette période-là il ne s'est plus senti bon à rien. En fait, il affrontait les deux plus grands défis que connaissent ceux qui sont temporairement séparés : l'inquiétude et la sur-analyse. Bien que ces deux défis aillent souvent ensemble, se nourrissant mutuellement, ils sont légèrement différents. Tandis que l'inquiétude concerne l'avenir, trop analyser ne vise normalement que ce qui s'est passé récemment. Comment empêcher ces deux frères ennemis de vous ronger ?

En ce qui concerne l'inquiétude, le premier secret est de découper l'avenir en petites tranches accessibles. Au lieu de vous mettre dans tous vos états, souvent inutilement, en pensant à un avenir lointain, essayez de vous concentrer sur les prochaines semaines. Cette approche a aidé Gary : au lieu de bloquer sur l'idée de passer des mois et des mois et des week-ends vides sans Nicola, je lui ai demandé de se concentrer sur le week-end prochain. Nous avons passé en revue les moments dangereux. Il avait foot le samedi matin, donc aucun danger. Et le samedi soir ? Il a décidé d'aller prendre un verre avec un vieil ami d'école. Le dimanche midi posait un problème mais il allait s'inviter chez ses parents. Il passerait le dimanche soir à préparer sa semaine de travail, ce qui le rendait heureux d'être seul chez lui. Une fois qu'il eut découpé le week-end en petites tranches, tout lui semblait plus gérable, jusqu'à ce qu'il se déconcentre de nouveau. « Et les vacances d'été ? » a-t-il grommelé. Je comprenais sa réaction, mais dans un moment de crise, il est vital de se concentrer sur le présent. « Vous n'avez pas à vous en occuper pour l'instant. Vous devez penser à la semaine prochaine », lui ai-je répondu.

Le deuxième conseil est de rassembler les faits afin de cesser de vous inquiéter dans le vide. Allez voir un conseiller ou un notaire pour faire le point sur votre situation financière et légale. Ensuite, trouvez un ami qui vous aide à faire le tri entre vos peurs raisonnables et vos peurs irréalistes. Dans l'idéal, cet ami doit se contenter d'écouter sans prendre part à la crise, ce qui ne ferait que compliquer le problème.

Enfin, acceptez l'idée que tout le monde s'inquiète. C'est une réaction sensée et naturelle. Votre but doit être de moins vous angoisser à cause de choses qui vous échappent – « Va-t-il appeler ? » ; « Aura-t-elle envie de me voir ce week-end ? » – pour vous concentrer sur ce que vous pouvez changer – votre propre attitude par exemple. Gary et Nicola se sont séparés temporairement. Pendant leur séparation, Nicola a organisé un barbecue un dimanche après-midi pour fêter son anniversaire. Elle a invité Gary, ses parents à elle et quelques amis communs. Malheureusement, le père de Nicola a insisté pour faire cuire la viande d'une certaine façon. « Nicola s'est énervée et elle est rentrée dans la maison en colère. D'instinct, j'ai préféré ignorer l'incident, même s'ils criaient très fort. Mais je me suis rendu compte que j'avais toujours agi de cette manière et que ça m'avait conduit à la situation où j'avais presque dû la supplier pour qu'elle m'invite à son anniversaire ! Il fallait que je change, mais comment ? » me raconta Gary. Il décida d'agir différemment et suivit sa femme. « Je l'ai écoutée se plaindre de son père et elle a un peu pleuré. Je me disais : "Qu'aurais-je fait avant ?" J'aurais sûrement proposé de parler avec lui. Donc je me suis dit : "Fais autre chose." Alors je l'ai simplement écoutée. Et vous savez quoi ? Ça a semblé suffire. »

Cette fête d'anniversaire a représenté un tournant pour Gary et Nicola. L'astuce qu'a employée Gary – qui consiste à changer son comportement habituel – ne sauve pas toujours la situation, mais elle peut aider le couple à se sortir d'une mauvaise passe. En outre, et c'est peut-être le plus important, Gary a cessé de se soucier de ce que Nicola ferait à l'avenir et s'est demandé ce qu'il pourrait faire lui pour changer.

Après l'inquiétude, le problème le plus courant est la sur-analyse. S'il est difficile de trouver des avantages à l'inquiétude, savoir analyser un problème est normalement un atout. Toutefois, le stress causé par une séparation non voulue, ou la menace d'une séparation, peut transformer une introspection utile en pensées négatives. Au lieu d'offrir un nouvel aperçu, la sur-analyse peut engendrer une vision distordue du monde. Celui qui essaie de sauver un couple commence par faire le détective : en retournant sans fin une conversation téléphonique pour trouver des indices ; en disséquant un rendez-vous avec l'être aimé ; en rassemblant tous les faits pour se faire une idée plus claire de la situation. Trop analyser fait appel aux mille aspects d'une question jusqu'à ce qu'on ne puisse plus penser clairement. On ne parvient plus à se décider ou l'on finit par se retrancher dans les mauvais choix en paniquant.

Comment savoir quand l'introspection saine s'arrête et quand la sur-analyse commence ? La première concerne normalement l'ensemble de la relation, tandis que la seconde se concentre sur des événements relativement récents, souvent en excluant tout le reste. Tandis que l'introspection saine conduit à de nouvelles stratégies de guérison du couple, la sur-analyse tourne en rond pour n'aboutir à rien. Zoé a beaucoup réfléchi après que Murray lui a dit qu'il ne l'aimait plus. La plupart de ses conclusions les ont aidés à améliorer leurs rapports. Cependant, après que Murray lui a demandé de l'espace pour se remettre les idées en place, Zoé s'est emballée : « Tout est devenu un indice pour savoir s'il allait revenir ou non. Combien de temps mettait-il pour répondre à mon texto ? Souhaitait-il venir déjeuner dimanche ? Ce que me racontait un ami commun sur son état d'esprit prenait une importance énorme. Si j'avais l'impression de lui manquer j'étais aux anges. S'il était fatigué et souhaitait rentrer chez lui tôt j'étais déprimée pendant des jours. » Si Murray appelait un jour où elle n'avait pas le moral, elle se montrait hargneuse et l'attaquait malgré le plaisir qu'elle avait de l'entendre. Durant l'une de nos séances de conseil, Zoé a appris à cesser de chercher un sens plus profond aux gestes de Murray. Elle a également appris à se détendre pour mieux apprécier les moments passés en sa compagnie. Quel est le secret ?

Première phase. *Rendez-vous compte que trop analyser n'est pas constructif.* Les gens continuent à sur-analyser parce qu'ils ont l'impression d'obtenir un meilleur aperçu en ne voyant plus tout en rose. Mais il est plus fréquent que celui qui analyse trop finisse par se sentir mal lorsqu'il est seul comme lorsqu'il est face à son partenaire. La prochaine fois que vous vous surprendrez à sur-analyser, mettez un « stop » imaginaire en vous distrayant grâce à une activité agréable. Jouez avec les enfants ou feuilletez un magazine. Il est prouvé que huit minutes de distraction peuvent suffire à égayer votre humeur et à éviter les pensées déprimantes.

Deuxième phase. *Reportez vos pensées.* Il ne s'agit pas de fuir les problèmes mais de les reporter à un moment plus propice. Quand cet instant arrivera, vous verrez que tout vous semblera moins bouleversant. Le problème aura peut-être même disparu. Reporter est particulièrement recommandé le soir car il vaut mieux éviter les pensées angoissantes avant d'aller se coucher.

Troisième phase. *Confiez vos pensées par écrit.* Ne vous auto-censurez pas. Écrivez tout sans exercer aucune forme d'autorité. Puis reprenez vos notes et soulignez les événements concrets, en laissant les interprétations de côté. Revenez aux faits. Discutez-en avec un ami qui a l'esprit pratique. Il cherchera des solutions au lieu de s'attendrir et de raviver les flammes de la sur-analyse.

Quatrième phase. *Visez la simplicité.* Dans la plupart des cas, l'interprétation la plus simple est la meilleure. Par exemple, si Murray ne répondait pas tout de suite aux texto de Zoé, c'est parce qu'il était en réunion, et non pour une quelconque raison sinistre.

Mon expérience m'a appris que ceux qui sur-analysent tombent dans trois schémas principaux : la colère, pour ceux qui finissent par accuser les autres (comme Zoé), l'autocritique, pour ceux qui s'accusent eux-même, et l'enlisement pour ceux qui s'embourbent dans les sentiments jusqu'à déprimer. La partie « Exercices » de ce chapitre comprend un questionnaire (« Êtes-vous sujet à la sur-analyse ? ») qui vous aidera à déterminer si vous souffrez de trop analyser et, si c'est le cas, dans quelle catégorie vous entrez. À chaque catégorie correspondent des astuces et des conseils.

Faire face à la séparation temporaire

Mes patients me demandent souvent quels résultats ils peuvent attendre d'une séparation temporaire. C'est difficile à dire, puisqu'il n'existe aucune statistique et que chaque cas est différent. Pour certaines personnes, une séparation temporaire peut être très constructive. Quand Simon, notaire âgé d'une cinquantaine d'années, a laissé sa femme Margery pour « prendre le temps de réfléchir », celle-ci s'est montrée très courageuse. « Nous nous voyions de temps à autre, pour que je lui donne son courrier et ce genre de choses. Une fois je lui ai demandé si je le verrais pendant le week-end et il m'a répondu : "Ça dépend comment ça va se passer aujourd'hui." J'étais furieuse. Je me suis levée en plein milieu du restaurant et je lui ai dit que je refusais d'être jugée. Il s'est agité puis s'est excusé. Il ne s'était pas rendu compte de ce que je ressentais. En y repensant, Simon n'avait pas tort parce que en général je lui dis ce qu'il a envie d'entendre. » Elle avait peut-être le dos au mur dans sa bataille pour sauver son couple, mais elle a décidé que la meilleure attitude était l'honnêteté. Margery a réussi à laisser parler sa colère et a découvert qu'en l'exprimant Simon cessait de l'écraser.

Erin, femme au foyer âgée de 31 ans et mariée depuis sept ans, se situe à l'opposé. Quand son mari s'est éloigné pour « faire le point », elle l'a vécu comme un échec complet. « J'avais placé ma famille au centre de ma vie. Tout le monde nous voyait comme une belle famille mais dans le fond je ne me sentais bonne à rien. » Le sentiment de rejet peut être aggravé si la perte actuelle se confond à une perte passée. La mère d'Erin est morte alors qu'elle était adolescente et son ancien sentiment d'abandon s'est ravivé au départ de son mari, même si ce dernier ne partait pas définitivement. Tant qu'Erin était dans cet état de nervosité, il était inutile de s'attaquer à la douleur passée. La priorité était de l'aider à traverser la crise immédiate. Il était important de la soulager des accès les plus douloureux tout en l'empêchant de régresser en mode petite fille. (Pour plus de conseils, reportez-vous au paragraphe « Vaincre le cafard » dans la partie « Exercices ».) Que votre séparation temporaire se passe bien ou mal, ne prenez pas de décision définitive pendant les trois premiers mois. Vous serez sous le choc et ce ne sera pas le meilleur moment pour juger de quoi que ce soit. Mais soyez assuré(e) que cela passera.

ET SI MON PARTENAIRE S'ÉLOIGNE DOUCEMENT ?

La première des choses à faire est de communiquer autrement.

- Si vous avez l'habitude de vous parler, écrivez une lettre.
- Au bout du compte, peu de mots peuvent avoir plus d'impact qu'une logorrhée verbale, surtout si vous avez l'habitude de rédiger des lettres de huit pages. Une petite carte, un texto ou des mots écrits au rouge à lèvres sur un miroir peuvent suffire à faire réagir votre partenaire.
- Si vous n'avez pas l'habitude des conversations intimes au téléphone ou de vous envoyer des mails, voici deux nouvelles options à essayer.
- En d'autres termes, tout ce qui surprendra votre partenaire ou l'empêchera de se dire « C'est comme d'habitude » peut attirer son attention.

Si les moyens énumérés ci-dessus ne fonctionnent pas, prenez du recul et cessez de vous essouffler.

- Si votre partenaire essaie de combattre les raisons qui ont fait qu'il ou elle ne vous aime plus, il ne sert à rien de lui demander constamment : « Comment te sens-tu aujourd'hui ? »
- Lui répéter à l'infini que vous l'aimez n'apportera rien. Il ou elle répondra probablement « je sais », ce qui, en plus de ne pas vous rassurer comme vous l'espériez, renforcera chez lui son absence de sentiments.
- J'ai évité les stéréotypes de genres (les femmes qui aiment parler d'un problème en détail et les hommes qui se mettent à l'écart pour réfléchir tranquillement) parce que j'ai rencontré beaucoup d'hommes prêts à se lancer et de femmes ayant besoin de solitude. Cependant, il vaut la peine de se souvenir que les clichés ont une large part de vérité.

Avez-vous attendu de votre partenaire une réaction qui vous fasse du bien mais qui le mette mal à l'aise ?

- Si votre partenaire parle facilement, invitez-le (la) à alléger son cœur. Si vous avez déjà essayé et avez échoué, essayez de nouveau, car il est possible qu'il ou elle n'ait pas pris votre invitation au sérieux ou que votre approche ait été trop osée pour être crédible.
- Si votre partenaire a besoin de beaucoup réfléchir, laissez-lui l'espace nécessaire. Vous pouvez avoir l'impression de l'avoir déjà fait, mais peut-être que, de son point de vue, il ou elle avait l'impression d'être poursuivi(e) ou que vous étiez dans l'attente.
- Pomponnez-vous. Allez chez le coiffeur ou chez l'esthéticienne. Au lieu de fixer votre attention sur votre partenaire, fixez-la sur vous.
- Faites quelque chose qui vous fait plaisir au lieu de n'agir que dans le but de récupérer votre partenaire.
- Essayez de profiter de la vie. Je sais que ça peut vous paraître difficile, surtout après que votre vie semble s'être écroulée, mais avec qui votre partenaire aurait-il envie de passer sa vie ? a) avec quelqu'un qui pleure tout le temps et qui reste cloîtré à la maison, ou b) avec quelqu'un d'optimiste et qui sort pour faire plein de choses intéressantes ?

QUE DOIS-JE FAIRE SI MON PARTENAIRE SEMBLE VOULOIR S'INVESTIR DE NOUVEAU DANS LE COUPLE ?

- Si vous avez trouvé la force de prendre du recul et de recadrer votre vie, vous avez probablement éveillé l'intérêt de votre partenaire et il ou elle doit commencer à se poser des questions.
- Ne vous enthousiasmez pas trop vite. Les débuts des retrouvailles ressemblent au début du flirt : soyez chaleu-

reux(-euse) et encourageant(e) mais ne vous jetez pas à son cou.

- Acceptez certaines de ses invitations à passer du temps ensemble, mais pas toutes, et surtout n'annulez pas des engagements déjà pris.
- Vos rendez-vous doivent être légers et amusants. Comme au début de votre relation, ne soyez pas grave trop vite.
- Attendez que votre partenaire soulève les questions difficiles, sur votre couple ou sur l'avenir, et ne dites pas « je t'aime » en premier car cela appelle une réponse qu'il ou elle n'est peut-être pas prêt(e) à donner.
- Si à un moment ou à un autre votre partenaire commence à faire marche arrière, vérifiez que vous n'êtes pas de nouveau en train de le poursuivre et concentrez votre attention sur votre propre vie.
- Ne vous emballez pas tant que vous n'êtes pas sûr(e) à 100 % que votre partenaire a autant envie que vous de reprendre la relation.

En résumé

- Si ce chapitre s'adresse principalement à ceux ou à celles qui ont reçu un aveu de JTAM, le prochain est essentiellement consacré à leur partenaire.
- Si vous avez tendance à vous inquiéter, découpez les problèmes en petites parties et concentrez-vous sur celles que vous pouvez contrôler.
- Trop analyser peut être aussi néfaste que de considérer le couple comme acquis. Ce comportement se découpe en trois types : la colère, l'autocritique et l'enlisement.
- Si votre partenaire semble s'éloigner, il est temps d'essayer une autre tactique.
- Acceptez les avantages qu'il y a à vivre l'instant présent. Après tout, on ne peut agir que sur le présent.

Exercices

Cessez de vous inquiéter

Le secret est de s'en tenir à ce qui est incontestable sans ruminer inutilement des pensées sur des lendemains lointains et hypothétiques.

1. Faites la liste de toutes vos inquiétudes, puis rayez celles qui n'ont pas lieu d'être pour le mois à venir. Si vous vous sentez très optimiste, recadrez le champ de vos inquiétudes à la semaine prochaine.
2. En reprenant les inquiétudes restantes, notez à côté de chacune d'elles ce que vous pourriez faire concrètement pour les résoudre.
3. Si vous ne trouvez pas de réponse, faites un pacte avec vous-même pour ne pas y penser pendant une demi-heure. Allez prendre l'air. Une promenade peut vous alléger l'esprit et vous aider à mieux réfléchir.
4. Demandez-vous : quelle est la pire des choses qui puisse arriver ? Préparez-vous mentalement à accepter le pire puis dépensez votre énergie à en tirer calmement le meilleur.
5. Évitez la caféine et le sucre et limitez votre consommation de tabac et d'alcool. Ces stimulants ne feraient qu'embrouiller vos pensées.
6. Si vous ne parvenez pas à dormir, visualisez la liste de vos soucis. Dites-vous : « Je ne peux rien faire pour l'instant » ; puis imaginez que vous froissiez la liste et que vous la lanciez au loin. Recommencez plusieurs fois jusqu'à ce que vous retrouviez votre calme.

Êtes-vous sujet(te) à la sur-analyse ?

Ce test est amusant mais il a aussi un côté sérieux. Il vous aidera à découvrir quel genre d'analyste vous êtes et vous fournira des conseils adaptés.

1. Une bagarre éclate entre vous et votre partenaire et vous vous surprenez à répéter toutes les insultes que vous vous étiez juré de ne jamais dire. Pensez-vous :

a) À toutes les autres fois où vous n'avez pas été à la hauteur.
b) Je devrais m'excuser en rampant à ses pieds, même si au fond de vous, vous pensez avoir raison.
c) C'est de sa faute puisqu'il ou elle m'a provoqué(e).
d) On se dispute même dans les familles les plus équilibrées.

2. Au lit, vous faites des efforts particuliers pour séduire votre partenaire, mais il vous tourne le dos et se met à ronfler. Pensez-vous :

a) Si je ne l'intéresse pas c'est qu'il va voir ailleurs. Je savais que ce nouveau collègue allait créer des problèmes.
b) Vu les kilos que j'ai pris ce serait un miracle que quelqu'un ait envie de moi.
c) Mon ou ma partenaire ne m'a pas non plus remercié(e) pour le dîner. Il ou elle pense que tout va de soi. Comment ai-je pu tomber amoureux (-euse) de quelqu'un d'aussi égoïste ?
d) Mon ou ma partenaire a dû travailler trop dur aujourd'hui.

3. Pendant une conversation téléphonique, des silences embarrassés pèsent entre vous deux. Plus tard, vous vous surprenez à creuser la question. Pensez-vous :

a) Pourquoi n'arrivons-nous pas à nous entendre, et pourquoi est-ce que je prends toujours les gens à rebrousse-poil ? D'ailleurs, suis-je capable de bien m'entendre avec quelqu'un ?

b) Si j'essayais d'être plus tolérant(e), nous pourrions peut-être rester amis ?

c) Pourquoi est-ce que c'est moi qui fais tous les efforts ?

d) Je ne vais pas le (la) laisser me gâcher ma journée.

4. Pendant votre séparation temporaire, l'un de vos meilleurs amis organise un dîner d'anniversaire mais il n'invite aucun de vous deux. Comment réagissez-vous ?

a) Ont-ils parlé de moi derrière mon dos et décidé délibérément de m'exclure ?

b) Vous appelez votre ami le plus proche dans ce groupe pour comprendre si vous avez blessé l'hôte d'une quelconque manière ?

c) De toute façon, je n'y serais pas allé(e).

d) Il n'y avait probablement pas assez de place pour tout le monde ou peut-être mon ami était-il gêné de n'inviter que moi.

5. Votre partenaire vous raconte que sa mère n'a pas dit grand-chose quand il ou elle lui a annoncé que vous aviez des problèmes. Dans l'idée de ne pas alourdir la situation, vous dites en blaguant : « Tu es sûr(e) qu'on n'a pas échangé ta mère contre une autre ? » Votre partenaire rit. Mais plus tard, vous pensez :

a) Il ou elle va m'en vouloir d'avoir dit ça sur sa mère et va me reprocher mon manque de soutien. Ou, pire, il ou elle ne me dira plus jamais rien.

b) Il faut toujours que je mette les pieds dans le plat et je dois apprendre à réfléchir avant de parler.

c) Sa mère l'a bien mérité, vu qu'elle critique tout le monde.

d) Si mon ou ma partenaire l'a mal pris, il ou elle me le dira.

6. Qu'est-ce qui se rapprocherait le plus de votre devise personnelle ?
a) Il y a plus de questions que de réponses.
b) Il faut que je fasse plus d'efforts.
c) Pourquoi est-ce qu'on s'en prend toujours à moi ?
d) Ce qu'on ignore ne peut pas faire de mal.

7. Votre partenaire vous laisse un petit mot pour vous demander de le (la) rejoindre ce soir. Que pensez-vous ?
a) Comment vais-je dire à ma famille que nous nous séparons et comment vais-je réussir à plaire à quelqu'un d'autre ?
b) Vous ressassez vos récentes conversations pour comprendre ce que vous avez pu faire pour l'énerver.
c) C'est de sa faute. Comment peut-il me demander d'être loyal(e) en me traitant de cette façon ?
d) Je ne vais pas tarder à savoir de quoi il s'agit.

Majorité de a = Analyse « enlisement »
Vos pensées s'enchaînent d'elles-mêmes de telle sorte que vous pouvez facilement passer d'un commentaire potentiellement mordant sur votre aspect physique, pour arriver à l'un de vos parents qui a l'air de vous ignorer – même si, en réalité, ces idées n'ont rien à voir entre elles. Le résultat est que vous perdez pied et ne savez plus quoi faire.

Conseil : la prochaine fois que quelque chose vous bouleversera, arrêtez-vous pour déballer tout ce que vous avez en tête. Derrière chaque pensée, une voix vous dira quoi faire : « Tu devrais faire de ton mieux » ; « Tu ne devrais pas laisser tomber untel » ; « Tu ne devrais pas être si gentil(le) avec tout le monde. » Jusqu'à vous retrouver écrasé(e) par les tyranniques « tu devrais ». Pour chaque « tu devrais », demandez-vous : Qui a dit ça ? Ce conseil vous correspond-il toujours aujourd'hui ou dans cette situation ?

Majorité de b = Analyse autocritique

Vous vous rabaissez facilement, et bien que vous soyez quelqu'un de parfaitement capable vous avez une faible opinion de vous-même. Même quand les choses prennent un tournant favorable, vous optez toujours pour l'interprétation contraire. Vous avez aussi tendance à vous inquiéter facilement.

Conseil : tout d'abord, vous ne pouvez pas changer le passé. Il n'y a donc aucun intérêt à perdre votre temps. Ensuite, apprenez à vous pardonner. Le pardon vous permet de ne pas vous enliser dans la culpabilité et d'avancer vers la solution. Enfin, quand vous prendrez du recul, demandez-vous si vous n'êtes pas en train d'accorder trop d'importance aux pensées négatives. N'oubliez pas qu'il existe aussi des possibilités positives et neutres.

Majorité de c = Analyse colérique

Bien que vous ne vous énerviez pas facilement, vous avez tendance à bouillonner et à finalement éprouver de l'amertume. Votre colère peut être froide, souvent de façon dévastatrice. En d'autres occasions, vous explosez. Parce que vous n'aimez pas vous voir dans cet état, vous cherchez à éviter le problème en ayant recours à une solution d'urgence. Cela finit par vous conduire à des complications et ouvre la porte à l'insatisfaction.

Conseil : vous attendez beaucoup de vous-même et de tout votre entourage. Pourtant, la vie serait plus facile si vous acceptiez que les choses soient ce qu'elles sont, et que vous passiez à autre chose. Par exemple, quand votre mère n'est pas ouvertement aimante, appréciez ses qualités au lieu de vous mettre en colère pour le reste. La prochaine fois que quelqu'un vous blesse, ne vous dites pas : « Comment peut-il me faire ça ? ». Apprenez plutôt à pardonner. Concentrez-vous sur les vraies difficultés et sur ce que vous pouvez faire.

Majorité de d = Analyse équilibrée

Vous ne passez pas des heures à ruminer sur un problème sauf en cas de crise grave. Quand vous prenez une décision, vous vous y tenez. Ces qualités sont à saluer. Mais ne vous arrive-t-il pas d'être trop occupé(e) à « faire des choses » pour vous demander ce que les autres ressentent ?

Conseil : en période de crise, votre sang-froid est un atout. Cependant, la prochaine fois que vous repenserez à une conversation délicate, cherchez à comprendre ce qui s'est vraiment passé. Qu'est-ce qui n'a pas été dit ? En prenant conscience de ces dimensions supplémentaires, vous ferez de meilleurs choix.

Vaincre le cafard

Le cafard nous tombe dessus à chaque fois que nous nous sentons totalement impuissants. Pour cette raison, tout ce qui nous renforce, même s'il s'agit de choses mineures, peut nous aider à nous en sortir.

1. Établissez des petits triomphes et des succès faciles. Par exemple, attaquez-vous à une tâche ménagère désagréable que vous repoussez depuis une éternité, comme ranger le placard sous l'évier. Réaliser ces petits travaux vous apportera un sentiment d'accomplissement.
2. Trouvez des petites choses qui amélioreront votre image de vous-même. Habillez-vous le week-end au

lieu de traîner en peignoir, ou portez de nouveaux vêtements.

3. Aidez les autres. Proposer de réparer les gouttières d'un voisin âgé ou vous porter volontaire pour accompagner un camp d'éclaireuses détournera votre attention de vos problèmes personnels. Les remerciements et les félicitations que vous recevrez vous aideront à vous sentir mieux.
4. Comparez-vous à quelqu'un qui va plus mal. Les patients atteints d'un cancer se rassurent souvent en se comparant à quelqu'un de plus malade qu'eux. La prochaine fois que vous vous surprendrez à vouloir que votre vie ressemble à celle d'un ami chanceux, essayez d'être reconnaissant(e) de ne pas vivre comme quelqu'un qui a moins de chance que vous.
5. Pratiquez le yoga, la natation ou tout autre sport. Les endorphines naturelles améliorent le moral, aident à se détendre et chassent les soucis de l'esprit.
6. Si vous êtes croyant, priez. Sinon, suivez un cours de méditation. S'ils ont lieu dans des centres bouddhistes, sachez qu'on ne cherchera pas à vous convertir mais à vous apprendre à faire le vide dans votre tête. Ce but est difficile à atteindre, mais quelques instants de paix peuvent être extrêmement bénéfiques à un cerveau trop actif.

13

La culpabilité

« Si seulement je ne me sentais pas aussi coupable », s'est plaint Gary. Ce dernier connaît sa femme depuis l'adolescence mais, à 30 ans, il a cessé de l'aimer. Sara aimait toujours Gary et désirait que leur couple durât, en particulier parce qu'ils avaient deux enfants. Pourtant, au bout de quelques semaines de travail avec moi, leur relation était dans une impasse et Gary demanda à Sara de lui donner du temps. Pendant cet « espace » ou « séparation temporaire », j'ai cessé de les recevoir ensemble. J'ai proposé une ou deux séances individuelles pour soutenir chacun pendant ces semaines délicates. C'est durant l'un de ces rendez-vous que Gary a laissé échapper ce gémissement de désespoir. C'est un refrain que je ne connais que trop bien. Pour Gary, l'« espace » offert par la séparation se passait bien, trop bien. « C'est tellement agréable de me faire plaisir. J'ai pu dévorer quelques livres que j'avais envie de lire. Je suis submergé de travail. Quand je ferme la porte je peux rester tranquillement chez moi. » La semaine précédente, la famille entière s'était offert une sortie. « Nous sommes allés à la ferme des animaux et les garçons couraient dans tous les sens. Ils ont gratté les cochons puis ont aidé à nourrir un agneau orphelin. Mais partir après le goûter n'a pas été facile », a-t-il expliqué. J'ai écouté tous les détails de leur journée, bien conscient qu'il n'avait pas fait allusion à sa femme ne serait-ce qu'une seule fois. « Et comment allait Sara selon vous ? » ai-je fini par demander. Gary a recommencé à geindre : « Si seulement je ne me sentais pas si coupable. »

À ce stade du voyage JTAM, un couple peut se laisser submerger par la culpabilité. Celui qui a cessé d'aimer se sent coupable de la peine qu'il inflige à sa famille, tandis que son partenaire culpabilise de ne pas avoir remarqué le problème plus tôt, ou se fustige de sa part de responsabilité dans la crise. Il n'est donc pas étonnant que ce sentiment de culpabilité s'étende à tous les moments de la journée, au petit déjeuner, au déjeuner et au dîner, et même entre les repas, si bien que son goût amer ne vous quitte pas. Mais qu'est-ce que la culpabilité, au juste ? Comment ce sentiment peut-il être aussi démoralisant et comment s'en sortir ?

La culpabilité est un sentiment humain très naturel et en général très utile. Nous nous sentons coupables lorsque nous avons fait quelque chose qui enfreint notre système de valeurs et, par la même occasion – en supposant que tout le monde ait les mêmes –, les valeurs de la société. La culpabilité a donc un côté positif : elle soude les individus, ce qui signifie que la plupart des citoyens font leur propre loi, le tribunal n'intervenant que dans des cas exceptionnels. Cependant, quand la culpabilité devient toxique, une autre émotion cousine s'y mélange souvent : la honte. Tandis que la culpabilité se rapporte à l'action – se garer en double file, par exemple –, la honte naît d'une absence de mérite personnel. En d'autres termes, elle nous fait croire que nous ne sommes pas quelqu'un de bien et non quelqu'un de bien qui commet une faute. Gary s'est senti coupable de rompre ses serments de mariage, et honteux parce qu'il se demandait quel genre d'homme peut bien quitter une femme qui l'aime. Dans la plupart des ruptures, quand la haine est réciproque, chacun se construit un discours d'indignation vertueuse du genre : « Je le quitte parce qu'il se comporte mal » ; « C'était une vraie garce. » Si chacun se sent coupable, personne n'a l'impression de ne pas être quelqu'un de bien. « C'est lui qui m'a poussée à agir ainsi. » « Après ce qu'elle a fait, quel choix avais-je ? » Les couples JTAM n'ont pas d'excuses aussi faciles et sont donc plus exposés à la honte.

De tels sentiments peuvent remonter à l'enfance : « Si tu es un gentil garçon et que tu finis ton assiette, tu auras un dessert » ; « Les jolies filles vont à la fête, les vilaines restent à la maison. » Certains parents ajoutent inconsciemment un message supplémentaire : « Si tu n'es pas sage, je ne t'aimerai plus. » L'idée que « les bonnes choses n'arrivent qu'aux gens bien et les mauvaises aux méchants » est renforcée par la religion, l'école et les séries télé populaires dans lesquelles les personnages vertueux sont récompensés et les méchants souffrent. Avec cela en tête, il n'est pas étonnant que tout le monde aime se voir sous son meilleur jour. Même si à l'âge adulte nous apprenons que les employeurs peuvent transférer les bons employés à l'autre bout du monde, ou qu'un bon père peut se faire renverser par un conducteur ivre, nous aimons croire que ces règles de l'enfance sont toujours en vigueur. Il est évident que nous ne pouvons pas contrôler ces événements dus au hasard, mais dans le fond nous nous raccrochons à l'idée qu'être « gentil(le) » nous protège. Une crise de couple défie cette conviction et nous rend doublement enclins à nous considérer comme un être mauvais.

Gary ne pouvait pas s'offrir le luxe d'en vouloir à Sara pour sa détresse et il avait besoin de se distancier de son sentiment d'être dans son tort. Pour Gary, et pour beaucoup de gens qui souffrent de JTAM, la culpabilité sert un deuxième but. À la fin de la première séance individuelle, il a dit : « Je sais que je suis égoïste, mais si ça peut consoler, je m'en veux vraiment. » Même lui se doutait que Sara ne trouverait pas beaucoup de réconfort dans le fait de savoir qu'il souffrait. Nous avons donc creusé la question. Il a fini par dire : « Je ne peux pas être vraiment méchant parce que quelqu'un de méchant ne se sentirait pas coupable de demander une séparation temporaire. » En effet, la culpabilité permettait à Gary de garder une bonne image de lui-même. La culpabilité le protégeait également des autres sentiments difficiles : la colère, la douleur, le chagrin, les regrets – « si seulement j'avais fait ça », « si seulement je n'avais pas fait ça ». Au lieu de s'abandonner à ces monstres, Gary essayait de dompter sa culpabilité en appelant ses enfants ou en se distrayant en buvant une bière avec ses collègues. Les mécanismes qu'il employait pour faire face étaient positifs, mais jusqu'à un certain point. En effet, ils ne changeaient rien aux causes profondes. Et tandis que la plupart des sentiments s'éteignent d'eux-mêmes, la culpabilité toxique peut durer éternellement. Si Gary détestait la culpabilité, il appréciait encore moins les sentiments qu'elle l'aidait à recouvrir. De plus, le sentiment de culpabilité présentait un dernier avantage : il l'empêchait de choisir entre rentrer chez lui ou demander le divorce.

SORTIR DU PIÈGE DE LA CULPABILITÉ

L'exercice suivant est douloureux et prend beaucoup de temps. Vous pouvez noter vos sentiments ou demander de l'aide à un ami qui saura vous soutenir. Dans l'idéal, cet ami vous connaît vous et votre partenaire et saura être neutre. Évitez ceux qui sont pour vous à 100 % ou qui auraient du mal à vivre votre souffrance et qui risqueraient d'alléger la charge avant de l'avoir analysée. L'aide d'un ami vous sera particulièrement utile pour le deuxième point, mais, si vous êtes capable d'être honnête envers vous-même, poser vos sentiments par écrit peut vous procurer la distance nécessaire.

1. Examinez vos regrets

Commencez par écrire tout ce qui concerne le mois dernier et remontez jusqu'aux douze derniers mois, puis aux cinq dernières années et jusqu'à l'adolescence, avant même votre rencontre. Quels sont les moments clés ? Quels sont les « si seulement » ? Qui avez-vous blessé ? Vos regrets ne concernent-ils que votre crise de couple présente ou font-ils partie d'un ensemble plus vaste ?

2. Défiez les pensées toxiques

En prenant les regrets les plus importants, posez-vous les questions suivantes : Ai-je surestimé ma part de responsabilité ? Y a-t-il des accusations à tort ? Ai-je nié mes responsabilités ? Ai-je présenté le passé en noir et blanc, sans contradictions, sans paradoxes ni ambiguïtés ? Ai-je affecté de posséder des dons de superhéros, comme la double vue, ou un langage ultracharmeur pour persuader quelqu'un de changer ?

Si votre partenaire vous a avoué son JTAM, passez directement au numéro 5. Si vous n'êtes plus amoureux(-euse) de votre partenaire, passez à la partie 3.

3. Autorisez-vous à pleurer

La vie implique de faire des choix. Si vous êtes allé(e) à l'université, vous ne saurez jamais ce qu'aurait été votre vie si vous aviez commencé à travailler plus tôt. Si vous avez choisi de repousser les avances de quelqu'un(e), vous ne saurez jamais ce qu'aurait été votre vie avec lui (elle). En vous appuyant sur ces regrets, autorisez-vous à visualiser ce qu'aurait pu être votre vie, avec tous ses avantages. Plus tard, ajoutez les éventuels inconvénients du chemin non choisi et les principaux atouts de la voie que vous avez préféré suivre.

Pour les regrets présents, laissez-vous aller à la tristesse. Préférez la catharsis des larmes aux loisirs distrayants ou aux petits gestes compensateurs. Au lieu de remplir votre agenda, passez des moments seul(e), au calme.

4. *Faites le point*

Quand on commence à libérer sa culpabilité, il est impossible de prévoir tout ce qui va en découler. Si vous avez découvert des regrets liés à des occasions manquées dans le passé, cherchez une façon d'intégrer ces buts en partant de votre position actuelle.

La culpabilité vous sert-elle à justifier votre inactivité ? Beaucoup de gens se précipitent à l'aveuglette dans l'avenir. Vous avez le droit de ne pas pouvoir prendre de décision tout de suite mais restez honnête envers vous-même.

Pourriez-vous donner une autre chance à votre couple ? Si votre JTAM a déjà atteint le stade de la crise, donnez-vous assez d'espace et de temps pour digérer les idées qui en ont découlé et vous lancer dans ces exercices.

5. *Rachetez-vous*

Acceptez votre part de responsabilité et présentez vos excuses. Vous ne devez ni ramper ni supplier pour obtenir le pardon, ni vous soucier de la part de responsabilité de votre partenaire. Préférez une excuse simple et directe, sans explication ni circonstances atténuantes. Vous pouvez commencer par une lettre, que vous déciderez ensuite de communiquer ou non à votre partenaire.

Ne vous attendez pas à être pardonné(e). Le pardon viendra peut-être par la suite. Le but est de simplement vous excuser. Votre démarche peut être accueillie chaleureusement et servir de tremplin à une discussion utile, mais vous devez aussi vous préparer à une réaction de colère de la part de votre partenaire. Dans ce cas, soyez prêt(e) à vous éloigner sans vous lancer dans un conflit amer.

Réfléchissez à une réparation adéquate, à un geste visant à effacer les dégâts. Il peut s'agir d'un cadeau ou d'une action qu'apprécierait votre partenaire. Si vous vous séparez, concevez un accord généreux.

Quand Gary a commencé à analyser sa culpabilité, il a trouvé plus de choses qu'il ne le pensait. La première fois qu'il s'est réveillé avec un sentiment écrasant, il n'était pas simplement malheureux mais profondément déprimé. Il était persuadé que cet état venait de sa vie de couple peu enthousiasmante. Cependant, en examinant les voies non choisies, il a commencé à parler d'un groupe de rock qu'il avait formé avec des amis : « Nous n'étions pas seulement connus à l'école. Des gens nous suivaient dans les bars locaux. Je ne dis pas que nous aurions pu être les prochains Beatles mais nous valions quelque chose. Sauf que l'industrie de la musique était un pari à prendre, et Sara et moi commencions à être sérieusement ensemble. Alors j'ai pris un vrai travail à la place. Je me demande toujours ce qu'aurait été ma vie si j'avais continué. »

Il lui fallait ensuite défier ses pensées toxiques. Il a d'ailleurs commencé à voir sa vie en noir et blanc : les succès et les échecs. Il s'est vite avéré qu'il était en colère après ses parents, l'école et Sara parce qu'ils ne l'avaient pas soutenu. Malgré tout, une fois les vieilles émotions exprimées, il a rapidement commencé à accepter sa part de responsabilité dans l'abandon de son rêve. Après avoir abordé la troisième partie de « Sortir du piège de la culpabilité », il s'est mis à pleurer sur sa carrière perdue : « J'aurais pu me produire dans des stades à travers les États-Unis, avec des milliers de fans hurlant, mais j'aurais aussi pu finir en cure de désintoxication, sans argent et sans domicile. »

En faisant le bilan, Gary a appris l'un des points essentiels du regret : il est rarement trop tard. Si une grande carrière de musicien rock est peu envisageable à 30 ans, l'un des avantages de la maturité est d'apprendre la souplesse. Rien n'empêchait désormais Gary de jouer dans des bars locaux en amateur et de reprendre la musique. Une fois qu'il a reconnu sa colère envers Sara qui le retenait dans son village natal, son attitude envers le mariage a commencé à changer. Sara est d'ailleurs venue le voir lors d'un concert improvisé. Il n'a alors plus vu sa femme comme celle qui l'empêchait d'aller de l'avant, et il s'est senti prêt à se pencher de nouveau sur son mariage pour en raviver la passion.

Nicola a cessé d'aimer son mari cinq ans avant de lui annoncer la fin de leur union. Richard savait alors que les choses étaient difficiles. « Elle était toujours sur mon dos, à m'enquiquiner. Je n'ai pas tellement fait attention, on ne faisait pas grand-chose ensemble. Mais à quoi s'attendait-elle ? La vie n'est pas faite que de bons vins et de roses. Sauf qu'un jour elle a arrêté. Je me suis dit : elle me laisse tranquille. Génial. Elle a enfin compris que ça ne pouvait pas toujours être comme dans les films. » Mais cinq ans plus tôt, Nicola avait cessé de chercher à arranger leurs rapports, ou, comme elle le dit : « J'avais épuisé toutes les possibilités. Il n'y avait plus de lien affectif et je savais que je serais plus heureuse sans Richard. » Elle a malgré tout choisi d'attendre que leur plus jeune enfant entre à l'école primaire pour le quitter. Elle avait passé ces cinq dernières années avec son mari, mais dans son cœur et dans sa tête elle n'était déjà plus là. Pendant ce temps, Richard vivait au paradis des inconscients.

Quand Nicola a finalement dit à Richard qu'elle ne l'aimait plus, il s'est effondré. Il a alors compris qu'elle était profondément malheureuse, mais Nicola avait déjà un pied dehors. Il a tout essayé : une semaine à Venise, des fleurs, l'aider plus à la maison, un ours en peluche géant, la traîner en thérapie de couple malgré son manque d'envie. Nicola n'allait pas bien du tout : « Je suis une garce sans cœur. Quand je lui dis que quelque chose me déplaît, il fait tout pour arranger les choses, mais ça ne suffit pas. Puis il me regarde et la culpabilité m'envahit. La culpabilité avec un grand C. »

La culpabilité de Nicola était devenue une sorte de mur défensif derrière lequel aucune des intentions de Richard ne pouvait l'atteindre. Lors des séances, nous avons donc commencé à travailler sur « Sortir du piège de la culpabilité ». Nous avons analysé les regrets de Nicola et elle a parlé du type de foyer qu'elle aurait voulu construire. Richard avait envie de l'interrompre en promettant que l'avenir pourrait être aussi rose, mais je l'ai arrêté. À ce stade, il avait besoin d'entendre tout ce que Nicola avait à dire. J'ai ensuite défié ses pensées toxiques. Qui était responsable de tout ce mécontentement, cinq ans plus tôt ? « Il ne levait pas le petit doigt, je devais tout faire dans la maison », a-t-elle expliqué. Cette fois-ci, j'ai autorisé Richard à donner sa version de l'histoire : il évoqua les heures supplémentaires qu'il faisait pour gagner plus d'argent, puisque Nicola ne travaillait plus à temps plein, et comment il l'avait aidée à s'occuper des enfants. Les choses n'étaient donc pas aussi tranchées que le pensait Nicola. « Pourquoi ne m'as-tu pas dit ce que tu ressentais ? » a demandé Richard. Nicola avait essayé mais elle n'avait réussi qu'à l'embêter, ce qui avait continué d'éloigner Richard. Qui est responsable ?

Dans ce cas, nous revenons à la première règle des disputes : « Personne n'est ni tout noir ni tout blanc. » Toutefois, quand les problèmes de couple s'enchâssent à ce point, les pensées toxiques peuvent tout distordre en bon et mauvais, sans laisser de place aux nuances. La période de pleurs compose la troisième partie de « Sortir du piège de la culpabilité ». Nicola a passé cinq ans à pleurer son malheur, à vivre en autopilotage, et Richard eut les larmes aux yeux en l'apprenant. À l'heure de faire le point, elle a admis qu'elle n'osait pas donner une seconde chance à Richard car elle redoutait que tout redevienne comme avant. « Comment pourrais-je lui faire confiance ? » a-t-elle demandé. La confiance ne s'acquiert pas en une nuit. Il faut du temps. Nicola a donc accepté de suspendre la demande de divorce. Il n'y a en réalité aucun planning, aucun chronomètre, excepté celui qu'on a dans la tête. « En fin de compte, je dois lui laisser plus de temps pour le bien des enfants. Peut-être qu'ensuite je pourrai baisser ma garde, ne serait-ce qu'un peu », a-t-elle dit. En atteignant la dernière étape, « Rachetez-vous », nous avons découvert qu'ils l'avaient déjà réalisée. Richard avait vraiment écouté sa femme parler de tous ses problèmes (sans essayer de la persuader de rester avec lui), et elle lui avait donné une seconde chance. Ils ont fini par rester ensemble selon le type de rapports dont rêvait Nicola. Malheureusement, il avait fallu que Nicola dise à Richard qu'elle ne l'aimait plus, et la menace du divorce, pour que Richard lui accorde toute son attention.

Dans les deux cas que nous venons d'étudier, les couples ont décidé de rester ensemble. Cependant, il y a des patients qui se rendent compte que leur sentiment de culpabilité n'a servi à rien. Michelle était mariée à David depuis huit ans et elle se sentait observée à chaque mouvement. Dès le début de leur histoire, David s'était montré très soucieux de son bien-être. Michelle était une fervente amatrice de danses de salon et David était toujours prêt à aller la chercher après ses spectacles, quelle que fût l'heure. Au début, le comportement de David a favorisé l'épanouissement de leur couple. « Il était toujours d'accord pour faire des efforts et je me sentais spéciale. Il n'avait d'yeux que pour moi », a-t-elle expliqué.

Cependant, l'intérêt de David s'est vite transformé en jalousie. « Mon partenaire de danse habituel était homosexuel, mais cela n'empêchait pas David de nous faire remarquer que nous avions l'air très heureux sur la piste de danse. J'ai essayé de lui expliquer que c'était du spectacle et que c'était pour impressionner le jury, mais il répondait qu'il n'y avait pas de fumée sans feu. » Michelle a fini par se lasser de ses commentaires sournois et elle a décidé de changer de partenaire de danse. Elle n'a jamais trouvé un aussi bon danseur, mais elle aimait David et le sacrifice semblait en valoir la peine. « Je me suis dit qu'il aurait plus confiance en mes sentiments une fois que nous serions mariés. Comme pour le changement de partenaire, ça n'a marché qu'un temps. Il voulait toujours savoir ce que je faisais. Je l'ai surpris en train de lire mes textos et il a fini par me demander d'arrêter la danse. » Jour après jour, elle sentait son amour s'évaporer, jusqu'à ce qu'elle dise à David : « Je t'aime mais je ne suis plus amoureuse de toi. »

Michelle se sentait coupable quand elle est venue me consulter et David a rapidement décrit tout ce qu'il avait fait pour elle : « Tu te souviens des serments du mariage ? J'ai pensé chaque mot que j'ai prononcé devant l'autel. Pas toi ? » En avançant dans les étapes pour « Sortir du piège de la culpabilité », Michelle éprouvait de plus en plus de colère. Elle a explosé : « Tu continues d'essayer de me manipuler. Tu n'as pas le droit de me faire culpabiliser pour mieux me contrôler. »

Au lieu de supprimer ou d'ignorer votre sentiment de culpabilité, essayez de l'analyser. D'un côté, la culpabilité peut vouloir dire que vous êtes en train de faire quelque chose qui enfreint votre système de valeurs et que votre conscience vous dit d'arrêter. D'un autre côté, elle vous indique que vous pourriez accepter une plus grande part de responsabilité dans la crise que vit votre couple.

En résumé

- La culpabilité est un sentiment auquel on n'échappe pas.
- Quand la honte se mêle à la culpabilité, elle peut devenir toxique.
- Pour se débarrasser de la culpabilité, il faut analyser le regret, défier les pensées toxiques, accepter de pleurer, faire le point et se racheter.
- La culpabilité nous transmet généralement un message. Il vaut mieux l'écouter que de foncer vers des lendemains incertains.

EXERCICES

Le carnet de la culpabilité

Achetez un cahier d'exercices au lieu d'écrire sur des bouts de papier, car vous aurez besoin de consulter vos notes à plusieurs reprises. Cet exercice implique d'écrire beaucoup, et vous offrir un joli carnet est la preuve que vous vous engagez à persévérer.

1. Confiez-vous. Au lieu de laisser vos pensées tourner en rond dans votre tête, notez-les dans votre carnet de la culpabilité. Certains de vos sentiments de culpabilité seront liés à des événements passés et d'autres à des événements actuels. Si les deux types de culpabilité sont mélangés, cela n'a aucune importance. Pour chaque élément, précisez cependant la date afin de pouvoir y revenir pour voir quand ce type de pensées coupables vous a envahi(e). Ne vous préoccupez pas du style, ni de l'orthographe, ni de la grammaire. Laissez tout affluer à votre conscience.

2. Analysez. Si vous laissez passer deux ou trois jours entre l'écriture et l'analyse, vous serez plus objectif(-ive). Prenez un marqueur. En relisant tout ce que vous avez écrit, repérez ce qui vous semble trop contrasté. Des mots comme « toujours » et « jamais » sont de bons indices. Trouvez ensuite les pensées qui supposent des talents surhumains comme la double vue, et surlignez-les aussi. Des phrases comprenant le verbe « devoir » sont de bons indicateurs de ce mode de pensée. Enfin, cherchez aussi les phrases qui les condamnent ou les soulignent. Vous pouvez adopter une couleur pour vous et une autre pour votre partenaire. Les couleurs sont-elles équilibrées ?
3. Identifiez les thèmes principaux. Bien que la culpabilité puisse revêtir de multiples variantes, il existe en général une poignée de thèmes principaux. Nommez votre ou vos thèmes. Par exemple, la culpabilité que vous éprouvez pour ne pas avoir suffisamment soutenu votre partenaire quand son père était mourant peut s'appeler « hospice ».
4. Questionnaire. Pour chaque thème, notez quelques réflexions pour chacune de ces grandes questions :
    - Qu'auriez-vous pu faire autrement ?
    - En repensant à ce moment, de quelles ressources auriez-vous eu besoin ?
    - Qu'est-ce qui vous en a empêché(e) ?
    - Qu'est-ce qui vous met en colère dans cette histoire ?
    - Après qui êtes-vous en colère ?
    - Quelle leçon pouvez-vous en tirer pour l'avenir ?
5. Réfléchissez. Laissez votre carnet de côté pendant une semaine et revenez-y avec un regard neuf. Relisez tout avec attention, en vous autorisant à pleurer les erreurs passées et ensuite à faire le point sur ce qui va venir.

6. Reprenez votre carnet et répondez à une seule question supplémentaire : Comment puis-je me racheter ? Notez autant de solutions que possible, même si certaines vous semblent ridicules sur le moment. Une fois toutes les solutions épuisées, les sages comme les plus folles, reprenez-les pour choisir les plus appropriées.

Remarque : certains patients s'aperçoivent qu'ils se sentent coupables d'un événement passé mais que la personne concernée n'est plus en vie. Comment se racheter auprès d'une personne décédée ? Dans ce cas, je suggère de lui écrire une lettre imaginaire.

Après la crise

14

Comment recréer des liens

J'aime le moment où il devient évident que deux partenaires sont en bonne voie pour se retrouver. C'est comme voir les nuages se disperser après la pluie un jour férié. Personne ne veut admettre que le soleil brille pour ne pas tenter le destin, mais il est indéniable que la journée promet d'être belle. Environ deux semaines plus tard, l'un des partenaires, ou même les deux, avoue avec un timide sourire et un léger mouvement de tête, mais les yeux brillants : « J'ai vraiment des sentiments. » Retomber amoureux – atteindre l'attachement amoureux – devrait donc alors être facile. Mais ça l'est rarement. Beaucoup de couples s'attendent à un élan radical. Dans les films, c'est le moment où le héros s'aperçoit qu'il aime sa bien-aimée et se lance dans une course folle jusqu'à l'aéroport où celle-ci est prête à embarquer pour le Congo afin de devenir nonne. Dans un autre scénario, l'héroïne est devant l'autel, elle regarde son fiancé en titre se curer le nez et a une révélation : son autre « amoureux » ne ferait jamais quelque chose d'aussi horrible devant elle ou s'il le faisait, ce serait plutôt mignon. Au même moment, son autre « amoureux » traverse péniblement la foule d'invités pour l'empêcher de commettre la plus grosse erreur de sa vie. Et l'amour finit toujours par gagner. Cependant, dans la vraie vie, rien ne se passe comme dans les films. Fait décisif, la réalité est beaucoup plus gratifiante.

Les premières pousses d'amour sont toujours vertes et tendres, mais beaucoup de patients voudraient qu'elles soient déjà grandes. Certains parlent d'arrêter les consultations : « Merci mon Dieu, nous sommes tirés d'affaire, a soupiré Nina, partenaire d'un couple de lesbiennes ayant survécu au JTAM. Je peux de nouveau respirer. » Mais je conseille à mes « patients » de ne pas se détendre trop vite. Ces deux femmes avaient été très liées et le JTAM leur avait fait beaucoup de mal. Pour convaincre Sophia, sa compagne, qu'il valait la peine de se battre, Nina avait dû mettre nombre de ses besoins de côté. La semaine suivante, Nina et Sophia n'avaient pas le moral. Sophia a expliqué : « Nous avons vécu des moments difficiles, toujours à nous chercher des poux dans la tête et à nous emporter à la plus petite chose : elle avait oublié de téléphoner comme je lui avais demandé ou elle n'avait pas rapporté mon assiette dans la cuisine. Que nous est-il arrivé ? » Pendant des mois, Nina avait dû adopter une attitude positive, et son ressentiment face au JTAM finissait par jaillir.

À l'inverse, Brenda et Mike, qui vivaient séparément depuis deux ans, avaient tellement peur de détruire leur amour renaissant qu'ils se tournaient autour. Mike a accepté d'aller aux fêtes de famille de Brenda même s'il se demandait comment il allait être accueilli. Une séance entière a été nécessaire pour définir cette peur, je souhaitais donc savoir comment ça s'était passé. « Très bien », a répondu Brenda. « Mieux que je le pensais », a dit Mike. Leurs réponses me semblaient trop défensives. En creusant, j'ai découvert que Mike avait quitté la table en plein milieu du repas pour aller jouer avec les chiens. J'ai demandé à Brenda comment elle l'avait vécu. « Tout se passait bien et je n'ai rien voulu dire. Mais c'était un peu incorrect », a admis Brenda.

Revenons à l'idée que l'amour retrouvé est comme une jeune plante : avant que le plant soit prêt à se développer en terre, il lui faut s'endurcir. Les horticulteurs savent que les jeunes plantes ont besoin de s'acclimater progressivement. On commence par couper le chauffage et ensuite les bâches sont levées pendant quelques heures de la journée. Puis les nouvelles plantes restent à découvert jour et nuit. Cependant, quand l'amour repart, certains couples ôtent les protections trop tôt, comme Nina et Sophia. D'autres ont tellement peur de tout et de rien qu'ils laissent les bâches pendant une éternité, comme Brenda et Mike, au risque de voir l'amour moisir. Comment s'acclimater progressivement ?

Le nivellement

J'ai appelé ce chapitre « Comment recréer des liens » parce que deux choses doivent encore se produire. La première est le nivellement, un échange ouvert et honnête des sentiments. Par exemple : « D'accord, je vais tout mettre à plat : moi aussi j'ai été malheureux. » En fait, s'engager de nouveau n'est pas une finalité mais un point à partir duquel un travail constructif peut vraiment commencer. Quand George, vendeur âgé d'une bonne quarantaine d'années, est revenu vivre avec Cherie, sa femme, assistante d'avocat du même âge, ils se sont couchés très tard pour discuter, trois nuits de suite. « Il fallait que je prouve à Cherie que j'étais sérieux. Avant, j'aurais écourté la conversation, de peur d'arriver fatigué au travail le lendemain matin. Je pense qu'elle a apprécié mon geste », a expliqué George. « Quand George a commencé à s'ouvrir, j'ai été soulagée, mais tout a déferlé. Je me suis retrouvée à parler de tout ce qui me déplaisait, en particulier de sa façon de ne pas me courtiser avant de faire l'amour », a confié Cherie.

Le nivellement est très productif mais ces conversations peuvent facilement se bloquer. La raison est que le nivellement s'accompagne de quatre comportements : accuser, apaiser, intellectualiser et détourner. Si vous vous égarez ainsi dans le nivellement, ne vous inquiétez pas : à petite dose, ce comportement fait partie du processus d'endurcissement. Comme les bons jardiniers, vous devez rester vigilant pour prévenir les moments de gel.

L'accusation

Définition : accuser votre partenaire d'avoir fait quelque chose de mal au lieu de vous interroger sur votre contribution. Prenons l'exemple de Cherie qui dit : « Les préliminaires me manquent » ; tandis que George accuse : « Tu ne fais pas assez attention à moi. »

Comment y remédier : même si George et Cherie disent tous les deux la vérité, s'appuyant chacun sur leur vision subjective des choses, ils s'enferment dans le rôle de la victime. Que se passerait-il si Cherie acceptait sa part de responsabilité et reformulait ainsi sa phrase : « Je ne demande pas assez de préliminaires » ; et si George disait : « Je n'explique pas à Chérie ce que j'ai besoin qu'elle me donne » ? Ils seraient de nouveau responsables de leur destin. Cherie pourrait montrer à George comment elle aime être caressée et George pourrait demander à Cherie d'éteindre la télévision quand il rentre du travail.

L'apaisement

Définition : calmer votre partenaire avec des mots tendres ou en offrant quelque chose qui l'apaise brièvement au lieu de s'attaquer aux problèmes de fond. Dans ce cas, George dirait : « Je ne te quitterai jamais. » Et Cherie céderait immédiatement en disant : « Tu as raison, j'étais trop enfermée dans mes propres problèmes », même si elle n'était pas forcément d'accord avec George.

Comment y remédier : il n'y a rien de mal à vouloir atténuer les souffrances de son partenaire. Mais, à la longue, l'apaisement permanent conduit au ressentiment. Si George ne dit à Cherie que ce qu'elle veut entendre, sans vraiment le penser, il aura de plus en plus de mal à lui faire part de ses vrais sentiments. Alors que faire ? L'apaisement est efficace s'il n'est que la première partie d'une discussion au lieu d'être une interaction autonome. Il est évident que George a besoin de rassurer Cherie sur le fait qu'il n'a pas l'intention de la quitter dans l'immédiat. Mais il devrait poursuivre en lui expliquant que sans changements fondamentaux, il ne pourra pas rester pour toujours.

L'intellectualisation

Définition : trop insister sur les pensées rationnelles, souvent dans une complète indifférence des sentiments. Un exemple vient de Cherie : « Dans l'histoire, les hommes ont toujours traité les femmes comme des objets sexuels sans se préoccuper de leurs besoins. » Tandis que George dirait : « Il serait plus économique de louer une chambre en ville pour la semaine afin d'éviter tous ces frais de transport. »

Comment y remédier : être rationnel peut servir. Cela aide un couple à prendre du recul, à voir les choses différemment et à présenter les problèmes d'une façon moins personnelle. Mais une solution durable doit tenir compte du cœur comme de la tête. Intellectualiser peut aussi enfermer un couple dans le piège des disputes sans intérêt, sur les mœurs du XIXe siècle par exemple, au lieu de formuler les vrais problèmes. Donc, il faut trouver l'équilibre entre les pensées rationnelles et les émotions, et entre les généralisations et leurs applications personnelles.

Le détournement

Définition : dévier l'attention de quelqu'un dans l'espoir de faire oublier les reproches d'origine. Les trois techniques principales sont : nier, distraire et ignorer. Par exemple, George dévierait le sujet de ses prouesses sexuelles en disant : « Considère que tu as de la chance que je ne sois pas comme mon chef, il a deux femmes en même temps. » Cherie opterait pour le déni : « Tout ce que tu as à dire m'intéresse », alors qu'elle préférerait regarder son feuilleton préféré.

Comment y remédier : parfois, dévier l'attention est une réaction compréhensible, en particulier le soir, tard, lorsque l'un des partenaires est fatigué et n'a pas envie de parler. Cependant, il y a une attitude plus honnête : l'échange. Si George avait demandé « Pourrions-nous en parler demain ? » Cherie aurait plus facilement accepté en fixant l'heure et l'endroit : « Demain, après le dîner, nous nous installerons dans la cuisine pendant que les enfants regarderont les Simpsons. » De toute évidence, il faut honorer cet engagement. Le détournement n'est qu'une solution à court terme et, employé sans discernement, il installera toutes les conditions reconduisant au JTAM.

Avec un peu d'entraînement, le nivellement peut devenir une seconde nature pour George et Cherie. George a dit à Cherie : « Je suis déçu quand je te trouve devant la télé parce que j'ai envie d'être avec toi. » Et elle lui a dit : « Je me sens frustrée quand nous faisons l'amour trop rapidement parce que j'ai envie que ces moments soient spéciaux. » (Si vous voulez plus d'informations sur le nivellement, reportez-vous à la partie Exercices du chapitre 5 : la déclaration en trois parties vous aidera à être ouvert et honnête sans trop contrarier votre partenaire.)

APPRENDRE

Si le nivellement est la première étape pour recréer de vrais liens, la deuxième partie vous est familière si vous avez travaillé sur les « Sept étapes… ». Apprendre, la dernière étape, est tout aussi importante pour se retrouver. Dans les dernières semaines de conseil, mes patients JTAM sont soulagés de voir que l'amour est de retour, mais ils restent prudents.

Anna et Nick, l'institutrice et le vendeur déja cités, ont décidé de rester ensemble. Bien que leur première lune de miel ait été merveilleuse, Anna et Nick redoutaient que tout redevienne comme avant. Je les ai donc aidés à considérer ce qui avait provoqué leurs problèmes. « J'étais toujours accaparée par nos fils et Nick avait son travail », a répondu Anna. « Quand nous avions du temps pour nous, nous nous entourions d'amis. Comme si nous avions peur de ce qui se passerait une fois seuls », a ajouté Nick. De quoi aviez-vous peur ? ai-je demandé. « Qu'on se dispute ! » ont-ils répondu en chœur avant d'éclater de rire. « Je ne voulais pas qu'on se bagarre comme le faisaient mes parents », a dit Anna. « Mes parents ne se disputaient jamais, alors j'imagine que je ne savais pas comment m'y prendre », a ajouté Nick. Ils tenaient leur diagnostic : leur amour avait disparu parce qu'ils ne passaient pas assez de temps ensemble pour être proches et que leur peur de la dispute les avait enfermés chacun de son côté. Ensuite, j'ai demandé en quoi ils avaient changé. « Nous n'avons plus peur de nous dire ce que nous pensons », ont-ils répondu en chœur. Alors que pourraient-ils faire s'ils se voyaient de nouveau se précipiter vers les problèmes ? Nick et Anna n'ont pas répondu. Ils se sont regardés et j'ai su que mon travail de conseil était terminé. En comprenant ce qui était à l'origine de leurs problèmes et en gardant à l'esprit les nouvelles facultés qui leur permettraient de s'en sortir, ils savaient qu'à l'avenir ils seraient capables d'éviter de retomber dans les mêmes pièges.

Pour beaucoup de couples, savoir cela suffit. D'autres aiment aller plus loin pour comprendre ce qui les a attirés l'un vers l'autre, la première fois. Comme nous en avons déjà parlé, la réponse va au-delà des caractéristiques superficielles qui créent l'attirance mutuelle : l'aspect physique, le sens de l'humour ou la facilité à bien s'entendre.

L'enfance laisse des dilemmes relationnels hérités de l'observation du comportement de ses parents. Il peut s'agir de « cacher ses sentiments », de « supporter l'infidélité », de « subir des sautes d'humeur violentes » ou « des comportements face à la perte de quelqu'un ». La liste est sans fin. Nous sommes attirés par ceux qui ont des problèmes complémentaires aux nôtres et qui se battent avec des questions similaires. Par exemple, Julia, secrétaire âgée de 35 ans, a toujours entendu sa mère se plaindre de son père, un représentant de commerce qui n'était jamais à la maison. Donc Julia n'avait aucune image de la gestion de la vie d'un mari et d'une femme au quotidien. Elle a juré de ne pas faire les mêmes erreurs que sa mère mais elle s'est retrouvée mariée à un bourreau de travail qui ne jouait qu'un petit rôle dans la vie familiale.

Répéter les erreurs de ses parents semble déprimant, pourtant, cela nous donne en fait une chance de rejouer les scènes de dilemme pour trouver un compromis plus confortable. Quand Julia a compris que la colère qu'elle éprouvait envers son mari qui passait trop de temps à travailler était exacerbée par le souvenir des bagarres de ses parents, elle a pu modérer sa réaction. Elle a aussi avoué qu'elle n'aimerait pas que son mari soit tout le temps à la maison car il l'empêcherait de faire avancer ses projets. Forts de ce qu'ils avaient compris, Julia et son mari pouvaient négocier une vie quotidienne. Le samedi serait réservé à la famille mais il pouvait travailler le dimanche.

Former un couple et avoir des enfants va toujours titiller les frontières des anciennes fautes et nous pousser à questionner le présent. Alors que les générations précédentes ne s'étonnaient pas d'avoir des problèmes, nous sommes plus impatients et tolérons moins volontiers l'imperfection. Pourtant, si nous n'abandonnions pas si vite et avions davantage confiance, nous pourrions atteindre la racine des problèmes et récolter les fruits d'une relation doublement intime et doublement satisfaisante. Si tout cela semble être un travail difficile peut-être qu'une touche de « limerence » vous aidera. (Reportez-vous à la partie « Exercices » à la fin de ce chapitre.)

Et si on cale pendant le voyage de noces ?

Entre quatre et six semaines après qu'un couple a décidé de se donner une seconde chance, la confiance commence souvent à les quitter. L'un des partenaires peut tomber dans un état proche de la dépression. Dans ce cas, il est important de vérifier que toute la colère a bien été déchargée. La douleur qui résulte d'une blessure profonde ne peut pas se soigner d'un coup, mais chaque fois qu'elle est analysée, un peu de la peine et de la colère disparaîtront.

Nina et Sophia, les deux lesbiennes que nous avons déjà rencontrées dans ce chapitre, avaient d'autres questions à se poser. Nina voulait savoir si Sophia ne l'aimait déjà plus au moment où elles étaient parties en week-end à Venise, car ce voyage lui avait laissé un souvenir particulièrement beau. Sophia voulait savoir si Nina avait parlé de leurs soucis à certains de leurs amis qui pour elles étaient comme une famille de substitution. Même si sur le moment remuer le passé leur avait donné l'impression d'être piégées, elles avaient fini par trouver le procédé libérateur. « Quand je gardais quelque chose pour moi dans le but de ne pas faire de peine à Sophia, et peut-être à moi aussi, je me sentais de moins en moins bien. Et si j'osais lui poser la question, je n'éprouvais plus ce sentiment de vulnérabilité », a expliqué Nina. Au bout de deux mois, nous sommes venus à bout de leurs questions. « Ma confiance en notre couple est revenue », a dit Nina. S'il reste encore de la colère entre vous, reportez-vous aux « Cinq sujets de dispute utile » dans la partie « Exercices ».

Les rituels peuvent constituer un outil puissant pour avancer – d'où le fait que toutes les religions et cultures gardent une forme de service pour marquer un décès. Certains couples ont des rites pour permettre aux vieilles souffrances de se reposer, tandis que d'autres préfèrent célébrer leur nouvel amour de manière plus forte. Un bon rituel de conclusion est de trouver deux objets symbolisant les mauvais moments et d'avoir une petite cérémonie pour les brûler. Une autre idée est de partir en vacances ensemble. (Reportez-vous au paragraphe « Les rites » dans la partie « Exercices ».)

La dernière étape pour revitaliser un couple est de faire des projets d'avenir. Asseyez-vous pour discuter des cinq prochaines années en prenant le temps de vous écouter et de parler librement. Bien sûr, il peut y avoir des divergences, mais un couple qui a survécu au JTAM a acquis toutes les connaissances nécessaires pour y faire face. Si vous avez du mal à trouver des idées pour l'avenir, lisez « Définir votre rêve », l'exercice de collaboration du chapitre 2.

ET SI J'AI ENVIE DE RETOMBER AMOUREUX(-EUSE) MAIS QUE ÇA N'ARRIVE PAS ?

La plupart des émotions, comme la confiance, le désir sexuel et bien sûr l'amour, ne sont pas rationnelles. Ce n'est pas en se disputant ni en intellectualisant que l'on ouvre son cœur. Lors des dernières séances d'un travail, certaines personnes JTAM n'ont plus envie de partir mais elles ne sont pas certaines que leur couple soit ce dont elles aient besoin ni qu'elles soient prêtes à s'ouvrir totalement à l'amour.

Rod a cessé d'aimer Gemma, sa femme, après quinze ans de mariage : « Je vois comment nous avons laissé les choses se gâter. Nous avons donc décidé de changer certaines choses et nous étouffons moins. Mais si je n'aime toujours pas Gemma comme je devrais, que va-t-il se passer ? » Gemma, quant à elle, avait des peurs au sujet de leur avenir et disait : « Je sais qu'il est idiot de demander une garantie, la vie ne peut en fournir aucune, mais cela ne m'empêche pas d'en vouloir une. » Tandis que Rod se demandait si l'amour reviendrait, Gemma se demandait si la confiance pouvait revenir. Et que se passe-t-il ensuite ? C'est une question difficile et la solution est paradoxale. D'un côté, un couple doit travailler dur pour éliminer ce qui fait entrave à l'amour : la colère, la douleur, le cynisme et les attentes impossibles. D'un autre côté, il doit aussi savoir prendre du recul et laisser les choses se faire. Tout comme Bouddha n'a trouvé l'illumination qu'en cessant de la chercher et en la laissant venir à lui, les couples JTAM atteignent un stade où ils doivent arrêter de courir après l'amour, la confiance et le réveil du désir. Ces émotions sont fragiles et, tout comme l'illumination, elles sont d'autant plus fugaces qu'on leur donne une place centrale.

Lors des séances, nous avons passé en revue leurs anciens obstacles à l'amour (ne pas se disputer, les mécontentements non exprimés et les nombreuses heures de travail de Rod). Nous nous sommes souvenus de tout le travail effectué. J'ai aussi demandé à Rod et à Gemma d'énumérer d'autres obstacles éventuels. Nous n'en avons trouvé qu'un infime (Rod croyait que Gemma lui en voulait de jouer au golf, mais cela ne la dérangeait que s'il y allait tous les week-ends). Gemma s'est alors tournée vers Rod et lui a dit : « Nous n'avons plus qu'à y croire. » Deux semaines plus tard, l'amour et la confiance n'étaient plus un souci. Même si ni Rod ni Gemma ne savent pourquoi, les sentiments sont revenus après qu'ils eurent cessé de s'inquiéter. Aux couples qui ne parviennent pas à y croire, je demande de faire « comme si » ils avaient retrouvé la confiance, l'amour ou du désir. « Que feriez-vous ? Comment vous comporteriez-vous ? » Cette phase du « faire comme si » dure normalement entre deux et six semaines, et à un moment donné le couple n'a plus à fournir d'efforts pour passer du faire semblant à l'être. Quant aux couples bloqués, je les encourage à réexaminer leurs relations afin de repérer les obstacles persistants.

Mieux comprendre l'amour

Quand les couples ayant traversé une période de JTAM regardent en arrière, se souvenant des connaissances et des compétences qu'ils ont tirées de leur voyage, ils trouvent une conviction durable au fond d'eux-mêmes. Qu'ont-ils appris de si déterminant ?

- En amour, il faut faire des efforts. Dans une bonne relation de couple, les deux partenaires s'occupent au quotidien des besoins de l'autre, peu importe ce que celui-ci en pense. Ce pas supplémentaire vers l'autre est souvent celui qui est le plus apprécié.
- En amour, il faut savoir donner et recevoir. Dans une bonne relation de couple, chaque partenaire doit trouver son compte dans les deux camps.
- En amour, il faut du courage. Dans une bonne relation de couple, les deux partenaires partagent leurs fragilités autant que leurs forces et ne se renferment pas sur eux-

mêmes, ne s'écartent pas de l'autre et ne choisissent pas la facilité.
- En amour, il faut être gratifiant. Dans une bonne relation de couple, les deux partenaires se soutiennent et s'aident à évoluer.
- L'amour est plus apprécié quand on a cru que tout était fini mais que cette période a permis de se retrouver.

Et quelles sont les compétences acquises ?
- Être honnête envers soi-même.
- Être honnête envers son (sa) partenaire.
- Être franc(he) avec ses divergences, au lieu de les ignorer et de les cacher.
- Mieux négocier.
- Trouver un compromis équitable pour qu'aucun des partenaires ne s'efface.

En résumé

- À condition que le JTAM ait été formulé assez tôt, et que les partenaires aient su se montrer honnêtes sur leurs sentiments, il n'y a aucune raison pour qu'ils ne décident pas de donner une seconde chance à leur couple.
- Ne vous attendez pas à vous réconcilier trop vite. Au début, vous engager à améliorer vos rapports suffit.
- Pour se rapprocher, il faut d'abord tout mettre à plat pour ensuite apprendre ce qui n'a pas marché. Cela donnera à chacun la confiance nécessaire pour croire que les problèmes ne se reproduiront pas.
- Quand nous tombons amoureux, nous faisons des choix fondamentalement bons. Le secret du bonheur est de comprendre les raisons de l'attirance et de résoudre les dilemmes relationnels hérités de l'enfance.

Exercices

Évaluez vos réactions

Cet exercice demande des nerfs d'acier, non pas à cause de sa difficulté mais à cause de tout ce qu'il révèle. La prochaine fois que vos conversations auront l'air de partir en queue de poisson, enregistrez-vous. Au bout de quinze minutes, repassez l'enregistrement et cherchez :

1. Les accusations. Ces phrases commencent en général par : « À cause de toi je... »
2. Les tentatives d'apaisement. Et en particulier les emplois excessifs de « je suis désolé(e) », « tu as raison » ou « ça n'arrivera plus ».
3. L'intellectualisation. Des phrases longues et décousues, qui ne vont nulle part, en sont le signe certain.
4. Les déviations. L'un comme l'autre, vous écoutez-vous vraiment ou essayez-vous de bloquer, de contredire ou de rabaisser l'autre ?
5. Vous interrompez-vous souvent ?
6. Après avoir analysé la conversation, revenez au sujet de départ et essayez de le reprendre sans retomber dans les mêmes pièges.

Cinq sujets de dispute utile

La meilleure façon de recréer des liens est d'avoir une bonne discussion. Se disputer permet de dévoiler tous les problèmes, d'offrir une issue aux sentiments réprimés et de donner l'impression que les rapports peuvent s'améliorer.

Les petites choses

Les petits agacements – le lave-vaisselle mal rempli, par exemple – semblent bénins mais peuvent donner lieu à un énorme mécontentement s'ils ne sont pas réglés. De plus, si vous redoutez les conflits, ces petits soucis peuvent vous permettre de vous entraîner avant de passer à des sujets plus controversés.

Conseil : dites ce qui vous tracasse sur le moment au lieu d'attendre qu'il soit trop tard pour que votre partenaire puisse y remédier. Ne cachez pas votre remarque derrière une blague car votre partenaire se demanderait si vous parlez sérieusement. Évitez également de l'amener doucement en commençant ainsi : « Tu ne vas pas aimer ce que je vais te dire… » ; « Il y a quelque chose dont j'aimerais te parler… » Cela mettrait votre partenaire sur la défensive. Agissez de façon directe.

Le temps passé ensemble

Nous avons tellement de choses à faire qu'il est facile de reléguer notre partenaire en bas de la liste. Mais si l'attachement amoureux n'est pas entretenu, il flétrit. Alors protégez les moments que vous vous réservez.

Conseil : ne tombez pas dans le piège de vous concentrer, par exemple, sur le temps que votre partenaire passe à l'extérieur ou qu'il consacre à ses loisirs. Cela ne fera que conduire à une justification de son comportement ou à une dispute sur ce fait précis. Préférez une conversation sur ce que vous ressentez. Par exemple, dites : « Je me sens négligé(e)/considéré(e) comme acquis(e)/pas important(e). » Comme personne ne connaît vos sentiments mieux que vous, votre partenaire pourra difficilement vous contredire.

Les différences de goûts

Les différences rendent la vie plus intéressante et vous mettent en valeur comme partenaire et non pas comme meilleur ami ni comme jumeau. Choisissez une information liée à l'actualité ou à un film que vous avez tous les deux vu pour en discuter ensemble. Affirmer votre opinion est sain et vous permettra d'apprendre à mieux vous connaître. Ces discussions peuvent devenir ludiques et vous donner l'occasion de vous taquiner, ce qui est très utile si le conflit vous pose problème.

Conseil : ayez toujours un avis. Si vous dites oui à tout – « D'accord, c'est toi qui décides de ce qu'on fait ce week-end » –, votre partenaire se sentira entièrement responsable d'une sortie réussie, ce qui peut devenir très pénible.

L'argent

Les discussions sur l'argent sont plus difficiles à gérer mais elles sont l'occasion d'arriver rapidement à l'essentiel, qui se cache souvent derrière elles. L'argent peut en effet représenter le pouvoir, le respect de soi-même, la liberté, la responsabilité, la sécurité et même l'amour. Donc, quand vous parlez d'argent, n'oubliez pas que vous n'êtes pas seulement en train de parler de monnaie et continuez à creuser.

Conseil : amenez votre partenaire à parler de ce que l'argent représentait pour lui quand il était enfant. Ensuite, échangez les leçons que vous avez tirées de votre enfance. Cela vous aidera à poser un œil neuf sur vos différences et à faire de la place au compromis.

Le sexe

Voici un autre domaine délicat mais qui est très enrichissant quand on ose s'y attaquer. Que les disputes commencent par « Tu n'as plus envie de moi » ou par « Pourquoi me repousses-tu à chaque fois ? », vous accéderez aux problèmes les plus profonds que la plupart des couples sont gênés d'aborder.

Conseil : faites preuve d'une extrême considération. Au lieu de faire des reproches – « À cause de toi je… » –, reconnaissez votre contribution au problème et dites : « Je me sens… » Ainsi, la discussion ne prendra pas un ton inutilement provocateur.

Les rites

L'humanité a toujours eu recours à des rites pour marquer les saisons. De la même façon, nous avons besoin de signaler la fin d'une période de notre vie et le début d'une autre. Cet exercice vous aidera à offrir aux anciens problèmes liés au JTAM « un enterrement décent » pour vous rapprocher de nouveau.

Assurez-vous que tous les sujets de conflit ont été mis au jour
Passez une soirée à retracer les derniers mois. Quel sens accordez-vous l'un et l'autre à ce qui s'est passé ? Qu'avez-vous appris sur votre partenaire ? Qu'avez-vous appris sur vous-même ? Si la discussion se termine en bagarre, cela indique que vous n'êtes pas prêt à fermer le livre du JTAM. Dans ce cas, reportez-vous au chapitre « Évaluez vos réactions » et continuez à dialoguer. Quand la conversation devient fructueuse, cela signifie que vous êtes prêts à accomplir le rite.

Concevez un rituel
Trouvez ce qui résume le JTAM à vos yeux. Certains patients écrivent un bilan de ce qui s'est passé, d'autres arrachent les pages de leur agenda ou rassemblent toutes les feuilles d'exercices pour les brûler. Une autre stratégie consiste à trouver un objet qui représente vos disputes, comme un vieux tee-shirt de golf ou un sous-bock de boîte de nuit. Une fois que vous l'avez trouvé, effectuez un voyage cérémonial à la décharge publique. Ce geste peut être purement symbolique, comme tenir un ballon gonflé à l'hélium au sommet d'une montagne, en imaginant qu'il contient toutes vos souffrances, et le laisser s'envoler. D'autres idées purifiantes peuvent consister à faire des bateaux en papier et à les porter à un barrage ou à lâcher des pétales dans le vent. La seule limite est celle de votre imagination.

Honorer le rituel

Si vous écrivez une lettre, ou un compte rendu de vos peines, faites-le correctement et non en griffonnant au dos d'une enveloppe. Trouvez un endroit qui vous parle. J'ai eu une patiente qui avait brûlé des vieilles photos sur la plage parce qu'elle y avait de beaux souvenirs d'enfance. Elle est restée à regarder la marée monter jusqu'à ce que la mer emporte toutes les cendres. Prenez le temps de parler, de réfléchir et d'être ensemble. Certains patients ont préféré la poésie et d'autres ont apporté de la musique. Tout cela aide à en faire un moment solennel et ajoute du sens à l'instant. Si, pour des raisons pratiques, l'endroit choisi est assez commun, comme la décharge publique, allez ensuite vous promener dans un lieu agréable ou allez prendre un verre.

Fêtez la nouveauté

Comme il faut des témoins pour se marier, un couple qui renaît doit aussi s'entourer. J'ai toujours pensé qu'un festin était un bon moyen de marquer une date importante. Vous pouvez inviter toutes les personnes qui vous ont soutenu(e) pendant les moments difficiles, mais discutez ensemble de ce qui serait le mieux pour vous deux.

Exercice de « limerence » : se remémorer la magie de la première rencontre

Pendant cinq ans, j'ai écrit une série de portraits de gens célèbres et de leurs partenaires. Je commençais toujours mon interview en leur demandant de me raconter leur première rencontre. En quelques secondes, l'ambiance changeait. Toute la nervosité due à l'appréhension s'envolait et ils retraçaient ce moment avec un véritable enthousiasme. Le secret de cet échange réussi résidait dans les détails que je demandais : « Où était-ce ? Comment étiez-vous habillé ? Qu'avez-vous mangé ? Comment était habillé votre partenaire ? Qu'a-t-elle dit ? Qu'a-t-il fait ? » Normalement, tout le monde résumerait l'histoire de la rencontre à une ou deux phrases, ce qui ne fournit pas assez de matière pour déclencher de vrais souvenirs. Toutes ces personnalités – qui ont souvent un emploi du temps serré – finissaient par m'accorder plus de temps que prévu. Mon interview les renvoyait à l'apogée de la « limerence » et tous étaient ravis de s'attarder sur la ferveur de ces souvenirs.

Écrivez une nouvelle relatant votre rencontre ou soulevez le sujet dans une conversation plus générale, par exemple pendant un repas. Il suffit souvent de trois ou quatre questions pour mettre quelqu'un dans l'ambiance. Pour vous donner une idée, voici la première partie de mon entretien avec Twiggy et son mari Leigh Lawson (acteur connu pour le rôle d'Alec d'Uberville dans le film *Tess* de Polanski). Voyez combien de détails j'ai réussi à obtenir :

Twiggy a commencé : « En 1985 je suis allée dîner au Caprice, à Londres, avec trois amis. À une autre table, j'ai remarqué Jonathan Price, avec qui j'avais travaillé. Je suis allée lui dire bonjour. Un homme très séduisant s'est tout de suite levé. C'était Leigh, qui m'a rappelé que nous nous étions rencontrés dix ans plus tôt à un concert de John Denver. Déjà à cette époque, je l'avais trouvé très beau, mais nous étions tous les deux mariés alors rien de plus ne m'avait traversé l'esprit. Cette fois-ci, l'alchimie avait dû sauter aux yeux parce que je me souviens avoir dit à mes amis d'arrêter de chercher à nous mettre ensemble. Mais je devais quand même être curieuse parce que j'ai acheté un magazine dans lequel il y avait une interview de Leigh. J'ai appris qu'il était seul depuis deux ans et qu'après une rupture traumatisante il n'avait pas l'intention de vivre une quelconque histoire sérieuse dans les prochaines années ! Trois jours plus tard, Robert Powell et sa femme Babs, qui était dans Pan's People, m'ont invitée à dîner à Chelsea. Suite à une série d'incroyables coïncidences, Leigh était également invité. Nous avons bavardé et rigolé mais l'histoire me semblait trop compliquée. Qui de sensé peut faire confiance à un sublime acteur ? Je n'avais plus rien d'une jeune fille de 18 ans qui fonce sans réfléchir. Alors je l'ai de nouveau laissé s'éloigner. Le destin en avait décidé autrement. »

À ce moment-là, Leigh a continué : « Je trouvais Twiggy absolument superbe. Mais comme c'était l'une des plus belles femmes du monde, je savais que tout le monde rêvait d'avoir son numéro de téléphone. Bien que le destin nous ait placés dans le même restaurant deux fois en une semaine, je lui ai dit bonne nuit avant de la laisser partir. Je devais manquer de confiance en moi, ou bien est-ce mon cœur qui cicatrisait à peine ? Peut-être ne m'avait-elle montré aucun feu vert ? Aujourd'hui, Twiggy dit qu'elle était déçue que je ne lui aie pas demandé son numéro de téléphone, mais que pourrait-elle dire d'autre ! Bref, cinq jours plus tard, je suis allé chercher mon journal au kiosque et une grosse Jaguar bleue, avec une délicieuse blonde à l'intérieur, est venue se garer non loin. C'était Twiggy. Elle a baissé la fenêtre et a dit : "Ça te dirait une tasse de thé ?" J'ai su qu'elle m'avait donné son feu vert ! »

Toutes les rencontres et tous les récits de la naissance des sentiments amoureux sont intéressants. Donnez-vous le droit d'apprécier votre histoire. Avec un peu de chance, il y aura de quoi vous taquiner (remarquez que Leigh taquine Twiggy au sujet de son numéro de téléphone et que Twiggy taquine Leigh sur l'interview qu'elle avait lue de lui). Cette plaisanterie peut même devenir votre petite blague rien qu'à vous.

15

Quand rien ne va plus : donner un sens à la rupture

Dans un monde idéal, ce livre s'arrêterait au chapitre précédent. Les couples JTAM seraient sauvés, la passion renaîtrait et les deux partenaires – et pas seulement celui qui a cessé d'aimer – vivraient une intimité plus profonde et plus épanouissante. Mais il faut être réaliste : certaines personnes sont fermement décidées à mettre un terme à leur union, même si leur partenaire est encore dévoué(e), car il faut être deux pour former un couple. Pour d'autres lecteurs, il est déjà trop tard et ils sont séparés. Dans ce cas, que se passe-t-il une fois l'inévitable accepté ?

Quand le choc de la rupture s'estompe et que la souffrance est accablante, la réaction la plus courante est de s'occuper : certains vont se transformer physiquement ou s'inscrire à la gym, tandis que d'autres vont se jeter à corps perdu dans le travail. Dans ces premières semaines, il n'y a pas de bonne ni de mauvaise attitude à adopter. Il suffit de parvenir à passer ce cap. Cependant, après ce premier élan d'énergie, les couples récemment séparés découvrent qu'ils ont besoin de comprendre le passé pour pouvoir aller de l'avant. Doucement mais sûrement, souvent devant une bouteille de vin, ils vont ressasser leur histoire d'amour avec des proches. Même si en parler est douloureux, c'est en fin de compte la bonne chose à faire. Dans un article présenté à la Conférence de la Société britannique de psychologie, le Dr Carla Willig, de l'université de London City, a identifié les trois types d'histoires les plus couramment employées par des ex-amoureux pour décrire ce qui n'a pas marché. Il souligne : « Il y a un tel besoin d'avoir une explication ! Ceux qui n'en ont pas ont plus de mal à accepter la séparation. Parmi toutes les personnes que j'ai étudiées, je n'ai rencontré qu'un seul homme sans histoire de fin. Des années plus tard, il se battait toujours pour ne plus souffrir. »

J'ai déjà évoqué Michelle, 27 ans, qui fait des recherches dans l'audiovisuel et dont le mari a disparu pendant deux mois pour réapparaître à l'autre bout de la planète. Deux ans plus tard, elle peinait toujours à donner un sens à son divorce et disait : « Je n'ai aucune réponse et c'est pour ça que c'est difficile. On s'est parlé deux fois par téléphone, mais c'est tout. Je n'ai pas de vraie explication. Qu'est-ce qui lui a pris de disparaître ? » Il est tentant de penser qu'un ex détient les réponses, ce qui expliquerait les coups de fil en pleine nuit après un recours excessif à l'alcool. Mais ces conversations ne mènent à rien. Chacun doit se constituer son propre compte rendu de l'histoire et sa propre explication. En fait, les versions de chacun sont souvent radicalement différentes. J'ai aidé Michelle à lentement rassembler les éléments. Claude n'aimait pas les conflits et il ne s'opposait jamais à rien. « Il avait l'air heureux de s'adapter à ce que je proposais », a-t-elle expliqué. Et quand Claude n'était pas d'accord ? « Il ne disait rien. J'imagine qu'à force de tout garder en lui, la pression est devenue insoutenable », a-t-elle répondu. À force d'éviter le conflit, Claude avait atteint des extrêmes qui l'ont poussé à disparaître. Michelle avait commencé à se construire une histoire.

Quels sont les types d'histoire identifiés par le Dr Willig ? Le premier type, « aller jusqu'au bout », est construit autour de l'idée des amants maudits. Dès le premier baiser, chaque virage est pénible. Chaque crise de jalousie, chaque mauvais souvenir de vacances et chaque secret dévoilé sont utilisés pour illustrer tous les problèmes que les deux partenaires ont eu à affronter du début à la fin de leur relation. En fait, la réalité du couple a certainement été différente. Mais ces amoureux emploient la technique du « couper-brûler » qui vise à détruire tous les souvenirs tendres pour pouvoir passer à autre chose. Ce n'est pas un choix commun parmi les couples JTAM, car ceux qui « vont jusqu'au bout » se séparent dans la haine sans se soucier de l'autre. C'est avec tristesse que je rencontre des gens qui pensent que leur histoire s'annule avec leur séparation. Roberta était mariée depuis quinze ans et avait une fille de 12 ans. Quand son mari a parlé de divorce, elle m'a confié : « Je lui en veux tellement. J'ai l'impression qu'il m'a volé les plus belles années de ma vie et que je ne pourrai jamais rattraper ce temps perdu. Tout est foutu. » Le philosophe Henri Bergson appellerait cette façon de pensée « les illusions du déterminisme rétrospectif ». Bergson affirme que nous voyons souvent les événements historiques comme inévitables et, par conséquent, nos problèmes sociaux actuels aussi. Avec cette fausse logique, même les bons moments du début d'une histoire d'amour contiennent en germe la fin et ils sont infectés d'une façon ou d'une autre. C'est comme repenser aux vacances tandis qu'on est bloqué à l'aéroport à attendre l'avion de retour et se dire que le séjour entier a été catastrophique. Mais peu importe que ce moment d'attente soit des plus désagréables, il ne peut annuler le plaisir ressenti au début des vacances, quand vous mangiez des calamars en admirant le vieux port de pêche.

Le deuxième type d'histoire, « la porte de sortie », s'appuie sur un principe similaire. Dès le début, quelque chose n'allait pas : les amoureux avaient des habitudes incompatibles et des centres d'intérêt différents. Par exemple : il aimait l'ordre et elle laissait traîner ses petites culottes dans la salle de bains ; elle était férue d'informatique et il était plutôt artiste. Tandis que ceux qui « vont jusqu'au bout » laissent ces petits mais délicats événements s'entasser jusqu'à l'explosion finale, ceux qui prennent « la porte de sortie » trouvent une issue dramatique. Selon l'étude du Dr Willig, il s'agirait presque toujours d'une aventure amoureuse, avec une tierce personne servant d'excuse pour se séparer. Et d'ailleurs, certains couples JTAM se retrouvent empêtrés dans l'infidélité.

Le troisième type d'histoire, basé sur le « changement de circonstances », a une tout autre teneur. Cette relation commence bien. Après une période idyllique, le couple s'installe et nage dans le bonheur. Mais l'amour vrai ne se développe pas en douceur et, comme dans toutes les histoires, il y a des obstacles à surmonter. L'un des partenaires obtient une promotion et son travail l'accapare, ou les enfants quittent la maison, ou chacun des partenaires évolue différemment. Tous ces « changements de circonstances » peuvent ébranler ce qui fut un couple heureux. C'est le cas le plus courant chez les couples JTAM car il tient compte de l'amour et de la tendresse qui survivent à la rupture.

Les études du Dr Willig expliquent également pourquoi les hommes sont plus traumatisés par une rupture que les femmes. Auparavant, les experts accusaient la tendance qu'ont les hommes à garder leurs problèmes pour eux, mais on peut pousser le raisonnement plus loin. En ne parlant pas, les hommes échouent à construire une fin à leur histoire. À l'inverse, les femmes, en se déchargeant sur leurs amis, répètent tout jusqu'à s'arrêter sur une version de la rupture. Que ces explications soient justes ou fausses ne compte pas. « N'importe quelle conclusion est préférable à aucune », affirme le Dr Willig.

L'histoire de Michelle n'appartient à aucune des catégories identifiées par le Dr Willig. Aussi ajouterai-je une quatrième catégorie : « l'occasion malvenue ». Elle s'applique aussi bien à la personne qui est quittée malgré elle qu'à celle qui décide de rompre. « Nous avions de bons rapports, satisfaisants pendant un temps. Nous avons tous les deux commis des erreurs et nous avons pris des directions opposées. Je ne souhaitais pas être célibataire mais j'ai décidé de m'ouvrir aux opportunités au lieu de pleurer sur ce que j'avais perdu » : voilà qui résumerait cette histoire. En cas d'« occasion malvenue », les gens se servent de leurs expériences douloureuses pour aiguiser leur connaissance du couple afin de tirer le meilleur de leur prochaine rencontre. Beaucoup de gens entrent dans ce type d'histoire après être passés par une autre catégorie. Arriver là est la preuve que vous avez fait des progrès.

En construisant l'histoire de la rupture, certaines personnes font une fixation sur la partie douloureuse et se sentent accablées. Pour avoir un meilleur point de vue, prenez une feuille de papier et dessinez un graphique. Sur l'axe horizontal écrivez « temps » et sur l'axe vertical « plaisir ». La première fois que vous avez rencontré votre partenaire est le point zéro de l'axe du temps. En partant de là, tracez toute l'histoire de votre couple sur le graphique, en insérant tous les hauts et les bas. Légendez tous les bons moments afin de ne pas les oublier. Ensuite, examinez les mauvais moments. Étaient-ils inévitables ? Quelle est la proportion de positif et de négatif ?

Roberta s'est servie de cette idée pour analyser ses quinze années de mariage. Elle a connu un pic de bonheur à la naissance de sa fille et par la suite la courbe est restée plus ou moins plate. Au-delà des trois premières années et demie, le graphique de Roberta montre que son couple allait mieux que ce qu'elle avait décrit. « Il est évident que j'ai des regrets, mais en fait tout n'était pas si mauvais », a-t-elle conclu.

En prenant du recul, nombreux sont ceux qui voient leur couple comme un échec et n'en rejettent la faute que sur une seule personne : eux-mêmes. Croulant sous un million de regrets et le poids des milliers de choses qu'ils auraient dû faire autrement, ils dépriment et se désespèrent. Je conseille alors de changer d'angle de vue. Machiavel, le fondateur de la pensée politique et auteur du pamphlet *Le Prince*, a aidé la famille Médicis à garder le pouvoir et à faire tourner les événements en sa faveur. Il est connu pour avoir été impitoyable, mais il reste qu'il a écrit : « Je crois qu'il est possible que la chance soit l'arbitre de la moitié de nos actions, laissant l'autre moitié sous notre contrôle. » Pourtant, la plupart d'entre nous se comportent comme si la part des choses contrôlables était beaucoup plus importante et nous en venons à tout nous reprocher.

Michelle a endossé toute la responsabilité de la disparition de son mari. « Je continue de croire que c'est moi qui l'ai poussé à partir. J'aurais dû lui demander ce qu'il voulait », a-t-elle dit. Malgré tout, au fil des séances, elle a trouvé une image plus équilibrée : « Il aurait pu me dire qu'il était malheureux. Quand j'ai parlé avec sa mère, elle m'a dit qu'il avait disparu une première fois à l'adolescence sans donner d'explication. » Michelle a compris que la responsabilité d'une rupture est plutôt 50/50.

Si endosser toutes les responsabilités d'une rupture est une erreur, l'attitude opposée ne vaut pas mieux. Au départ, il doit être rassurant de se dire : « Ce n'est pas ma faute. » On se dit qu'il vaut mieux incriminer les circonstances ou la cruauté de son ancien partenaire, mais à long terme, jouer à la victime n'aide pas à trouver un nouveau partenaire. Au lieu de dire « Il a profité de moi », reformulez votre phrase ainsi : « J'aurais dû mieux défendre mon point de vue. » La première explication vous laisse dans une fragilité qui vous fera répéter la même erreur. La seconde conduit vers l'affirmation de soi. Dans tous les bons films et les bons livres, le personnage principal tire les enseignements de ses épreuves et de ses tourments. C'est ce qui fait un drame satisfaisant. C'est aussi ce qui rend la vie plus satisfaisante.

Même s'il est douloureux de voir l'un des partenaires accuser l'autre d'être responsable de la rupture, ou au contraire d'endosser tous les torts, il ne faut pas prendre cette attitude trop à cœur. L'un des rares avantages d'une séparation est que la version de l'autre ne compte plus. Chacun se dirige vers un avenir distinct, et même si l'ex-partenaire a une tout autre vision de l'histoire, cela n'empêchera personne d'avancer.

Le bouclage

Certains patients arrivent dans mon bureau avec l'ambition de « boucler ». La première fois, j'ai consulté mes dictionnaires de psychologie et de psychanalyse mais je n'ai rien trouvé. J'étais étonné. D'où venait ce terme ? Ce n'est ni un concept médical ni un concept religieux, or ce sont là les deux sources principales de mots qui ont l'air d'être liés à la psychologie et qui entrent dans le langage courant. Dans le mot « boucler », il y a l'idée que la douleur due à une rupture puisse être empaquetée et mise à l'écart, afin qu'on puisse ensuite avancer tranquillement. Elle est si séduisante que nous avons inventé un mot auquel nous voulons croire. Mais est-ce possible ?

Quand quelqu'un est bien décidé à « boucler », je comprends ce qu'il recherche mais je pousse mon examen un peu plus loin. Certains patients espèrent esquiver une partie de la douleur en la rationalisant et en l'emballant pour s'en débarrasser. Si ce procédé peut aider, il n'est pas magique. D'autres patients se sont servis du bouclage pour cacher quelque chose de pas très joli. Hannah avait une liaison avec un homme marié depuis trois ans : « Je n'avais pas le choix, je suis allée trouver sa femme pour tout lui dire. Elle avait le droit de savoir et que pouvais-je faire d'autre pour boucler notre liaison ? » Si ce geste est dramatique, il n'a rien de définitif. La confrontation n'a fait que lancer une nouvelle série de récriminations. Et d'ailleurs l'ami de Hannah a débarqué chez elle en hurlant. « Ça ne m'a pas fait du bien du tout », a-t-elle avoué.

La meilleure façon d'aller de l'avant est de se conditionner pour voir la douleur sous une forme positive. J'ai aidé Hannah à voir sa douloureuse séparation comme le moment où elle a commencé à peindre. Un autre patient s'est souvenu que c'était son ex qui l'avait initié à la méditation. Même les mauvaises histoires nous apprennent quelque chose. Si ça ne marche pas pour vous, considérez longuement ce que vous gagnez à rester où vous êtes. Cela semble fou : qui a envie de continuer à souffrir ? Mais parfois il est plus rassurant de se raccrocher à une histoire ratée que d'affronter ses peurs : « Je ne trouverai jamais quelqu'un d'autre qui m'aimera » ; « Je n'arrive pas à rester seule. » Soyez aussi honnête que possible envers vous-même et continuer à approfondir. Une fois que tout est mis au jour, les suppositions sous-jacentes peuvent être correctement défiées et les angoisses ramenées à leurs justes proportions. Vous pourrez alors aller de l'avant.

Enfin, soyez patient avec vous-même. Une rupture sentimentale est aussi traumatisante qu'un deuil, ne sous-estimez donc jamais ce que vous avez traversé. Félicitez-vous pour les progrès effectués et soyez certain(e) que votre souffrance finira par s'estomper avec le temps. Même si nous ne pouvons jamais totalement « boucler » une histoire, nous pouvons intégrer le passé à un avenir meilleur.

En résumé

- Donner un sens à la rupture est le premier pas vers la guérison.
- Il est important de tirer les leçons du passé avant de passer à autre chose.
- Ne mettez pas toutes les erreurs sur le dos de votre partenaire ni sur le vôtre.
- La fin d'une histoire est un deuil.

Exercices

Mettez votre rupture sur la sellette

Ce test simple vous aidera à décider de quelle façon raconter votre histoire.

1. Quelle phrase décrit le mieux vos disputes ?
a) Elle/Il n'écoutait jamais.
b) Nous avons essayé de résoudre nos problèmes mais tout est redevenu comme avant.
c) Nous ne nous sommes jamais beaucoup disputés.
d) D'une certaine façon, nous n'avons jamais réussi à communiquer.

2. Quelle phrase décrit le mieux votre vie sexuelle ?
a) Un feu d'artifices la plupart du temps.
b) Nous nous ennuyions au lit.
c) Satisfaisant mais rien de renversant.
d) Nous avons eu des bons et des mauvais moments.

3. Quelle phrase décrit le mieux votre rupture ?
 a) Je vais mieux sans lui/elle.
 b) Cette liaison était un catalyseur et non pas la cause.
 c) Nous étions devenus comme frère et sœur.
 d) Peut-être qu'un jour nous pourrons être amis.

4. Quelle phrase décrit le mieux ce que vous ressentez aujourd'hui ?
 a) Je me demande comment j'ai pu le/la supporter aussi longtemps.
 b) Ça aurait pu traîner encore longtemps.
 c) Ça devait être comme ça.
 d) Du moment que j'apprends quelque chose…

5. Quelle phrase décrit le mieux ce que vous ressentez à l'idée de rencontrer quelqu'un d'autre ?
 a) Laissez tomber. Pas avec tous mes antécédents.
 b) J'ai peur de laisser quiconque s'approcher de moi.
 c) J'attends de voir.
 d) Je suis globalement optimiste.

Majorité de a = aller jusqu'au bout
Au moins, votre vie sexuelle était épanouissante. La plupart des gens supportent des relations médiocres pour la magie qu'engendrent les réconciliations. Essayez de voir la relation de façon moins contrastée. La vie est beaucoup plus nuancée. L'avantage principal d'une fin si abrupte est qu'elle vous épargne de devoir faire semblant de rester amis.

Majorité de b = porte de sortie
Méfiez-vous de la tendance à récrire l'histoire en la noircissant pour réduire votre culpabilité. Les bilans d'une relation amoureuse engendrent souvent un surcroît de jalousie

causé par une conscience aiguë de la fragilité du couple. Il est aussi probable que vous ayez envie de reformer votre couple après que le temps et la distance vous ont fait reconsidérer ce que vous avez perdu.

Majorité de c = changement de circonstances

Souvenez-vous : un couple a besoin d'un environnement propice pour s'épanouir. S'aimer ne suffit pas toujours. Ces relations heureuses peuvent aussi tourner court quand chacun avale ses divergences pour préserver une image du bonheur. Le point positif est que vous n'êtes pas du genre à tout mettre sur le dos de votre partenaire ni sur le vôtre. Il y a donc toujours une possibilité de sauver une vraie amitié.

Majorité de d = occasion malvenue

Vous faites des progrès mais ne soyez pas surpris de traverser des moments de déprime ou de colère : la convalescence n'est jamais une ligne droite et la plupart des gens faiblissent de temps à autre. Si vous êtes coincé dans l'un de ces creux, peut-être serait-il utile de consulter pour prendre un nouveau départ.

L'exercice « Déjà séparés »

1. Prenez une feuille de papier et tracez un trait au milieu de façon à faire deux colonnes. D'un côté, écrivez « mes responsabilités » et de l'autre « ses responsabilités ».
2. En commençant par votre partenaire, ce qui normalement est le plus facile, faites la liste des comportements ou défauts qui ont contribué à la rupture. Laissez un espace en face afin de pouvoir y revenir plus tard en vous demandant si vous partagez cette responsabilité.

3. Passez dans la partie inférieure de votre colonne pour dresser la liste de vos contributions.
4. Reprenez-la pour voir si là aussi vous partagez certains facteurs qui devront être notés en face. Par exemple, à côté de « Il voulait toujours qu'on fasse plus l'amour », vous pourriez écrire : « Je me suis servie du sexe pour me venger. »

Si vous avez beaucoup de mal à trouver de quoi remplir l'une ou l'autre colonne, demandez de l'aide à un(e) ami(e) qui vous fera des suggestions.

16

Comment retrouver la joie de vivre

Se remettre d'une rupture sentimentale n'est pas chose facile, surtout quand ce n'est pas vous qui avez pris cette décision. Mon expérience m'a appris que les gens qui nageaient au lieu de se laisser couler parvenaient à réaliser quelque chose qui n'est pas évident. En effet, ils passent du temps à comprendre leur couple (le passé) tout en se concentrant sur ce qu'il faut changer pour un avenir meilleur (le futur). Pourtant, pendant les moments difficiles, ils fixent leur attention sur les jours à venir (le présent). Bien que la capacité à jongler entre les trois temps soit toujours utile, elle devient capitale durant une prise de recul personnelle, comme un divorce. Ceux qui restent bloqués dans le passé risquent la dépression, tandis que ceux qui s'élancent en regardant uniquement vers l'avenir sont plus enclins à s'écraser. Peu de gens ont des problèmes parce qu'ils sont trop dans le présent. La plupart d'entre nous peinent en effet à vivre dans l'instant. Il m'arrive de recevoir des personnes qui vivent dans un présent hédoniste (ils sont uniquement concentrés sur le bien-être de l'instant et se retrouvent piégés dans une vaine quête du plaisir) ou des fatalistes du présent (qui se laissent emporter par les événements).

Comment être assez souple pour trouver le bon cadre temporel au bon moment ? Le secret est de comprendre les avantages de chacun des trois temps. Dans le chapitre précédent je me suis penché sur les leçons à tirer du passé, et le chapitre 12 couvre le présent (« S'en sortir au quotidien ») ce qui laisse le troisième temps, le futur, pour ce chapitre.

L'avenir offre la promesse d'un lendemain qui chante : il n'y aura plus de larmes, plus de souffrance, et peut-être y aura-t-il un nouveau partenaire. Il n'est pas étonnant que la plupart des gens veuillent l'atteindre sans délai. Beaucoup de patients me demandent : « Pourquoi est-ce que tout est toujours si difficile ? » Je ne réponds pas, en partie parce que je ne suis pas philosophe, mais surtout parce que conseiller veut dire aider chacun à trouver ses propres réponses. Si je pouvais faire venir un philosophe en urgence, il me répondrait sûrement : « Parce que personne n'a jamais rien appris d'important dans le bonheur ni dans le succès. Ce sont les problèmes qui nous font grandir. » Si, dans la réalité, il y a peu de ces philosophes-là, c'est parce qu'ils ne seraient pas très appréciés. Une femme que j'ai interviewée pour un magazine féminin résume mieux comment répondre aux difficultés de la vie.

Nuala Bingham a développé une maladie virale complexe à 29 ans et son mari, Harry, a dû renoncer à sa carrière ambitieuse pour la soigner en permanence. Trois ans plus tard, quand je les ai rencontrés tous les deux, Nuala avait toujours si peu d'énergie qu'elle considérait que si elle pouvait s'habiller toute seule, c'était un bon jour. Or j'ai découvert que j'avais en face de moi la personne la plus sage que j'aie jamais rencontrée. Après l'entretien, elle m'a proposé de m'aider à régler un problème avec lequel je me battais depuis un moment. « Pour être tout à fait honnête, quelles que soient la profondeur et l'étrangeté des récompenses que ma maladie m'a apportées, nous ne l'aurions jamais choisie. La vie quotidienne est difficile et fatigante. Je ne le souhaiterais à personne, pas même à mon pire ennemi. J'aurais personnellement choisi d'être plus superficielle et en bonne santé au lieu d'être torturée et grave », m'a expliqué Nuala. Je vous offre un autre extrait de mon interview de Nuala parce qu'il montre à quel point le malheur peut renforcer l'amour. « Quand je vais vraiment très mal, je ne peux pas aller courir ni prendre un verre comme tout le monde. Je ne peux que travailler sur mon moi intérieur. Je n'ai pas d'autre endroit où aller. C'est un peu comme si j'étais un moine tibétain sans l'Himalaya en guise de décor ! Avant, je croyais que j'avais perdu tout ce qui donnait l'impression de valoir la peine. Où est ma dignité quand Harry doit me donner mon bain ? Mais j'ai compris que ça allait au-delà de l'incapacité à se laver seule. Je me sens toujours comme un être humain parce que c'est ce que je vois dans les yeux de Harry. Il a toujours le même respect et la même affection pour moi. »

Pour revenir à mon patient qui m'a demandé pourquoi la vie était si dure, si l'évidence ne vous a pas sauté aux yeux avec le philosophe d'urgence et Nuala Bingham, je vais faire appel à Dave Stewart, du groupe pop Eurythmics. Ce musicien riche et talentueux a souffert du syndrome du Paradis. Ses crises de panique l'ont paralysé et mis à terre, simplement parce qu'il n'avait aucun souci ! Il semblerait que les humains aient besoin d'avoir des problèmes, parce que souffrir leur fournit les matériaux nécessaires à la construction d'un meilleur avenir.

Revenons au JTAM, il y a deux façons de tendre vers l'avenir après une rupture. L'une est bonne, l'autre l'est moins.

Voyons ensemble le premier exemple, Mark, s'est senti seul après avoir mis fin à son mariage de quinze ans. Sa fille adolescente lui manquait mais il a préféré se concentrer sur ce qui s'offrait à lui. « Il y a deux choses que j'avais toujours eu envie de faire : voler et danser. Avant, je n'en avais pas le temps et, pour être franc, ma femme n'encourageait pas les activités extérieures. À présent, non seulement je m'amuse à réaliser ces nouveaux défis, mais j'ai aussi rencontré des gens fabuleux. »

Bien que Phil, le deuxième exemple, ait été marié pendant autant de temps et qu'il ait aussi des enfants, son histoire est assez différente : « Mes amis m'ont dit que j'étais bien mieux sans ma femme. Je ne les ai pas crus mais ils m'ont emmené prendre un verre et j'imagine que vous devinez la suite. J'ai commencé à sortir avec la serveuse et le début de notre histoire a été incroyable. Nous nous sommes amusés comme des fous. Nous avons rapidement parlé de vivre ensemble et programmé des vacances en Floride. Mais j'ai découvert qu'elle avait quelqu'un d'autre. » Phil a encore moins bien vécu cette séparation que son divorce, et il a sombré dans la dépression. Il avait hélas voulu aller trop vite dans sa quête d'un avenir meilleur. Il a cru qu'il avait trouvé une femme prête à s'engager, alors que celle-ci prenait leur histoire à la légère.

Comment éviter la tentation de courir tête baissée vers l'avenir, surtout si le présent vous semble maussade ?

Les trois mois suivant une séparation

- Même si vous voulez rester ami(e) avec votre ancien(ne) partenaire, donnez-vous le temps de mettre fin à vos anciens rapports avant de commencer autre chose.
- Souvenez-vous que vous affrontez une situation douloureuse, alors soyez gentil(le) avec vous-même. Mangez bien, dormez beaucoup et ne vous mettez pas trop la pression.
- Se détacher de quelqu'un prend du temps. Au début d'une histoire d'amour, les membres d'un couple se partagent les fonctions. Après une rupture, chacun reprend les responsabilités qui étaient devenues celles de son ex.

Ce mouvement peut être source de joies, surtout si, par exemple, votre partenaire a toujours fait la cuisine et que vous trouvez là une occasion de développer vos talents de cuisinier. Parfois, c'est aussi le moment de grandir : par exemple, si votre partenaire a toujours géré les questions d'argent, vous pouvez décider d'apprendre à vous en charger.

- Il vaut mieux faire appel à un ami ou recourir aux services d'un professionnel plutôt que de vous adresser à votre ex quand vous ne savez pas faire quelque chose seul(e) (planter un clou, repasser une chemise) et que vous ne souhaitez pas apprendre à le faire. Cette solution vous maintiendrait dans le passé au lieu de vous tourner vers l'avenir.

Trouver un nouveau chemin

- *Allez vers ce que vous voulez au lieu de vous concentrer sur ce que vous ne voulez pas.* Beaucoup de partenaires de couples en crise sont très conscients de ce qu'ils ne veulent pas : par exemple, se retrouver seuls. Cependant, les buts sont plus valables s'ils sont formulés de façon positive : « Je veux rencontrer de nouveaux amis. »
- *Soyez aussi précis que possible.* Plus l'image de votre nouvelle vie sera claire, et plus il vous sera facile d'aller dans ce sens. Vous pouvez penser : « Je veux de nouveaux amis avec lesquels aller au cinéma. » Ce but précis orientera vos pensées : vous aurez envie de demander à vos collègues s'ils veulent vous accompagner au cinéma ou vous souhaiterez vous inscrire dans un club approprié.
- *En considérant tout ce qui s'offre à vous, apportez des nouveautés à votre vie.* Si vous faites toujours la même chose, votre vie ne changera pas. Alors secouez votre quotidien. Quelque chose de simple peut suffire ; vous pouvez par

exemple emprunter un autre chemin pour vous rendre au travail et ainsi repérer quelque chose qui éveillera votre curiosité.

• *Ouvrez-vous à l'inspiration.* Allez vous promener ou faites du sport : tout ce qui occupe le corps en laissant l'esprit libre d'accéder à des idées qui passeront de votre inconscient à votre conscient est conseillé. Il y a d'autres sources d'inspiration. Vous pouvez notamment vous entourer de beauté (aller visiter une galerie d'art ou assister à un concert), surfer sur Internet, ranger le désordre qui s'accumule chez vous, faire quelque chose d'amusant, demander des conseils à un ami.

• *Appréciez chacun des pas effectués en chemin.* Parfois nous sommes tellement obsédés par l'idée d'atteindre notre destination que nous en oublions de nous arrêter pour respirer le parfum des fleurs qui poussent en bordure du chemin. Apprécier le voyage évite aussi de tomber dans le piège où le fait d'être fixé sur des buts trop rigides fait rater d'autres sources de bonheur.

LES OBSTACLES À LA GUÉRISON

• *La colère.* Il est tout à fait naturel d'éprouver de la colère, surtout si la rupture s'est faite contre votre volonté. Si elle est exprimée, elle explose pour disparaître ; si elle est réprimée elle peut continuer à bouillonner en vous pour l'éternité.

• *Le désir de revanche.* Sur Internet, de nombreux sites colportent les ragots d'ex-amoureux. Les journaux regorgent également d'histoires de gens qui ont découpé les vêtements de leur ex en petits morceaux, ont cousu des crevettes dans l'ourlet de leurs rideaux ou ont vidé leurs bouteilles de bon vin sur le palier des voisins. Si la revanche peut apporter une brève satisfaction, elle finit toujours par se retourner contre vous. Tout d'abord, elle invite au châtiment ; ensuite, vous restez rattaché à votre ancien partenaire par un sentiment de haine au lieu de passer à autre chose.

• *Les enfants.* Quand vous avez eu des enfants ensemble, vous restez liés pour la vie. Non seulement quand ils sont petits, mais aussi pendant leurs études, puis pour leur mariage et le baptême de leurs enfants. Alors acceptez l'inévitable et tirez-en le meilleur. Dans les premiers mois, il est plus facile de déposer les enfants devant la maison de votre ancien(ne) partenaire que d'entrer prendre un café. Si l'animosité vous empêche d'être courtois(e), tournez-vous vers une aide professionnelle. Vous pouvez détester votre ex autant que vous le voulez, mais ne le montrez pas aux enfants et ne les poussez pas à choisir leur camp. N'oubliez jamais qu'ils continueront d'aimer leurs deux parents.

• *Espérer la réconciliation.* Il arrive qu'on abandonne trop tôt et qu'un couple qui aurait pu être sauvé se sépare. Dans d'autres cas, on espère se réconcilier pendant trop longtemps et cela bloque le processus de guérison. Comment trouver le juste milieu ? Cette décision est toute personnelle, mais il est préférable de continuer à vous diriger vers un avenir indépendant, en trouvant de nouveaux centres d'intérêt, tout en gardant une porte ouverte. Si votre ex a rencontré quelqu'un d'autre ou qu'il (elle) vous a quitté(e) parce qu'il (elle) avait une liaison, il est peu probable qu'il (elle) revienne vers vous pendant la période de « limerence ».

• *Le temps.* Certaines circonstances ou un simple manque de chance peuvent empêcher quelqu'un d'avancer. Tout d'abord, prenez du recul : qu'est-ce qui vous retient en arrière ? Ensuite, demandez-vous s'il y a un moyen de contourner cet obstacle. Enfin, soyez patient. Il faut du temps pour aller mieux, et si vous avez l'impression que c'est peine perdue, c'est peut-être que vos choix ne sont pas si bons.

• *Avez-vous bien défini votre but ?* Presque tout le monde souhaite être heureux. Malheureusement, le bonheur peut être insaisissable, surtout pour quelqu'un qui sort d'une rupture et qui a l'impression que la vie lui a joué un sale tour. Si les plaisirs hédonistes (comme passer une bonne soirée) ou les plaisirs sensuels (acquérir un nouveau gadget ou de nouveaux vêtements) peuvent apporter un certain bonheur, le soulagement qu'ils offrent est de courte durée. Cependant, si votre but est de vous enrichir, aucune expérience n'est vaine. De plus, tandis que le bonheur peut diriger l'attention vers les mauvaises cibles (vous laissant pris(e) au piège et découragé(e)), l'évolution personnelle permet de se concentrer sur un avenir positif.

Rencontrer quelqu'un d'autre

• *Assurez-vous que vous êtes vraiment prêt(e).* Le divorce n'est jamais bon pour l'estime de soi, et séduire à nouveau risque de vous monter à la tête. La petite excitation provoquée par une rencontre chasse le cafard, c'est la raison pour laquelle beaucoup de divorcé(e)s plongent dans une nouvelle histoire alors qu'ils ne sont pas remis de leur séparation. « C'était juste pour m'amuser », a dit Maggie, une assistante personnelle, âgée de 31 ans. « J'ai d'ailleurs commencé à me sentir mieux, plus détendue. C'est alors que mon nouveau partenaire a trouvé que je prenais la relation trop au sérieux et qu'il s'est envolé. Je suis redescendue sur terre secouée ; j'allais encore plus mal qu'avant. »

Conseil : ne négligez pas l'importance des moments de solitude qui sont votre chance de trouver votre propre identité avant de redevenir la moitié d'un couple. Le principe de base est de passer un an seul pour traverser toutes les dates clés avant de commencer à s'estimer guéri (Noël, anniversaire, célébrations). Entourez-vous d'amis et de membres de la famille pendant ces occasions difficiles.

• *Ne restez pas coincé(e) en mode répétition.* La plupart des jeunes mariés pour qui c'est la deuxième union affirment avoir épousé l'opposé de leur premier partenaire. Bien qu'inversés, les enjeux sont les mêmes. « Mon premier mari aimait bien s'occuper de tout, au point de toujours me dire ce que j'avais à faire et j'avais l'impression d'être une petite fille, m'a confié Patsy, secrétaire juridique âgée de 29 ans. Alors ce que j'ai aimé chez mon deuxième mari, c'est qu'il était doux et du genre à faire avec ce qui vient. Sauf que rien n'était jamais fait et je me suis retrouvée à prendre toutes les décisions et à lui faire des remarques permanentes. On aurait dit que j'étais sa mère ! » Hélas, Patsy n'a pas appris à négocier ni à trouver quelqu'un avec qui partager équitablement les tâches domestiques.

Conseil : le type d'homme ou de femme qui vous attire renvoie à l'enfance et à la première image que vous avez eue du couple en observant vos parents. Les questions qui les opposaient sont celles que vous essayez de résoudre.

• *Ne voyez pas trop loin.* Un an plus tard, on peut dire que vous avez passé le pire et que vous êtes de nouveau prêt(e) à sortir avec quelqu'un. Vous êtes tenté(e) de considérer toute nouvelle histoire comme une promesse de bonheur. C'est une tendance naturelle qui permet de croire que l'on n'est pas un cas désespéré. Mais vous demander quelle race de chien vous allez acheter ensemble dès le deuxième rendez-vous n'aide pas. « Je n'ai parlé que de sujets légers, a dit Jo, 32 ans et divorcée depuis dix-huit mois. Mais soit les hommes s'éloignaient soit ils s'accrochaient tellement que j'étouffais. » Sans en être consciente, Jo envoyait des signaux qui repoussaient les hommes.

Conseil : il y a trois types de rendez-vous : pour apprendre à se connaître (entre les trois et les cinq premiers), les rendez-vous pour le plaisir (apprécier la compagnie de l'autre) et les rendez-vous de séduction. Vous ne pouvez pas atteindre le troisième type sans passer par les deux premiers. Parfois une relation de plaisir, dans laquelle vous pouvez vous amuser et profiter de la compagnie de l'autre, peut faire du bien même si elle ne conduit pas à une histoire sérieuse. Alors profitez de l'instant présent !

• *Faites le tri entre ce qui appartient au passé et ce qui revient au présent.* Quand vous rencontrez quelqu'un, ne vous énervez pas parce qu'il fait quelque chose que vous ne supportiez pas chez votre ex. Il est facile de retomber dans le vieux scénario, en particulier quand vous êtes fatigué(e) ou stressé(e). « Je me suis figée quand John, mon nouveau mari, est venu dans la cuisine pour me dire qu'il arrêtait de peindre parce qu'il avait besoin d'aller acheter des bricoles en ville, m'a dit Suzanne, 35 ans et mère de deux enfants. Je lui ai mal parlé, il l'a mal pris et nous nous sommes disputés au sujet de mon comportement. Ce n'est que plus tard, une fois calmée, que je lui ai raconté que mon premier mari avait toujours des milliers d'excuses pour ne pas finir quelque chose, et pour échapper au bricolage. Mais en fait, John avait vraiment besoin d'aller chercher de la peinture. »

Conseil : soyez à l'écoute de votre corps. Le cœur qui bat plus vite ou le feu qui monte aux joues peuvent être des signes de colère. Ensuite, pensez à vérifier ce qui est dit avant de vous emporter comme par le passé. Dites par exemple : « Je crois que tu te sers des courses comme d'un prétexte. J'ai raison ou tort ? »

• *Ne faites pas de comparaison, même pas dans votre tête.* Même si vous haïssez votre ex, il vous restera des choses que vous aimiez particulièrement chez lui : son habileté à réparer l'évier, sa main verte. Rabâcher le passé vous empêche de voir les qualités de votre nouveau partenaire. Ne vous comparez pas non plus à l'ex de votre partenaire. « Mon second mari a une maison en Provence. Il l'avait achetée avec son ex et ils continuaient de la partager, dit Gillian, vendeuse âgée de 43 ans. C'était génial pour notre troupe d'enfants mais les vacances étaient gâchées parce qu'il ne cessait de parler de son ex : qu'elle aimait tel restaurant, qu'à telle époque ils avaient acheté ceci ou fait cela. Je n'arrêtais pas de me demander : "Est-ce que je cuisine aussi bien qu'elle ? Est-elle plus belle que moi en Bikini ?" » Même s'il est naturel que votre partenaire soit curieux(-euse) de votre passé après les douze premiers mois, ne faites pas allusion à votre ex (même de façon détournée).

Conseil : entourez-vous de nouveaux amis qui n'ont pas connu votre premier mariage. Se restreindre au vieux cercle d'amis vous enferme dans le passé.

• *Autorisez-vous à redevenir vulnérable.* Après avoir été blessé(e), il est naturel de se protéger d'éventuels ravages. Cela peut aussi vouloir dire que vous n'êtes pas totalement impliqué(e) dans votre nouveau couple. Votre partenaire peut finir par avoir l'impression de ne pas vous connaître vraiment. « Un mois après le voyage de noces, j'étais d'humeur bizarre. Je me sentais en cage, comme un animal, dit Donna, professeur de fitness âgée de 26 ans. Mon mari m'a demandé ce que j'avais et j'étais sur le point de le repousser en disant "rien". Mais au lieu de ça, une petite voix a répondu "j'ai peur". Il m'a serrée très fort et j'ai pleuré. À ce moment-là, je me suis sentie plus proche de lui que jamais. »

Conseil : nous ne pouvons éviter de souffrir. C'est en partie ce qui nous rend humain. Il vaut mieux accepter les hauts et les bas que de refuser de prendre aucun risque en vivant une vie plate.

• *Croyez en vous-même.* Si vous avez appris à mieux vous connaître, et en particulier à être davantage conscient(e) de vos besoins, il n'y a aucune raison pour que votre nouvelle histoire ne soit pas heureuse. Lucy, 31 ans, a raconté : « Quand je suis arrivée à la mairie, il y avait tellement d'amis et de membres de ma famille qui étaient à mon premier mariage que j'avais peur qu'ils se disent : et c'est reparti. Mais au fond de moi, je savais que cette fois-ci tout était différent. »

Conseil : entourez-vous d'amis qui croient au bonheur à deux et évitez les gens qui rabaissent les partenaires potentiels. En fin de compte, nos choix sont bons, et avec de l'amour et une solide maîtrise des disputes constructives, tous les obstacles peuvent être surmontés.

En résumé

- Suite à un rejet majeur, comme une rupture sentimentale, on a l'impression que c'est la fin du monde. Cependant, les jours sombres peuvent être un tremplin vers une nouvelle vie très exaltante. Le secret, comme le dit la croyance populaire, est simple : « Quand la vie te donne des citrons, fais-en de la limonade. »
- Il faut du temps pour se remettre de ce qui a été, disons-le, une catastrophe personnelle. Alors chouchoutez-vous et épargnez-vous tout stress inutile.
- Ne rejetez pas la colère mais ne la montrez pas aux enfants. Ne cherchez pas à vous venger puisque cela vous empêcherait de guérir.
- Avec du temps, une meilleure connaissance de soi et un engagement à ne pas aller vers la facilité, vous accéderez à un avenir meilleur et retrouverez la joie de vivre.

Exercices

Même si vous essayez d'être le plus optimiste possible, il y a toujours des moments où la souffrance revient vous assaillir. En temps normal, ces pensées destructrices apparaissent sous forme d'images ou de petits films réalistes. Par exemple, vous voyez votre ex dans son bain, en train de lire un bon livre en buvant un verre. Pendant ce temps, vous devez vous occuper de vos trois enfants. Il se peut qu'il s'agisse d'un événement pour lequel vous éprouvez du regret et que votre mémoire s'amuse à le rejouer. La réaction naturelle est de repousser ces images en s'occupant l'esprit. La prochaine fois, essayez plutôt l'exercice suivant. Il est plus efficace si vous savez que vous ne risquez pas d'être interrompu(e).

Le kit de sauvetage émotionnel

1. Modifier cette image est le meilleur moyen de reprogrammer votre cerveau de façon à lui apprendre à se débarrasser de ce qu'elle a de terrible. Donnez un titre à l'image. Prononcez-le à haute voix, ce qui est la première chose à faire pour vous distancer de la souffrance. (Par exemple, vous pouvez appeler la scène du bain « hippo ». Une touche d'humour aide toujours à atténuer la peine.)
2. Où est l'image ? (Est-elle pile en face de vous ou un peu sur le côté, ou peut-être tout autour de vous ?) Soyez précis. Où pourriez-vous la mettre pour vous sentir mieux ? Essayez d'en faire un film à projeter sur le mur. Cet éloignement la rendra moins pénible. Souvenez-vous qu'il est important d'être précis et, une fois encore, commentez les résultats à haute voix.
3. De quelle couleur est cette image ? Parfois, en la faisant passer du noir et blanc à la couleur, ou *vice versa*,

le souvenir ou l'idée de la nouvelle vie d'un(e) ex peut perdre de sa vivacité. Tout dépend du fonctionnement de votre imagination.

4. Est-ce une image en mouvement ou une image figée ? Est-elle sonore ? Changer sa forme ou les voix (en baissant le volume, en donnant à la voix un accent à la Mickey Mouse, etc.) peut permettre de la ranger autrement. Pouvez-vous lui associer une odeur ou un goût ? Pouvez-vous troquer une sensation triste contre une joyeuse ?
5. Rejouez le film. Qu'aimeriez-vous changer ? (Par exemple, l'eau du bain est trop chaude et votre ex doit vite en sortir, ou la reine d'Angleterre apparaît dans la salle de bains et s'arrête pour le regarder et lui faire une remarque.) En jouant avec l'image de la nouvelle vie de votre ex, vous vous souviendrez qu'elle n'est qu'imaginaire. Finalement, imaginez que la caméra sorte de la salle de bains pour vous montrer les autres pièces et ses vêtements qui traînent par terre. Vous pouvez désormais être soulagé(e) de ne plus avoir à les ramasser.

Finalement…

En conclusion

- « Je t'aime mais je ne suis plus amoureux(-euse) de toi » est le problème de couple le plus urgent de notre époque. Nous ne sommes plus prêts à accepter des rapports qui soient uniquement confortables car nous attendons de notre vie amoureuse qu'elle soit pleinement épanouissante.
- L'amour est devenu le ciment du couple. Mais notre culture en a fait un sujet si vaste et si mystique qu'il est difficile de le capturer, de le mesurer ou de le comprendre totalement.
- Aucun des mythes de notre société n'est plus puissant que « l'amour est plus fort que tout ». Cependant, l'histoire ne s'arrête pas là : la détermination, le courage et le temps investi sont tout aussi essentiels. Mais comme nous répugnons à sonder la vraie nature de l'attachement amoureux, nous refusons d'en voir toute la complexité.
- Il est impossible d'avoir une relation amoureuse entièrement satisfaisante sans se disputer. Éviter les conflits peut empêcher de s'aimer vraiment et conduit à exprimer son désespoir et son impuissance avec le « désolé(e), chéri(e), mais j'ai cessé de t'aimer ».
- Le JTAM peut être évité. Avec une meilleure connaissance de l'amour et de son évolution dans le temps, la passion renaîtra, accompagnée d'une relation vraiment satisfaisante.

Annexe

Accentuez le positif

Voici quelques réponses possibles à l'exercice du chapitre 11 :

- Pourquoi est-ce toujours moi qui range ?
  Positif : Ça me fait vraiment plaisir quand tu m'aides à ranger la maison.
  But concret : Ça m'aiderait beaucoup si tu pouvais vider la poubelle.
- Vas-tu arrêter de me tripoter ?
  Positif : J'aime bien quand tu me caresses doucement.
  But concret : Voudrais-tu me masser doucement le dos ?
- Tu ne prends jamais d'initiative au lit.
  Positif : J'ai bien aimé ta façon de venir vers moi.
  But concret : Je vais arrêter de demander et j'attendrai que tu sois prêt.
- Tu passes tout ton temps avec tes amis.
  Positif : J'aime bien qu'on passe du temps ensemble.
  But concret : Aimerais-tu aller au cinéma mercredi ?
- Je déteste que tu m'évites.
  Positif : J'adore quand tu rentres tôt.
  But concret : Allons prendre un verre ensemble après le travail.

- Tu es beaucoup trop critique.
  Positif : J'aime bien que tu me fasses des compliments sur...
  But concret : Je crois que nous devrions nous dire merci plus souvent.

- Ne pourrais-tu pas être plus léger ?
  Positif : J'aime beaucoup nos moments d'amusement.
  But concret : Faisons quelque chose de fou ce week-end.

- Pourquoi ne m'as-tu pas appelé ?
  Positif : C'est tellement bon d'entendre ta voix.
  But concret : Essayons de nous appeler demain dans la journée.

- Tu ne t'occupes jamais des enfants.
  Positif : Les enfants sont tellement contents quand tu fais quelque chose avec eux.
  But concret : Pourrais-tu emmener les enfants au parc cet après-midi ?

- Il serait temps que tu répares la lumière de l'entrée, non ?
  Positif : Je te remercie d'avoir réparé le tiroir, ça me facilite tellement les choses.
  But concret : Penses-tu avoir un moment pour réparer la lumière de l'entrée ?

Remerciements

Je tiens à remercier : Rosemary Davidson, Mary Davis, Kate Bland, Emily Sweet, Ignacio Jarquin, Chris Taylor, Gail Louw, Jamie Mackay, Sue Quinn, Patrick Walsh, Alan Oliver, Alexandra Pringle, Ruth Logan, Isabella Pereira, Victoria Millar, Lucy Howkins, Jessica Clark, Rosalind Lowe, Nan Parry, Tessa Hilton et Rachel Calder pour leur aide, leur soutien et leurs conseils qui ont rendu ce livre possible.

TABLE DES MATIÈRES

Si votre couple est en crise

Photocomposition Nord Compo
Imprimé en Allemagne par GGP Media GmbH

Pour le compte des Éditions Marabout.
Dépôt légal : Juin 2011
ISBN : 978-2-501-06117-9
40.5053.0
Édition 02